Mojtaba, Masoud und Milad Sadinam
Unerwünscht

PIPER

Zu diesem Buch

Die drei Brüder Mojtaba, Masoud und Milad wachsen im Iran der 1980er-Jahre als Kinder regimekritischer Eltern auf. Als ihre Mutter bei einer verbotenen Flugblattaktion auffliegt, müssen sie untertauchen und sind monatelang komplett von der Außenwelt abgeschnitten. Bis sie die Flucht wagen und mit Hilfe eines Schleppers im Sommer 1996 mit nichts als einem Koffer illegal nach Deutschland gelangen. Ohne Geld, ohne Papiere und ohne ein Wort Deutsch zu sprechen, landen sie in einem Auffanglager bei Münster. Dann der Schock: Ihr Asylantrag wird abgelehnt, sie werden zur sofortigen Ausreise aufgefordert.
Wie Mojtaba, Masoud und Milad eine Integration gegen alle Widerstände gelingt, in einem Land, das sie nicht haben wollte – davon erzählen sie in diesem Buch. Es ist die Geschichte einer Suche dreier junger Menschen nach Heimat und Freiheit und eine Geschichte über den Wunsch dazuzugehören. Es ist das Protokoll eines Flüchtlingsschicksals – vor allem aber eine so noch nicht gelesene Parabel über Brüderlichkeit, Mut und Menschlichkeit.

Die Zwillingsbrüder *Masoud* und *Moitaba Sadinam* wurden 1984 in Teheran geboren, 1986 folgte ihr Bruder *Milad Sadinam*. 1996 floh die Famile nach Deutschland, wo die drei Brüder trotz aller Widrigkeiten erfolgreich ihr Abitur machten und ein Studium begannen.

Mojtaba, Masoud und Milad Sadinam

UNERWÜNSCHT

Drei Brüder aus dem Iran
erzählen ihre deutsche Geschichte

PIPER
München Berlin Zürich

Mehr über unsere Autoren und Bücher:
www.piper.de

Für Madar

Ungekürzte Taschenbuchausgabe
Piper Verlag GmbH, München/Berlin
Mai 2016

Umschlaggestaltung: Rothfos & Gabler, Hamburg
Umschlagabbildung: Jürgen Bauer
Typografie: Andrea Engel, Berlin
Satz: hanseatenSatz-bremen, Bremen
Gesetzt aus der Sabon
Druck und Bindung: CPI books GmbH, Leck
Printed in Germany ISBN 978-3-492-30879-3

Inhalt

Vorwort

»Ein Buch, das ich Thilo Sarrazin gern auf den Nachttisch legen würde.« – Mit diesen eindringlichen Worten würdigte die Autorin Julia Friedrichs die Erstausgabe unseres Buches im September 2012. Seitdem hatten wir mehr als hundert Lesungen, Interviews und Medienauftritte. Wir begegneten vielen Menschen, die von unseren persönlichen Erfahrungen als Flüchtlinge hören wollten, mit denen wir aber auch über die jeweils aktuelle Situation diskutierten. Dieser Austausch hat unser Leben bereichert – *Taschakkor* und Dank euch allen, die ihr ihn ermöglicht habt.

Die Erstausgabe liegt nun gut drei Jahre zurück. Mittlerweile spricht kaum noch jemand über Sarrazin. Die so genannte »Flüchtlingskrise« hat ihm den Rang abgelaufen. Und dennoch spüren wir ein ununterbrochen lebhaftes Interesse an unserer Biographie. Das zeugt davon, dass die Debatten über Sarrazins Thesen und über die aktuelle »Flüchtlingskrise« nicht grundverschieden sind. Vielmehr bilden sie Knotenpunkte an ein und demselben Diskussionsstrang. In der Sarrazin-Debatte verschlangen sich Fragen und Meinungen um das Schlagwort »Integration« zu einem Knoten. Oft hörte man den Vorwurf, Ausländer seien nicht integrationswillig. Dem stellten wir unsere

Geschichte entgegen. Auf Lesungen sprachen wir darüber, dass allem voran die gesellschaftlichen Bedingungen uns das Gefühl gaben, *unerwünscht* zu sein. Sie waren es, die uns an der Integration hinderten.

In der gegenwärtigen »Flüchtlingskrise« hat sich das Interesse verschoben. Das erkennen wir auch an den Fragen, die auf unseren Lesungen gestellt werden: *Gibt es genügend Unterkünfte für Flüchtlinge? Werden Gerichte und Verwaltung die vielen Asylanträge bewältigen? Kann Deutschland die Kosten tragen?* Es sind solche und ähnliche Fragen, die sich aktuell zu einem neuen Knoten verschlingen. Wir subsumieren sie unter dem Stichwort *Ressourcenverwaltung*. Und allzu oft erschallen Mahnrufe, dass die Ressourcen ausgeschöpft seien, dass die »Flüchtlingskrise« Deutschland überfordere.

Wir leben mittlerweile seit zwanzig Jahren in Deutschland. Im vergangenen Jahr erlebten wir, wie etwa eine Million Menschen hier Schutz suchten. Damit erreichte die Zahl der Asylanträge ein Rekordhoch. Wir erlebten aber auch das Gegenteil: 1996, das Jahr unserer Flucht nach Deutschland, fiel in eine Phase schrumpfender Flüchtlingszahlen. Sie dauerte weitere zwölf Jahre an und mündete schließlich 2008 in ein Rekordtief – die Zahl der neuen Asylanträge betrug nur noch rund 20.000. Trotzdem gestalteten sich die Asylverfahren nicht wesentlich schneller oder einfacher, die Lebensbedingungen der Flüchtlinge nicht bedeutend besser. Denn damals hatte auch die Menge der gebilligten Ressourcen ein Rekordtief erreicht. Je weniger Asylanträge gestellt wurden, desto mehr wurde gekürzt. So herrschte auch 2008 Knappheit – genau wie in den Jahren davor und danach. Die Ressourcenknappheit hängt nicht von der Zahl der Flüchtlinge ab, sondern von der Entscheidung, wie es Flüchtlingen in diesem Land ergehen soll. Es ist die Entscheidung darüber, wer hierher gehört und wer nicht, wer als »Deutscher« und wer als »Ausländer« gilt.

Als wir 1996 in Deutschland ankamen, hatten wir das Glück, Menschen zu begegnen, die uns nicht als Ausländer betrachteten, welche im Grunde kein Recht haben, hier zu sein. Für sie war es kein Zugeständnis, dass wir in »ihr« Land kommen durften. Sie verlangten deshalb nicht, dass wir tatenlos alle Einschränkungen und Strapazen des Asylverfahrens ertragen sollten. Im Gegenteil: Diese Menschen unterstützten uns, wo immer sie konnten. Sie akzeptierten uns als Gleichwertige.

Wir möchten unsere Geschichte erzählen und den aktuellen Mahnrufen, Deutschland sei wegen der ankommenden Flüchtlinge überfordert, widersprechen. Wir möchten zeigen, dass die Ressourcenknappheit Hand in Hand geht mit einer Politik, für die Flüchtlinge unerwünschte Fremde sind und als Menschen minderer Klasse behandelt werden dürfen. Diese Politik hat unser Leben bestimmt. Aber auch im heutigen Deutschland ist sie noch gegenwärtig. Die folgenden Kapitel könnten daher von einer Mutter und ihren drei Kindern erzählen, die nicht 1996 ein neues Leben als Flüchtlinge begannen, sondern es hier und jetzt tun.

Die Familie wäre nach wie vor angewiesen auf Menschen, die sie unabhängig von ihrer Herkunft und Nationalität als Gleichwertige behandeln und damit die Grenzen des Möglichen neu setzen. Unser Buch legen wir nicht Sarrazin oder einer anderen namhaften Person ans Herz, sondern jedem Menschen, der bereit ist, die bestehenden Grenzen zu überdenken – und sie zu überwinden.

Prolog

Es ist ein wundervoller Wintermorgen. Hinter dem Küchenfenster erblickt man Bäume, an deren Äste sich einige Zentimeter dick junger Schnee schmiegt. Der Himmel ist klar und die sanften Sonnenstrahlen lassen den Schnee glitzern.

Auf dem Küchentisch, an dem wir drei sitzen, sind mehrere Zeitungen verstreut. »Die Brüder Sadinam sind perfekt integriert! Sie sind ein Vorbild für andere!«, lesen wir in dem Blatt, das ganz oben liegt. Wir schlagen es zu und durchforsten den Rest. Eine andere Schlagzeile springt ins Auge. »Sie haben es geschafft!«, verkündet sie und darunter folgt in kleinerer Schrift die Geschichte »Von Flüchtlingen zu Elite-Studenten«, deren Kurzversion dann in etwa so lautet:

Vor ungefähr sechzehn Jahren, noch als Kinder, mussten die drei Brüder mit ihrer regimekritischen Mutter in Teheran untertauchen. Nach Monaten des Versteckens vor den Revolutionswächtern gelang ihnen schließlich die Flucht aus dem Iran. Mit nichts als einem Koffer erreichten sie Deutschland. Ohne Geld, ohne Papiere und ohne ein Wort Deutsch zu sprechen begann ihr Leben in Asylbewerberheimen. Bald waren sie sogar ausreisepflichtig und sollten abgeschoben werden.

Trotz aller Widerstände gaben sie nicht auf. Die Brüder schafften den Sprung von der Hauptschule aufs Gymnasium, gehörten am Ende zu den Besten ihres Abiturjahrgangs und bekamen schließlich Stipendien und Studienplätze an drei privaten Elite-Unis.

Draußen zieht eine Brise an den Bäumen vorbei und wirbelt mehrere Schneeflocken hoch in den blauen Himmel. Sie tanzen im Wind, beschreiben Spiralen und fliegen währenddessen immer weiter auseinander, um kurz darauf gänzlich zu verschwinden. Es kehrt wieder stille Regungslosigkeit ein. Nur noch der Schnee treibt mit den Sonnenstrahlen sein funkelndes Spiel.

Unter lautem Rascheln falten wir die Zeitungen zusammen und legen sie weg. Das, was sie erzählen, ist viel zu einfach. Es wirkt märchenhaft – ähnlich dem Naturgeschehen auf der anderen Seite des Fensters. Wer es wirklich will, der schafft es auch – das ist die Moral ihrer Geschichte.

Doch wir drei sind keine Helden eines Märchens, die alle Hürden und Widrigkeiten allein mit ihrer unermüdlichen Willenskraft überwinden konnten. Hätten wir daran geglaubt, wären wir schon längst abgeschoben worden und nicht mehr in Deutschland. Wir müssen diesem Märchen etwas entgegensetzen. Wir müssen unsere Lebensgeschichte erzählen, wie sie sich wirklich zugetragen hat.

Und weil wir seit unserer Kindheit alles zusammen erlebt haben, weil wir die schwierigsten Momente nur Hand in Hand überlebt haben, wollen wir unsere Geschichte auch wirklich *gemeinsam* erzählen. Abwechselnd ergreift jeder von uns dreien das Wort. Jeder berichtet aus seiner Perspektive, gefüllt mit eigenen Erfahrungen, Ängsten und Sehnsüchten. Wir hoffen, damit ein wahrhaftiges, facettenreiches Bild unseres Lebens zu entwerfen.

Ein Leben, in dem nicht Integration, Erfolg und gesellschaftliches Ansehen die Leitmotive sind, sondern unsere Suche nach Selbstbestimmung und Glück.

1

Die Flucht

Mojtaba Die Dämmerung war bereits angebrochen, als das Taxi über die ungeteerte Straße davonpolterte. Es zog eine gewaltige Staubwolke hinter sich her, aus der die kleinen rechteckigen Rückleuchten schimmerten wie rote Augen. Sie wurden immer kleiner, bis sie schließlich ganz verschwanden.

Dann war es plötzlich still. So still, dass ich glaubte, das Atmen der anderen hören zu können.

Masoud stand links neben mir. Er war so nah herangerückt, dass unsere Schultern sich berührten. Milad stand rechts von mir und hatte seinen Kopf an Madars Brustkorb gelehnt. Sie fuhr mit ihrer linken Hand streichelnd durch sein braunes Haar und flüsterte halb zu uns, halb zu sich selbst: »Ihr seid mein Leben. Niemand bringt uns auseinander!« Dann drückte sie auf den weißen Klingelknopf, der neben einem ausladenden zweiflügeligen Metalltor angebracht war.

Ich konnte nicht sehen, was hinter dem Tor lag, denn es war umzäunt von einer hohen Ziegelmauer. Aber ich hörte auf der anderen Seite etwas klappern und Schritte, die sich uns näherten.

Masouds Schulter presste noch fester gegen meine. Als ich merkte, dass mein Atem sich beschleunigt hatte, rückte ich ein Stück von ihm weg. Ich wollte ihn nicht zusätzlich beunruhigen.

Das Klackern der Schuhe war nun ganz nah. Schlüssel klirrten. Unsere Mutter warf uns einen kurzen Blick zu, als wollte sie sichergehen, dass wir noch alle da waren. Da rastete ein Schlüssel im Schloss ein und das Tor öffnete sich mit einem Ruck. Madar setzte einen Schritt nach vorne und ich wollte sie aus irgendeinem Grund an ihrem *Manto* festhalten, als plötzlich eine sanfte Frauenstimme sie grüßte: »*Salam Chahar jan!* Bitte, komm rein!«

Wir folgten ihr und kaum hatten wir das Tor passiert, fiel es laut und metallisch schallend zu. Dahinter empfing uns eine Frau von zierlicher Gestalt. Masoud und ich mit unseren elf Jahren hätten uns nur auf die Fußspitzen stellen müssen, um ihr direkt ins Gesicht zu schauen. Besonders strenggläubig war sie wohl nicht, dachte ich, sonst hätte sie auch jetzt ein Kopftuch getragen.

Madar umarmte die Frau fest und ich hörte sie leise sagen: »Danke, dass du dein Versprechen gehalten hast.« Wahrscheinlich war das gar nicht für unsere Ohren bestimmt, aber ich hatte es gehört und es entfachte sofort meine Neugierde. Als wüsste sie ganz genau, was in mir vorging, wandte sich Madar mir zu. »*Batscheha*, geht bitte rein, wir kommen gleich nach!«, wies sie uns an und deutete mit dem Zeigefinger auf einen Punkt hinter uns.

Ich drehte mich um und nahm erst jetzt die Umgebung wahr: Wir standen auf einem großen, schlicht gepflasterten Innenhof, in dessen Mitte ein Blumenbeet etwa ein Dutzend Rosen beherbergte. Madars Finger zeigte auf die andere Seite des langen Hofs: Dort stand ein kleines Haus mit flachem Dach. Es lag etwas höher als das Pflaster, sodass eine Treppe zur Haustür hinaufführte.

Ich ging zögerlich auf die Treppe zu, blieb davor stehen

und drehte mich zu meinen Brüdern um, die mir gefolgt waren. »Ich gehe da nicht rein!«, sagte ich.

»Aber Madar hat doch …« Masoud schaute nochmal zu ihr herüber, senkte dann nachdenklich den Blick und murmelte: »Nein, ich will da auch nicht rein.«

»Wir können doch nicht einfach so eine fremde Wohnung betreten«, stimmte Milad bei. »Ich warte hier.«

Madar und die kleine Frau standen immer noch am Tor und unterhielten sich leise. Sie hatte mittlerweile ihr Kopftuch abgenommen und es wie ein Halstuch auf die Schultern gelegt. Umgeben von ihrem dunklen, leicht gelockten Haar wirkte ihr Gesicht besonders hell und lebendig. Aber es hatte heute diesen ungewöhnlichen Ausdruck, den ich sonst nur von Lehrerinnen kannte, wenn sie sehr schlechte Diktate zurückgaben und eine düstere, aber zugleich besorgte Miene aufsetzten. Das beunruhigte mich schon, seitdem sie uns vor einer halben Stunde aus unserer Wohnung abgeholt hatte.

Milad machte die kleine Taschenlampe an, die er mitgenommen hatte und immer noch in der Hand hielt. Er leuchtete damit auf den Boden und ließ den Lichtstrahl langsam kreisen. Seine Mundwinkel waren heruntergezogen, als wollte er sich darüber beklagen, dass wir zu Hause unser Lieblingsspiel nicht zu Ende spielen konnten.

Milad war gerade mit Leuchten an der Reihe gewesen. Dazu hatte er sich auf die breite Fensterbank am hinteren Ende des Wohnzimmers gesetzt, seine Füße auf der Heizung unterhalb der Fensterbank abgestützt und den Lichtkegel der Taschenlampe auf die gegenüberliegende Wand geworfen. Masoud und ich mussten den Kreis fangen, während Milad ihn tanzen ließ.

Die Kunst bestand darin, Milads Bewegung vorauszuahnen und blitzschnell mit der Hand auf den Kreis zu schlagen. Doch das gelang uns recht selten. Milad hatte einen Riesenspaß, wenn wir danebenhauten. Er war zwei Jahre jünger als wir, aber konnte uns bei diesem Spiel so lange hin und her laufen und hüpfen lassen, bis wir völlig außer Atem auf dem Boden lagen. Dieser Anblick brachte ihn jedes Mal so zum Lachen, dass seine Apfelbäckchen erröteten und seine hellen Augen tränten.

Manchmal trampelten wir bei diesem Spiel dermaßen laut herum, dass unsere Nachbarn von unten zornig bei uns klingelten, um sich zu beschweren. Aber wir hatten von klein auf von Madar die Anweisung erhalten, Fremden die Tür nicht zu öffnen. Und in solchen Fällen hielten wir uns bereitwillig daran.

Dass wir heute unsere Partie nicht abschließen konnten, lag jedoch nicht an den Nachbarn: Milad wollte gerade mit seinem Lichtspiel beginnen, als sich plötzlich die glänzend braune Holztür unserer Wohnung öffnete und Madar mit großen Schritten hereinkam. Sie war viel früher zurück als sonst. Für gewöhnlich kam sie zum Abendessen, wenn es schon dunkel war, aber heute war die Dämmerung gerade erst angebrochen.

»*Salam Batscheha!* Zieht bitte schnell eure Schuhe an, wir besuchen heute jemanden.«

»Wen denn?«, wollte ich verwirrt wissen. »Gehen wir zu …«

»Freunde von mir«, unterbrach mich Madar. »Wir sind schon spät dran, bitte beeilt euch.«

»Madar«, sagte Masoud, während Milad mit enttäuschter Miene von der Fensterbank herunterkletterte, »wir müssen für unser Diktat morgen üben. Ich hole meine Schulsachen, damit du uns gleich etwas diktieren kannst.« Er wollte schon loslaufen, um seinen Schulranzen zu holen, als unsere Mutter ihren Arm um seine Schulter legte, wobei ich nicht sagen konnte, ob sie ihn streicheln oder festhalten wollte. Sie zeigte nur mit der Hand auf seine Schuhe, die ordentlich neben der Haustür lagen: »Jetzt nicht! Wir haben keine Zeit dafür. Unten wartet schon ein *Ajans*, das uns hinfahren wird. Beeilt euch!«

In diesem Moment wurde Milad aufmerksam, der bis dahin still und mit gesenktem Kopf neben seinen Schuhen auf uns gewartet hatte. »Wieso ein *Ajans*? Kommt Pedar nicht mit? Er kann uns doch fahren.«

»Er kommt später nach«, grummelte Madar, ohne Milad anzusehen. Sie warf noch einen kontrollierenden Blick auf uns und vergewisserte sich, dass wir fertig waren, und schon öffnete sie die Wohnungstür: »Kommt!«

Eigentlich wollte ich sie fragen, warum sie es so eilig hatte, warum sie sich so komisch benahm und warum wir nicht einmal unsere Schulsachen mitnehmen durften, aber ich ging schweigend hinaus. Wir gehorchten Madar immer, vor allem, wenn wir merkten, dass ihr etwas besonders wichtig war. Sie zog die Tür hinter sich zu und lief mit schnellen Schritten voran. Wir folgten ihr. Dabei musste ich an Küken denken, die mit ihrer Mutter vor etwas davonrannten. So wie bei unseren Familienreisen aufs Land, wenn wir drei versuchten, die freilaufenden Hühner zu fangen.

Unten auf dem Parkplatz wartete wirklich ein *Ajans*, ein iranisches Ruftaxi, auf uns. Es war ein Peykan, eigentlich wie alle *Ajans*. Aber auch sonst war jedes zweite Auto auf Teherans Straßen ein Peykan. Er sei sehr beliebt, hatte Pedar mir erzählt, weil er recht günstig und trotzdem langlebig sei, aber wer es sich leisten könne, kaufe ein ausländisches Modell, um sich von den anderen abzuheben. Unser Vater fuhr auch einen dunkelblauen Peykan.

Madar setzte sich auf den Beifahrersitz und wir drei nahmen auf dem Rücksitz Platz. »*Salam*, Punak *darbast*.«

Punak war ein Stadtteil im Norden Teherans. Ich fragte

mich, wo Madar mit uns hinwollte, denn dort kannte ich niemanden. Und sie musste es wirklich eilig haben, denn *darbast* bedeutete, dass das Taxi uns direkt, ohne zwischendurch für weitere Fahrgäste anzuhalten, zum Ziel fahren musste. Wir drei hatten schon oft zu viert oder zu fünft auf der Rückbank gesessen. Wir waren noch klein und je mehr Leute mitfuhren, desto günstiger wurde das Taxi. Aber heute war ihr das Geld wohl egal.

Das *Ajans* setzte sich in Bewegung und nach dreißig Minuten, in denen Madar kein Wort gesprochen und unsere Fragen mit einer stummen Geste unterbunden hatte, erreichten wir im Halbdunkeln das Haus, auf dessen Hof wir nun standen.

Milad hatte mittlerweile die Taschenlampe ausgeknipst. Und es dauerte nicht mehr lange, bis unsere Mutter und die Frau ihr Gespräch beendeten und zu uns kamen. Ich hielt es nicht mehr aus: »Madar, wo sind wir hier?«

Sie legte ihre Hand auf meine Schulter und sagte in einem warmen Ton: »Bei *Chaleh* Laleh und *Amu* Haschem. Das sind sehr gute Freunde von mir.«

Die kleine Frau war also *Chaleh* Laleh. Sie lächelte, beugte sich nacheinander zu jedem von uns und küsste uns auf die Wangen. »*Choschamadid*, *Batscheha!* Fühlt euch wie zu Hause!«

Sie roch nach Reis und Hähnchen. Wahrscheinlich hatte sie gerade das Abendessen zubereitet. Ihr Lächeln und die Lachfältchen, die sich um ihre Augen schmiegten, verliehen ihr ein lebendiges und freundliches Aussehen, sodass ich mich innerlich spottend fragte: *Warum hattest du Feigling vorhin am Metalltor eigentlich solche Angst?*

»Lasst uns reingehen«, schlug *Chaleh* Laleh vor. »Ich habe *Sereschk-Polo* gekocht. Ihr habt bestimmt großen Hunger.«

Sie ging die vier Stufen bis zur Haustür hinauf und wir folgten ihr. Obwohl das Haus mit seinem gepflasterten Hof und dem sehr sauberen, hellen Putz der Wände nach einem modernen Neubau aussah, war die Tür in einem traditionellen Stil gehalten, den ich aus iranischen Dörfern kannte. Ihr dunkles Holz wirkte massiv und war an den Rändern mit geschnitzten Blumen und geschwungenen Formen verziert. In der Mitte hing ein bronzener Türklopfer, wobei ich mich nicht entscheiden konnte, ob er eine Faust oder eine Rose darstellen sollte.

Wir traten ein und quetschten uns in den kurzen Flur, wo wir unsere Schuhe auszogen und ordentlich aufreihten. *Chaleh* Laleh zeigte auf eine Tür auf der rechten Seite des Flurs: »Hier ist die Toilette. Da könnt ihr euch den Staub der Straße von den Händen waschen, bevor wir essen.«

Dann folgten wir ihr in einen Raum, den sie uns als das Wohnzimmer vorstellte. Mir fielen sofort seine strahlend weißen Wände auf. Den Boden des Wohnzimmers bedeckte ein ebenfalls heller, aber rauer Teppichboden. Auf der rechten Seite erhob sich ein Bücherregal voll mit bunten Buchrücken. Auf den ersten Blick waren viele persische Titel zu sehen, aber eine Reihe enthielt nur ausländische Bücher. Weiter hinten in der Ecke stand auf einem Holztisch ein altes Fernsehgerät. Hinten links machte der Raum einen Knick. Dort gruppierten sich zwei erdfarbene Ledersofas um einen flachen Glastisch. Unter ihnen lag ein roter Teppich mit einem Muster aus zierlichen Motiven, der im sonst hellen Raum wie ein dicker, lebendiger Farbklecks wirkte. Fasziniert starrte ich auf sein Muster, bis ich hinter mir *Chaleh* Lalehs Stimme hörte. »Da drüben, rechts vom Bücherregal, geht es in die Küche und links davon ist das Schlafzimmer von mir und *Amu* Haschem. *Asisanam*, lasst uns jetzt essen.«

»*Chaleh jan*, wo ist *Amu* Haschem?«, fragte Milad, der neben ihr vor dem Bücherregal stand. Milad war zwei Köpfe kleiner als sie und musste hochschauen. In solchen Momenten erinnerte er mich an ein Kätzchen, das mit weit geöffneten Augen nach Essen miaute. Niemand konnte diesem Blick widerstehen.

»*Asisam*, *Amu* arbeitet noch. Er kommt erst spät nach Hause.« Sie streichelte sanft Milads Wange, als wollte sie sich dafür entschuldigen.

Ich sah meine Brüder in die Küche gehen und wollte ihnen folgen. Doch als ich beim Bücherregal angekommen war, bemerkte ich, dass Madar und *Chaleh* Laleh ganz in der Nähe vor der einzigen Tür standen, über die *Chaleh* kein Wort verloren hatte. Außerdem unterhielten sie sich wieder ganz leise und machten ernste Gesichter. Ich verlangsamte meinen Schritt, wandte mich dem Regal zu und gab vor, an den vielen Büchern interessiert zu sein.

Zufällig entdeckte ich *Golestan* von Sa'di und griff es heraus. Unser Nachname, Sadinam, war sozusagen eine Hommage an diesen großen persischen Dichter des dreizehnten Jahrhunderts. Ich hatte eigentlich nichts von ihm gelesen, aber schlug selbstbewusst den kunstvoll bedruckten, ledernen Einband auf und starrte auf eine beliebige Seite. Doch in Wirklichkeit konzentrierte ich mich nur auf mein Gehör und versuchte, ein paar Worte des Gesprächs hinter mir zu erhaschen.

»Und, wie geht es ihr?«, fragte *Chaleh* vorsichtig.

»Ich weiß es nicht. Niemand weiß es.«

»Habt ihr eine Vermutung, wo sie ist?«

»Nein. Wir hoffen, dass zumindest die Eltern benachrichtigt werden.«

»Glaubst du, sie machen jetzt ernst?«

»Wann tun sie das nicht?« Madar seufzte und für einige Sekunden wurde es völlig still.

Ich wollte nicht auffallen und blätterte eine Seite weiter. Im selben Moment bereute ich es schon, denn das Papier schien so laut zu rascheln, dass sich gleich alle Augen auf mich richten würden. Ich erstarrte und wartete darauf, meinen Namen zu hören.

Beim ersten Laut zuckte ich zusammen, beruhigte mich aber schnell, als ich merkte, dass er nicht mir galt. »Und was glaubst du, wie lange ihr hierbleiben müsst?«

Madar zögerte einen Moment, antwortete dann leise: »Ich … ich weiß es nicht.«

»Mach dir keine Sorgen! Ihr könnt euch hier wie zu Hause fühlen. Haschem und ich freuen uns sehr, dass wir helfen können. Ich habe auch schon das Zimmer für euch vorbereitet.«

»Danke. Ich muss es nur noch den Kindern beibringen. Sie wissen noch von nichts.«

Mein Herz raste vor Aufregung. Das ergab doch alles keinen Sinn! Als ich dann hörte, wie die Türklinke des geheimnisvollen Zimmers heruntergedrückt wurde, platzte es aus mir heraus: »Ich will nicht hierbleiben! Ich will nach Hause!« Ruckartig drehte ich mich um und wollte meinen Protest fortsetzen, aber als ich Madars blasses Gesicht sah, verstummte ich. Ich lief zu ihr, umarmte fest ihre Taille und presste mein Gesicht gegen ihre Brust.

»Was ist los?«, hörte ich kurz darauf Masouds zitternde Stimme hinter mir fragen.

Madar breitete ihre Arme aus. Milad und Masoud kannten dieses Zeichen. Sie kamen herüber, Madar drückte die beiden an sich und schaute zu uns herunter. Ein flüchtiges Lächeln huschte über ihr Gesicht, doch ihre Augen schimmerten so, als würden sich gleich darin Tränen bilden. Einige Sekunden lang sah sie uns nacheinander an und ich hörte sie schwer atmen. Das, was sie dann sagte, klang kaum wahrnehmbarer als ein Windhauch: »Ich habe etwas getan, weshalb die Männer von der Regierung sehr verärgert sind.« Ihr Blick schweifte ab und sie seufzte nochmals. Dann sprach sie deutlicher: »Sie suchen mich jetzt. Deswegen müssen wir erstmal hierbleiben.«

Ihre Worte hallten in mir nach: »... suchen mich ... müssen hierbleiben, hierbleiben, hierbleiben, hierbleiben.«

Am nächsten Morgen wachte ich sehr früh auf. Es war noch völlig dunkel, aber ich konnte nicht wieder einschlafen. Regungslos lag ich auf meiner dünnen Decke auf dem Boden, starrte ins Leere und fasste einen Entschluss: Ich würde uns retten!

Die anderen schliefen noch. Links neben mir Milad, daneben Masoud und am anderen Ende Madar, die laut schnarchte. Das war merkwürdig, denn sonst schlief sie völlig ruhig.

Das Zimmer, das *Chaleh* Laleh und *Amu* Haschem für uns vorgesehen hatten, war sehr klein. Wenn ich mein Bein ausstreckte, konnte ich mit den Zehenspitzen den viertürigen Kleiderschrank zu meiner rechten Seite berühren. Der Schrank war genauso breit wie der Raum. Und ich wunderte mich, dass Madar überhaupt schlafen konnte, denn sie war auf der gegenüberliegenden Seite an die Wand gepresst, ihre Füße lagen zwischen den Beinen des kleinen Schreibtischs in der Ecke und kaum eine Armlänge von ihrem Kopf entfernt ragte ein großer Gummibaum in die Höhe. Er stand direkt am Fenster und bekam wohl viel Licht ab. Ohnehin, dachte ich mir, musste es gleich sehr hell werden, denn die Fensterreihe über unseren Köpfen war genauso lang wie das Zimmer. Da die dicken blauen Vorhänge nicht zugezogen waren, würde das Sonnenlicht gleich den Raum durchfluten und alle aufwecken. Die Zeit lief mir also davon.

Ich hatte keine Ahnung, was Madar getan hatte. Darüber wollte sie gestern mit uns nicht reden. Aber ich wusste, wer uns helfen konnte: unser Schuldirektor. Wir Schüler bekamen ihn selten zu sehen. Das letzte Mal hatte er am Vortag des *Aschura*-Fests eine Rede auf dem Schulhof gehalten. Er stand auf einem Podest, während wir ihm – klassenweise aufgereiht – lauschten. Wie jedes Jahr erklärte er uns in einem eindringlichen Ton, warum wir das Martyrium des Imam Hossein, des Enkels des Propheten Mohammad, ehrten.

Für mich war der Direktor wie ein Halbgott, dem wir ehrfürchtig zuhörten. Aber auch die Lehrer und sogar alle Eltern schienen ihm zu gehorchen. Dieser Mann, da war ich mir sicher, hatte so viel Einfluss, dass er Madar helfen könnte. Und einem braven Schüler wie mir, der nur gute Noten vorzuzeigen hatte, würde er die Bitte nicht abschlagen.

Fest entschlossen stand ich auf und blickte auf die anderen. Sie rührten sich nicht und schienen noch tief zu schlafen. Mit zwei schnellen, aber lautlosen Schritten war ich an der Zimmertür. Ich nahm aus dem Klamottenhaufen neben meinen Füßen meine Sachen, aus Madars Handtasche heimlich etwas Geld und schlich mich leise hinaus.

Im Flur zog ich Hose und T-Shirt an, schlüpfte in meine Schuhe und horchte noch einmal. Madars Schnarchen hatte seine Regelmäßigkeit nicht verloren und ich konnte mich beruhigt der nächsten Hürde zuwenden: der massiven Haustür. Behutsam griff ich mit beiden Händen nach der Türklinke. Sie war aus dunklem Metall, sehr groß und behäbig. Jetzt oder nie, befahl ich mir innerlich. Ich nahm all meinen Mut zusammen, presste die Lippen fest aufeinander, drückte die Klinke herunter und zog vorsichtig daran.

Es passierte nichts. Ich versteinerte. Beim Gedanken, dass die Tür abgeschlossen sein könnte, kroch Verzweiflung in mir hoch. Einige Sekunden vergingen. Aufgeben wollte ich nicht, die Sache war zu wichtig. Ich redete mir ein, fester ziehen zu müssen. Schließlich sah die Tür sehr schwer aus. Ich presste die Lippen noch einmal zusammen, holte tief Luft, setzte dieses Mal mit mehr Kraft an und tatsächlich: Die Tür sprang auf, allerdings mit einem furchtbar knarrenden Geräusch. Nur mit Mühe unterdrückte ich einen Schrei, so sehr hatte ich mich erschrocken. Mir blieb nichts anderes übrig, als zu warten und jedes weitere Geräusch zu vermeiden.

Von draußen drang frische Morgenluft herein. Der klare Himmel war noch in tiefes Blau gehüllt, aber über dem Mauerrand schimmerte es schon etwas heller. Die Sonne kündigte sich sanft an. Der Innenhof lag regungslos vor mir. Sogar die Rosen schienen noch zu schlafen. Außer ein wenig Vogelgezwitscher war nichts zu hören.

Auf dem Weg zum Metalltor ging ich noch einmal meinen Plan durch: Ich würde bis zum Ende der ungeteerten Straße laufen, dann auf dic Hauptstraße abbiegen, wo wir hergekommen waren, dort am Straßenrand Ausschau halten, bis sich eines der vielen orangefarbenen Taxis näherte, um dann mit einer Handbewegung zu signalisieren, dass ich mitfahren wollte. Es musste klappen. Ich hatte schließlich Hunderte Male beobachten können, wie Erwachsene das taten. Der Plan erschien mir perfekt. Wie glücklich alle sein würden, wenn ich Erfolg hatte!

Am Tor angekommen, umschloss ich mit einer Hand die Klinke und drückte sie herunter. Sie war modern und bei Weitem nicht so schwergängig wie die der Haustür. Ich zog daran, doch nichts passierte. Ich wollte gerade zu einem zweiten oder, wenn nötig, auch dritten Versuch ansetzen, als ich hinter mir eine Stimme hörte, die mich erstarren ließ. »Mojtaba, was machst du da?«

Es dauerte einige Sekunden, bis mir bewusst wurde, dass es zum Glück nur Masoud war. Ohne mich umzudrehen zog ich einige Male heftig an der Klinke, aber diesmal schien das Tor wirklich abgeschlossen zu sein.

»Mojtaba«, hörte ich Masoud etwas lauter rufen.

Er würde noch alle aufwecken, dachte ich verärgert. Ich drehte nur meinen Kopf nach ihm um, ohne mich von der Tür wegzubewegen, und sah Masoud auf der obersten Stufe am Hauseingang stehen. Seine ohnehin großen Augen waren vor Schreck weit aufgerissen. Aber ich hatte keine Zeit dafür. Ich musste mir etwas einfallen lassen, um auf die andere Seite zu gelangen.

Mit der Hand bedeutete ich Masoud, er solle wieder reingehen, und schaute mich hastig nach einer Leiter oder etwas Ähnlichem um. Ich hatte Glück: Direkt neben den Stufen, die zur Haustür führten, war eine hohe Holzleiter an die Wand gelehnt, die wohl dazu diente, auf das Flachdach zu steigen. Masoud kehrte endlich ins Haus zurück und ich schlich mich auf leisen Sohlen an die Leiter heran. Ich nahm all meine Kraft zusammen, und mit einem Ruck hob ich sie zunächst einige Zentimeter und schwang sie dann in die Horizontale. Zu meiner Freude war sie viel leichter, als sie aussah. In Gedanken sah ich mich schon auf der Straße stehen. Ich musste nur noch dieses Tor überwinden.

Langsam tappte ich in dessen Richtung zurück, doch kaum hatte ich das Beet erreicht, da hörte ich hinter mir Madars verschlafene, aber eindringliche Stimme: »Mojtaba, stell sofort die Leiter ab!«

Mir war ruckartig klar, dass mein Plan aufgeflogen war. Im Augenwinkel sah ich einen graubraun gefiederten Spatz auf dem Beet landen. Er pickte mehrere Male nach etwas, schaute sich kurz um und flog wieder davon. Für einen Moment wünschte ich mir, mit ihm tauschen und davonfliegen zu können. Ich stellte mein Fluchtwerkzeug wieder ab und lief zu Madar.

»Was hattest du denn vor?«, fragte sie mich und fuhr mir tröstend durchs Haar.

Ich zögerte.

»Wolltest du raus?«, hörte ich Masoud, der mit Milad hinter Madar stand, so staunend sagen, als glaubte er selbst nicht daran.

Ich hatte keinen Grund, meinen Plan zu verhehlen. Unsere Mutter wurde niemals wütend wie andere Eltern, die ihre Kinder sogar schlugen. Ich erinnerte mich daran, wie ich an einem warmen Sommertag einem streunenden Hund, der mich fasziniert hatte, so lange hinterhergelaufen war, dass mir sowohl die große Straße, die wir nicht überqueren durften, als auch die vereinbarte Zeit, wann ich wieder zu Hause sein sollte, völlig gleichgültig gewesen waren. Als ich später Madar alles gestanden hatte, hatte sie mir in aller Ruhe erklärt, warum diese Vereinbarungen wichtig waren. Und ich hatte sie verstanden.

»Ich wollte nur helfen.« Madar schaute mir direkt in die Augen. »Ich wollte zum Schuldirektor. Ich wollte ihn bitten, sich für dich einzusetzen. Dann müssten wir uns nicht mehr verstecken.«

Madar lächelte kurz und fuhr mir erneut durchs Haar. Eine Träne rollte aus ihrem Augenwinkel und blieb an der Spitze ihrer kleinen Nase hängen. Doch bevor weitere folgen konnten, rieb sie sich mit beiden Handballen fest die Augen. Dann legte sie ihre Hände auf meine Wangen, schaute mich liebevoll an und sagte in einem bedächtigen Tonfall: »Auch der Schuldirektor kann nicht helfen. Vielleicht würde er uns sogar verraten. Wir dürfen auf keinen Fall dieses Haus verlassen. Wenn die Männer von der Regierung rauskriegen, wo wir sind, dann verhaften sie mich und ich komme ins Gefängnis.«

In diesem Moment regte sich etwas in Milad und hastig umarmte er Madar von der Seite. Auch Masoud war näher gekommen und legte seine Hand auf Madars Schulter.

»Die dürfen dich nicht einsperren! Wenn, dann müssen sie mich mitnehmen!«, protestierte Milad besorgt.

»Im Gefängnis passieren schlimme Dinge. Keiner von uns darf dahin!«, korrigierte ihn Masoud.

Ich wusste ganz genau, woran er dachte. Oft konnten wir zwei unsere Gedanken lesen – vielleicht war es so ein Zwillingsding. Und auch dieses Mal war ich mir sicher, dass er an Mostafa dachte. Wir drei besuchten vor einigen Jahren die Trauerfeier zum Jahrestag seines Todes. An jenem Tag umarmte und küsste uns seine Mutter so, als wären wir ihre eigenen Söhne. Sie war todtraurig, weinte ununterbrochen und Madar blieb den ganzen Tag bei ihr. Wir Brüder wussten nicht genau, was Mostafa widerfahren war, aber wir fanden heraus, dass er ins Gefängnis gekommen – und eines Tages die Todesnachricht überbracht worden war.

Bei diesem Gedanken stockte mir der Atem. Entsetzt dachte ich an meinen Plan. Wie konnte ich nur so dumm sein und glauben, dass Madar nicht selbst auf die Idee gekommen wäre, wenn der Schuldirektor wirklich helfen könnte? Ich wollte alles tun, um die Gefahr von unserer Mutter abzuwenden, und hätte beinahe alles vermasselt. »Madar, die dürfen dich nicht kriegen! Sie dürfen uns nicht trennen!« Ich umklammerte sie immer fester und versprach ihr innerlich, nie wieder so unvorsichtig zu sein.

Masoud Meine Augen brannten. Seit Stunden saßen Mojtaba, Milad und ich auf den Granitstufen vor dem Haus von *Chaleh* Laleh. Es ging auf Mittag zu und die Sonne stieg so hoch, dass es in den Augen wehtat. Vor allem das Metalltor, das die Sonnenstrahlen spiegelte, blendete mich.

Es waren nun einige Tage vergangen, seitdem wir durch dieses Tor gekommen waren – und seitdem absolut nichts Nennenswertes passiert war.

Mojtaba fläzte sich neben mich auf die Treppe und stützte sich mit beiden Ellenbogen auf den Stufen ab. Milad spielte mit einem Wollknäuel. Von drinnen hörte ich leise Stimmen. Es waren Madar und *Chaleh* Laleh. In den vergangenen Tagen unterhielten sie sich viel. Und ich hatte das Gefühl, dass sie uns etwas verheimlichten und jedes Mal ihr Gespräch unterbrachen, wenn einer von uns in ihre Nähe kam.

Ich versuchte mich daran zu erinnern, was ich wohl jetzt in der Schule machen würde. Mojtaba und ich waren in der fünften Klasse. Im Gegensatz zu Milad, der die Vierte besuchte, wurde es für uns in diesem Schuljahr ernst. Denn bald standen die Abschlussprüfungen an, wonach wir *Dabestan*, die Grundschule, verlassen und auf *Rahnama-ie* kommen würden.

Höchstwahrscheinlich schrieb meine Klasse *Dikteh*. Und dann fiel mir ein, dass wir heute in den letzten beiden Stunden Sport hatten. Ich stellte mir vor, wie wir in einer Reihe auf dem geteerten Schulhof Aufwärmübungen machten, anschließend unser Lehrer uns in Mannschaften aufteilte, wir mit Mülleimern Tore aufbauten und dann kickten. Wut stieg in mir auf. Ich saß gelangweilt hier, während die anderen gleich Fußball spielten!

Aber vor allem vermisste ich Farroch, unseren besten Freund. Es war das erste Mal, dass wir uns seit Tagen nicht gesehen hatten – obwohl keiner in den Urlaub gefahren war. Farroch war genauso alt wie Mojtaba und ich. Mit seiner Familie wohnte er gegenüber von unseren Großeltern. Da sowohl Madar als auch Farrochs Mutter arbeiteten, verbrachten wir die Nachmittage zusammen. Wir gingen zu viert zur Schule und besuchten danach unsere Großmutter. Wir machten Hausaufgaben und spielten auf dem Hof. Wenn Farroch bloß hier wäre und sein Atari-Pingpongspiel dabeihätte!

»Hier ist es total langweilig«, maulte Mojtaba. »Wenn wir wenigstens unsere Fahrräder hätten, könnten wir wie in Ekbatan Rennen veranstalten.« Mojtaba deutete mit seinem Zeigefinger auf das Tor: »Ja, wir würden da hinten losfahren und wer als Erster hier ankommt, hat gewonnen.« Milad wandte sich uns interessiert zu.

»Wenn dir so langweilig ist, versuch doch noch einmal zum Schulleiter zu gehen und mit ihm zu sprechen«, stichelte ich. Mojtaba verzog keine Miene. »Oder noch besser, du gehst am besten direkt zum großen Revolutionsführer, Ayatollah Chamenei, und bittest ihn, Madar zu verzeihen.«

Mojtaba, der das Ganze überhaupt nicht witzig fand, versetzte mir mit seiner Schulter einen Stoß. Ich fiel zur Seite und musste mich am Geländer festhalten, um nicht von der Treppe hinunterzustürzen. Mojtaba lehnte sich wie vorhin zurück und es wurde wieder still.

Die Langeweile war drückender als die Sonne. Ziellos stand ich auf, schlenderte über den Hof und umkreiste das Rosenbeet. Zu meinem Glück entdeckte ich dort eine Ameisenstraße. Die tüchtigen schwarzen Ameisenarbeiter hatten vom Beet aus eine gerade Linie zu einer toten Fliege gebildet und gingen im Glied zügig auf und ab. Ich legte meinen Zeigefinger mitten auf ihren Weg und aus ihrer Kette wurde ein völliges Durcheinander. Als wären die

Ameisen mit einem Mal verrückt geworden, rannten sie ziellos im Kreis. Manche von ihnen prallten sogar aufeinander und berührten gegenseitig ihre Fühler, zerstreuten sich wieder und fanden nach einigen Umwegen endlich zu ihrem Erdloch. Ich starrte auf meinen Finger, an dem ein paar Ameisen zwickten, und dachte an Schahmirzad.

Normalerweise würden wir die Sommerferien mit Madar und Pedar dort im Landhaus unserer Großeltern, die wir Mamani und Babai nannten, verbringen. Schahmirzad war ein kleines Dorf, das etwa drei Stunden entfernt nordöstlich von Teheran lag. Auf der Fahrt nahm mich Pedar oft auf den Schoß und ließ mich mit dem Lenkrad in der Hand an den großen Lastwagen vorbeirasen. Ich fühlte mich dabei wie ein richtiger Rennfahrer und prahlte damit später vor meinen Freunden. Immer kurz bevor wir beim Landhaus ankamen, nahm mich Madar von seinem Schoß. Wie jedes Mal begann Pedar dann, über den holprigen Weg zu fluchen, der für die Federung des Wagens tödlich sei, während er das Auto sachte auf der schmalen Spur hin- und hermanövrierte, um nicht im kleinen Bach steckenzubleiben, der entlang des Weges vor sich hin plätscherte. Wenn ich schließlich den uralten Walnussbaum, der seine zwei großen Arme in beide Richtungen ausstreckte, durch die Frontscheibe sah, wusste ich, wir waren endlich angekommen – eine bordeauxrote Holztür gewährte uns Zugang zur anderen Seite einer hohen Lehmmauer. Dort wohnte unser Glück.

Schahmirzad war für uns wie ein riesiger großer Spielplatz. Gleich hinter der Tür stand das Landhaus mit den Lehmwänden, auf dessen Veranda wir Fußball spielten. Eine Treppe führte hinunter zu einem von Rosen umsäumten Weg. An dessen Ende lag ein Stück Land, das nur uns Kindern gehörte und auf dem wir alles machen durften, was wir wollten. Der Rest des Grundstücks war ein schöner Hain aus Obstbäumen, wo wir uns oft jagten oder Verstecken spielten.

Am liebsten aber zettelten wir einen Krieg an: zwischen Ameisen, Bienen und manchmal sogar Heuschrecken. Das Schlachtfeld war ein leeres durchsichtiges Glas, das wir zunächst mit ein paar Baumblättern füllten. Dann fingen wir rotbräunliche Ameisen, die überall flink herumkrabbelten, und warfen sie in unser Terrarium. Schwieriger war die Jagd nach Bienen. Jeder von uns nahm eine kleine Tüte in die Hand und untersuchte sie gründlich auf Löcher. Mit ihr bewaffnet, durchkämmten wir die Blumenbeete.

Wenn ein ahnungsloses Opfer auf einer Blüte saß, stülpten wir blitzschnell die Tüte darüber und drückten am Stängel die Öffnung zu. Die überraschte Biene begann nun vergeblich zu flüchten und flog immer wieder gegen die Plastikmauer. Doch der wirkliche Kunstgriff erfolgte erst jetzt: Die Tüte musste, ohne dass die Biene entwischte, von der Blüte so abgezogen werden, dass diese unversehrt blieb und wir mit Mamani keinen Ärger bekamen. Danach musste unser Krieger sicher an seinen Platz gebracht werden. Dazu zogen wir den Plastikbeutel über unser Terrarium, und sobald unsere Beute drin war, schraubten wir den Deckel wieder fest drauf. Die Jagd konnte weitergehen.

Mit jedem Insekt wurde es hektischer in unserer kleinen Welt. Als es schließlich genug Krieger auf beiden Seiten gab, hockten wir uns auf die Treppe der Veranda und schüttelten das Glas so lange, bis die Tiere jegliche Orientierung verloren und übereinanderfielen. Ameisen und Bienen krabbelten ziellos aufeinander herum, bis es endlich passierte: Sie griffen sich gegenseitig an. Manchmal kämpften sogar die Bienen gegeneinander. Es war ein aufregendes Schauspiel! Genau das, was wir jetzt brauchten.

Ruckartig zog ich meinen mittlerweile prickelnden Finger aus der Ameisenstraße, sprang hoch und rannte in Richtung Haus. Minuten später hielt ich stolz ein Marmeladenglas in der Hand und verkündete Milad und Mojtaba: »Ich gehe auf Jagd!«

Weil es keine Pflanzen außer den Rosensträuchern gab, konnte ich mein Glas nicht auspolstern, sondern steuerte direkt auf die Ameisen zu. Eine nach der anderen nahm ich vorsichtig zwischen Zeigefinger und Daumen und ließ sie über der Glasöffnung hinunterfallen. Genau wie in Schahmirzad wollte ich nun die Bienen hinzutun. Ich tastete mich von Blüte zu Blüte, untersuchte die Kronblätter – doch vergeblich. Das duftende Rosenbeet war leer. Ich gestand mir ein, dass meine Suche nichts brachte, und gab traurig auf. Das hier war nicht unser Obsthain in Schahmirzad, wo die Bienen und das Glück wohnten, sondern ein langweiliger Hof in Teheran, wo wir uns versteckten.

Ich schüttelte das Glas so lange, bis alle Ameisen auf dem Beet gelandet waren, setzte mich auf das Betonsteinpflaster und kreuzte trotzig die Arme vor der Brust.

Auf einmal hörte ich Mojtaba hinter mir, der auf den Hof stürzte und rief: »*Batscheha*, kommt, kommt schnell, ihr glaubt nicht, was ich im Keller entdeckt habe.«

Ich stand, noch in Gedanken versunken, halbherzig auf und folgte ihm, der händefuchtelnd in den Keller verschwand. Milad kam mir nach.

Unter dem Haus gab es zwei getrennte Räume. Die Decke konnte ich fast mit meinen Fingern berühren. Das Tageslicht durchdrang mehrere kleine Fenster.

»Dürfen wir eigentlich überhaupt hier rein?«, fragte ich mehr mich selbst als Mojtaba, der nicht mehr aufzuhalten war und uns mit der Hand bedeutete, ihm in die Kammer neben der Treppe zu folgen.

»Wo bleibt ihr denn? Kommt doch rein, seht euch das bloß an«, rief Mojtaba.

Ich trat zögernd ein und traute meinen Augen nicht: Wir waren in einer Werkstatt voller Werkzeuge. Auf der linken Seite hingen Hämmer, Sägen und Schraubenzieher an der Wand, darunter befand sich ein riesiger hölzerner Arbeitstisch, auf dem Schrauben und Nägel in verschiedenen Größen gut sortiert nebeneinanderlagen. In einer Ecke türmte sich ein Haufen Holzstücke, daneben an der Wand lehnten Bretter.

Glücklich schloss ich die Augen. Ein Gefühl von Wärme stieg in mir auf, Bilder zogen vorbei. Ich sah uns drei auf unserem Stück Land in Schahmirzad versunken am Werkeln: Mit einer Schaufel buddelte ich eine kleine Vertiefung in die Erde. Die beiden anderen waren mit Sägen beschäftigt. Milad hielt auf dem Boden einen Ast fest, während Mojtaba sich mit einer Hand darauf abstützte und mit der anderen die Säge hin und her zog. Die Holzspäne flogen dabei in alle Himmelsrichtungen. Stundenlang sammelten wir Äste, sägten sie zurecht und stellten sie kegelförmig um die Vertiefung herum auf. Dann banden wir sie mit Schnüren zusammen und stülpten darüber ein Bettlaken. Fertig war dann unser Indianerzelt.

»Ich hab's! Ich weiß es! Ja, das ist toll! *Bahale, bahale!*«, platzte es aus Mojtaba heraus. Seine Stimme vibrierte vor Aufregung.

»Was denn? Verrat's doch endlich«, entgegnete ich ungeduldig.

»Aus diesen Sachen bauen wir uns Fahrräder und veranstalten wie in Ekbatan ein Rennen«, sagte er und deutete gleichzeitig mit seinen Zeigefinger Richtung Metalltor.

Die Idee versetzte uns in helle Aufregung. Wir begannen, gedankenversunken und den Blick auf den Boden geheftet, im Raum hin und her zu gehen. Milad hob schließlich als Erster wieder den Kopf. »Ein Fahrrad zu bauen ist viel zu schwierig«, sagte er. »Wir werden es nicht schaffen, die schrägen Stangen fest genug zusammenzubringen.«

Es wurde so still in der Werkstatt, dass man unsere Enttäuschung fast spüren konnte.

»Aber was wir bauen können, ist eine *Tschar-tscharche*, eine einfache Seifenkiste.«

Milad erklärte, weshalb das leichter und stabiler wäre, was wir beachten müssten und wie es aussehen könnte. Mojtaba schaute sich bereits um und nahm die Säge in die Hand.

»Warte doch mal«, stoppte ich ihn, »wir müssen erst Madar fragen, ob wir überhaupt die Werkzeuge benutzen dürfen.«

Zerknirscht stellte er die Säge wieder an ihren Platz und wir gingen hoch, wo Madar allein im Wohnzimmer saß. Mojtaba preschte vor und versuchte, sie von unserer Sache zu überzeugen. Er ging aufgeregt entlang des Tisches hin und her und gestikulierte wild mit den Händen. Milad und ich ergänzten seine Ausführungen.

Madar, die recht amüsiert schien und lächelte, schaute uns abwechselnd an. Sie hörte uns so lange zu, bis keiner mehr etwas hinzuzufügen hatte und Mojtaba stehenblieb. »Ihr müsst *Amu* Haschem um Erlaubnis bitten, aber keine Sorge, er wird von eurem Vorhaben begeistert sein«, sagte sie schließlich. Als sie unsere noch immer ungeduldigen Gesichter sah, schob sie nach: »Wisst ihr was? Ich frage ihn einfach.«

Milad In dieser Nacht, lange nachdem das tiefe Atmen meiner Brüder eingesetzt hatte, lag ich noch wach. Gedanken um den Bau der *Tschar-tscharche* überschlugen sich in meinem Kopf. Konnten wir wirklich alles aus Holz bauen? Und wenn ja, wie dick müsste jedes einzelne Teil sein, damit die Seifenkiste unser Gewicht aushalten würde? Und was konnten wir als Sitze benutzen? Mit jeder Minute schossen mir neue Ideen durch den Kopf und ich sah schon, wie wir mit der Säge im Keller die Holzstücke in die richtige Länge schnitten, um sie dann mit Schrauben und Nägeln zu verbinden. Die Gedankenflut überschwemmte mich regelrecht, bis ich es nicht mehr aushielt. Ich schlug vorsichtig die Decke zur Seite und stand auf. Schritt für Schritt tastete ich mich langsam zum kleinen Schreibtisch neben der Tür vor, nahm ein weißes Blatt und einen Bleistift und setzte mich vor die Tür. Durch einen kleinen Spalt drang das schwache Licht des Nachtlämpchens aus dem Wohnzimmer. Endlich konnte ich meine Ideen zu Papier bringen. Ich fing an, eine Zeichnung von meiner *Tschar-tscharche* anzufertigen. Die Linien waren zittrig und ungerade, trotzdem fühlte ich mich mit jedem Bleistiftstrich leichter und glücklicher. Schließlich nahm ich das Blatt in die Hände und lächelte. Die Zeichnung war fertig. Die elektrisierende Anspannung in meinem Körper wich einem zufriedenen Wohlgefühl. Jetzt konnte ich endlich schlafen gehen. Ich schlich langsam wieder zurück zu meiner Decke und legte die Zeichnung neben das Kissen. Innerhalb weniger Minuten war ich eingeschlafen.

Als ich am nächsten Morgen aufwachte, war meine Begeisterung ungebrochen.

»Wacht auf, wacht auf!«, bestürmte ich meine noch schlafenden Brüder.

»Was ist passiert?«, fragte Masoud etwas besorgt.

»Nichts. Ihr sollt nur aufwachen. Ich konnte gestern nicht schlafen. Ich muss euch was zeigen!«

Mojtaba, der sich inzwischen aufgesetzt hatte, fragte mit halboffenen Augen: »Geht es um die *Tschar-tscharche*?«

»Ich habe eine Zeichnung gemacht«, sagte ich und holte das Blatt Papier.

In einem Zug erklärte ich ihnen die einzelnen Bauteile – ohne nach Luft zu schnappen. »Wir können das schaffen«, kam ich zum Ende, »nur die Räder werden schwierig. Wir müssen etwas Rundes finden. Außerdem müssen sie sich irgendwie drehen können.«

»Lass schauen, ob Madar schon *Amu* Haschem um Erlaubnis gefragt hat«, sagte Masoud und sprang auf.

»Sie wird bestimmt in der Küche sein«, erwiderte Mojtaba.

Wir liefen hin, doch dort war sie nicht. Auch im Wohnzimmer oder im Bad konnten wir sie nicht finden.

»Wo könnte sie bloß sein?«, fragte Mojtaba schon leicht besorgt. »Sie darf doch nicht nach draußen.«

»Ahh, da ist *Chaleh* Laleh.« Masoud zeigte auf die Schlafzimmertür, aus der sie gerade herauskam. »*Sobh becheyr, Chaleh*. Wissen Sie, wo Madar ist?«

»*Sobh becheyr*. Sie ist kurz weg, macht euch keine Sorgen«, erwiderte sie mit einem Lächeln und ging weiter in die Küche.

Nach einer Weile murmelte Masoud: »Sie muss bestimmt etwas erledigen. Ich gehe mir mal die Zähne putzen.«

Mojtaba folgte ihm lustlos.

Weil ich nun ganz alleine mit meiner Zeichnung in der Hand dastand, machte ich mich auf den Weg in Richtung Keller. Vielleicht ließ sich dort ja etwas für die Räder finden. Dann fiel es mir wieder siedend heiß ein: Madar hatte immer noch nicht *Amu* Haschem um Erlaubnis gefragt. Wo war sie nur? Seitdem wir hier bei *Amu* Haschem und *Chaleh* Laleh waren – ohne Pedar –, war zumindest sie stets da. Ein schreckliches Bild nahm in meinem Kopf Gestalt an: Madar, wie sie von zwei uniformierten Männern weggezerrt wurde. Plötzlich fiel mir die Leiter zum *Poschtebum* ein, dem flachen Dach des Hauses. Madar hatte uns verboten, tagsüber aufs Dach hochzuklettern, weil uns die Nachbarn sehen könnten. Doch mir kam eine Idee. Ich rannte in unser Schlafzimmer und nahm meine Decke und lief damit zur Leiter. Es waren viele Stufen, doch aus Schahmirzad kannte ich sogar eine noch längere Leiter. Ich packte die Decke auf meine Schulter und kletterte hoch, ohne dabei nach unten zu schauen. Oben angekommen, legte ich mich schnell auf den Boden und zog die Decke über mich. Als ich sicher war, meinen ganzen Körper bedeckt zu haben, öffnete ich die Decke einen Spalt breit, sodass ich nach draußen schauen konnte. Mission erfolgreich ausgeführt: Von hier aus würde ich nach Madar Ausschau halten können.

Zum ersten Mal sah ich nun die Umgebung bei Tageslicht. Vor mir erstreckten sich lange Reihen von Familienhäusern, alle ebenfalls mit flachen *Poschtebum*, auf denen viele Wäscheleinen hingen. Auf dem Dach des Nachbarhauses fiel mir der große Käfig voller Tauben auf. Neben einigen grauen waren es bestimmt über fünfzehn weiße Tauben, die ich am schönsten fand. Mein Onkel hatte einen ähnlichen Taubenkäfig und immer, wenn ich bei ihm zu Besuch war, ließ er mich die Tiere füttern, während ich den komischen Lauten horchte, die sie von sich gaben.

Als ich dann meinen Blick auf die Straße vor der Haustür richtete, war ich erstaunt. In unserer Ankunftsnacht war sie menschenleer gewesen, doch jetzt stand dort eine permanente Staubwolke in der Luft, die von den vielen vorbeifahrenden Autos stammte. Immer wieder überquerten Fußgänger die Straße, ohne auf die Wagen zu achten. Die Fahrer reagierten mit wildem Hupen. Doch wie sollte ich Madar ausfindig machen? Viele Frauen waren dort unten unterwegs, alle komplett in ihre Tschadors gehüllt, den langen, meist schwarzen Schleiern. Sie ließen zwar einen kleinen Schlitz in ihrem Umhang offen, durch den man ihre Augen sehen konnte, aber für mich waren sie aus dieser Entfernung absolut ununterscheidbar. Nach einer Weile wendete ich mich enttäuscht von der Straße ab, müde von dieser Menge der Frauen, die alle unsere Mutter hätten sein können. Der Staub, die Wärme unter der Decke und das ständige Blinzeln gegen die Sonne ließen mich allmählich wegdämmern. Gerade war ich eingeschlafen, da fiel plötzlich das Metalltor mit einem lauten Knall zu. Ich blickte auf und sah Madar. Hastig sprang ich hoch und kletterte wie verrückt die Leiter herunter.

»Endlich bist du zurück«, rief ich laut und rannte auf sie zu. »Wo warst du bloß?«

Von meinem Schrei aufgeschreckt, kamen auch Masoud und Mojtaba angelaufen.

»Madar, wir haben uns Sorgen gemacht«, begrüßte Mojtaba sie mit vorwurfsvollem Ton.

Sie zögerte kurz. Erst da erkannte ich, dass sie traurig war.

»Ich habe mit Pedar gesprochen.«

»Ahh, Pedar kommt also«, sprudelte es aus mir freudig heraus.

»*Bemiram Elahi!*«, sie schloss mich in ihre Arme. »Pedar kann nicht kommen, solange wir hier sind. Es wäre zu gefährlich für uns alle. Ihr müsst leider noch ein wenig Geduld haben. Wenn das alles vorbei ist, werden wir wieder eine Familie sein.«

Ich verstand die Welt nicht mehr. Niemand durfte uns besuchen: weder Mamani und Babai noch Farroch. Jetzt sollten wir sogar auf unseren eigenen Vater verzichten. »Und ich dachte, er könnte uns dabei helfen, die Räder für die *Tschar-tscharche* zu basteln«, flüsterte ich. »So wie er uns immer beim Reparieren unserer Fahrräder hilft.«

Mojtaba Das Frühstück am nächsten Morgen kam mir wie eine deprimierende Schulstunde vor; wie wenn der Lehrer einige Schüler wegen eines Verstoßes an die Tafel stellt und mit Ohrfeigen bestraft. Masoud, Milad und ich starrten auf den Tisch vor uns, der allerdings keine zerkratzte dunkle Schulbank war, sondern der Küchentisch mit blumengemusterter Tischdecke und typisch iranischem Frühstück darauf: Butter, Rosenblütenmarmelade, Schafskäse, *Barbari* – iranisches Fladenbrot – und für mich am wichtigsten: eine Schale voller Walnüsse. Ich vergötterte sie regelrecht und knabberte Morgen für Morgen alle, die ich finden konnte, aber wie durch Zauberhand war die Schüssel am nächsten Tag wieder prall gefüllt.

Auch heute Morgen hatte ich mir eine Walnuss genommen, die ich jedoch seit Beginn des Frühstücks ohne Appetit in der Hand hielt. Milad und Masoud kauten ebenso lustlos.

Aus Milads Brusttasche ragte der Rand eines gefalteten Blatts heraus. Ich wusste ganz genau, dass es seine Skizze für die *Tschar-tscharche* war. Gestern noch hatte ich ihn damit gefoppt: »Wenn du weiterhin den ganzen Tag mit deinem Bleistift und deiner Skizze rumläufst, dann besorge ich dir noch einen Helm und eine dicke Brille und nenne dich ab sofort *Agha Architect.*« Er hatte gelacht, sich aber nicht beirren lassen und weitergetüftelt. Seit der Nachricht von gestern blieb die Skizze in der Tasche. Dass

Pedar nicht zu uns kommen sollte, brachte unsere Pläne in Gefahr. Unser Vater hatte zwar nie viel Zeit mit uns verbracht; meistens sahen wir ihn nur am Freitag, der im Iran arbeitsfrei war. Doch hier im Versteck hätte er mit uns wie freitags Ringen spielen können. Am wichtigsten wäre allerdings seine Hilfe beim Bau der *Tschar-tscharche* gewesen. Er hätte bestimmt eine Idee gehabt, woraus wir die Räder bauen könnten.

Missmutig legte ich die Walnuss auf den Tisch, stieß sie von mir weg und stützte meinen Kopf auf die Hände. Rechts neben mir hing ein großer und sehr dichter Dattelzweig an der Wand. Auch Mamani und Babai hatten jedes Jahr einen solchen in der Küche hängen. Wenn wir sie besuchten, liefen wir stracks in die Küche und pflückten Datteln. Jeder durfte sich eine Handvoll nehmen. Zwei oder drei Mal hatten sie sogar israelische Datteln. Ich mochte sie am liebsten, weil sie viel größer und fleischiger als die iranischen waren, aber ich hatte immer Bedenken, ob ich sie essen durfte. Denn in den Schulbüchern hieß es, dass die Israelis zu Unrecht die Palästinenser aus ihrer Heimat vertrieben hätten und dass wir deswegen gegen die israelische Gewaltherrschaft eintreten müssten.

Die Datteln von *Chaleh* Laleh waren zwar zu klein, um aus Israel zu stammen, aber auch auf sie hatte ich heute keinen Appetit. Um mir die Zeit zu vertreiben, begann ich sie innerlich zu zählen: »*Yek*, *do*, *se*, …«

Auf einmal unterbrach mich Madar, die mit einer kleinen Tasse *Tscha-i* in der Hand am Esstisch stand: »*Batscheba*, kommt mit, ich habe etwas für euch.« Endlich passierte etwas, das uns drei aufweckte, wie die ersten Sonnenstrahlen des Frühlings, die die Braunbären aus ihrer Winterruhe wachstreichelten.

Madar führte uns über den Hof in den Keller und als sie in der Werkstatt angekommen war, zeigte sie in eine

Ecke, wo ungefähr ein Dutzend Holzscheiben gestapelt lagen, jede etwas größer als ein Handteller.

»Für unsere *Tschar-tscharche?*«, fragte Milad verblüfft. Da fiel es mir wie Schuppen von den Augen: Das waren ja Räder!

»Als ihr gestern schon geschlafen habt, habe ich *Amu* Haschem gefragt, ob er euch helfen könne. Er ist sofort in die Werkstatt gegangen und hat das hier fertig gemacht. Es sind genau zwölf Scheiben und er sagte, er habe sie auch schon in der Mitte durchbohrt. Was meint ihr? *Chube?*«

»*Aliye!*«, stieß Milad aus und hüpfte buchstäblich auf Madar zu, um sie zu umarmen. Dabei fiel Madars Tasse auf den Boden und zerbrach, aber das kümmerte sie anscheinend nicht, denn sie lächelte weiter.

Ich lief zu den Holzrädern, als könnte ich es nur glauben, wenn ich sie berührte. Sie waren perfekt: Dermaßen rund und glatt, dass ich mich schon auf meiner *Tschar-tscharche* sitzen und durch den Hof rollen sah. Ich wollte sofort anfangen zu arbeiten. »*Yallah!*«, rief ich meinen Brüdern zu. »Für Umarmungen ist später Zeit, jetzt geht's an die Arbeit!«

»Jawohl, ich werde Ihre Befehle ausführen!«, erwiderte Masoud lachend und salutierte dabei.

»Wenn ihr mich braucht, ich bin oben bei *Chaleh* Laleh. Und Mojtaba *Chan*, sei nicht zu hart zu deinen Brüdern!«, witzelte Madar, als sie auf den Stufen zum Hof stand.

»Milad, hast du deine Skizze dabei?« Er nickte mir stolz zu und griff nach dem Zettel in seiner Brusttasche. »*Agha Architect*, was benötigen wir?«

»Kommt her, ich zeig's euch!« Er drehte sich zum Arbeitstisch in der Ecke und breitete darauf seine Skizze aus. »Nach meinem Plan brauchen wir für eine *Tschar-tscharche* vier Balken. Aus denen bauen wir den Grundrahmen.

Zwei Längere für die Seiten und zwei Kürzere für vorne und hinten.«

»Mojtaba, deine Balken müssen besonders stabil sein, sonst halten sie dich nicht aus«, stichelte Masoud.

Er versuchte ständig, mich als dick darzustellen; vor allem wenn er beim Ringen wieder einmal gegen mich verloren hatte. »Keine Sorge, Schwätzer, ich krieg das schon hin. Nimm du lieber den Stift, der auf dem Tisch liegt, und schreib mit, was wir brauchen.«

Ich nickte Milad zu und er legte los: »Also, wir befestigen die Hauptbalken mit langen Nägeln aneinander. Im hinteren Teil müssen wir zwischen den seitlichen Balken noch zwei kurze Balken anbringen. Darauf können wir uns setzen. Und ganz vorne hauen wir zwei handgroße Kanthölzer rein. Das werden unsere Griffe, an denen wir uns beim Fahren festhalten müssen.« Fasziniert hörte ich ihm zu. Der kleine, stille Milad blühte in solchen Momenten auf, er verwandelte sich, sodass ich beinahe vergaß, wie alt er eigentlich war. Es kam mir vor, als blickte ich in sein zweites, erwachsenes Gesicht, das sonst unter der Oberfläche lauerte.

»Masoud, besorg du mal genügend Nägel. Milad und ich suchen die Werkzeuge zusammen, die wir brauchen.«

»Großer Zufall, wirklich! Die Mistarbeit fällt wieder mir zu. Ich muss zuerst aufs Klo!«, und schon war er verschwunden.

Milad und ich schauten uns um und trugen alles zusammen, was uns hilfreich erschien: einen Hammer, eine handliche Säge, verschiedene Schraubenzieher, eine Flach- und Spitzzange, Holzfeilen, Schleifpapier und ein Lineal. Wir legten alles ordentlich auf den Arbeitstisch und der Anblick stimmte mich noch optimistischer.

»Milad, stellt dir vor, in ein paar Tagen rasen wir mit unseren eigenen *Tschar-tscharche* über den Hof!«

»Wir werden aber nicht so schnell sein. Wir müssen uns doch mit den Füßen vorwärtsschieben.«

»Ich kann's trotzdem kaum abwarten. Außerdem, stell dir mal vor, wenn wir hier rauskommen und dann in Ekbatan rumfahren. Die werden Augen machen. Keiner hat so etwas, nur langweilige Fahrräder, die alle gleich aussehen.«

»Wenn Farroch will, dann bauen wir ihm auch eine. Das wird ihm gefallen!«

Ich klopfte ihm auf die Schulter, griff nach der Säge und streckte sie bedeutungsvoll in die Höhe. Es war das Startsignal für den Bau der *Tschar-tscharche*!

»*Batscheha*, geht heute ohne mich«, sagte Madar und begann den Küchentisch abzuräumen.

»Aber heute haben wir besonders viel!«, antwortete ich und zeigte auf den Beutel, in dem ich *Nun churde* – Brotkrümel – vom Frühstück gesammelt hatte.

Seitdem wir vor einigen Tagen angefangen hatten, die *Tschar-tscharche* zu bauen, gestaltete sich unser Tagesablauf sehr ähnlich: Morgens frühstückten wir gemeinsam mit Madar. Dann ging es raus auf den Hof, wo die Spatzen schon auf die *Nun churde* warteten. Als hätte sich die Nachricht in den letzten Tagen verbreitet, sammelten sich täglich mehr Spatzen auf dem Hof. Wenn wir mit dem Füttern fertig waren, verschwanden wir drei in der Werkstatt, die wir bis zur Schlafenszeit nur noch zum Essen oder für Toilettenbesuche verließen. Doch heute stimmte etwas nicht. Madar war schon beim Frühstück sehr still gewesen und hatte kaum etwas gegessen. Und jetzt wollte sie nicht mit auf den Hof kommen.

Es war ein brütend heißer Tag, und draußen herrschte der erwartete Trubel. Es wimmelte von landenden und wegfliegenden Spatzen. Masoud fütterte sie schon und während einige Vögel jeden Krümel sofort aufpickten, der ihnen vor den Schnabel fiel, schnappten sich andere die Krumen und flogen davon. Wie dumm, hatte ich am ersten Tag noch gedacht. Aber mittlerweile waren wir drei davon überzeugt, dass sie irgendwo hungrige Küken zu ernähren hatten.

Das Schauspiel auf dem Hof hatte noch nicht aufgehört, da spritzte es Wasser von hinten: Es war Milad, der sich den Gartenschlauch geschnappt hatte. Er presste seinen Daumen auf die Schlauchöffnung, sodass das Wasser in Form eines kräftigen Strahls herausschoss, den er dann auf uns richtete. Mit einem großen Satz zur Seite wich ich der Fontäne aus, aber er ging nicht leer aus, sondern erwischte Masoud.

»Milad, du bist verrückt geworden!«, polterte er und strich sich die nassen Strähnen aus dem Gesicht. »Glaubst du, du kommst einfach so davon? Ich krieg dich schon.«

Milad presste die Lippen aufeinander und bereitete sich auf einen zweiten Angriff vor.

»Geh du von links, ich komme von rechts!«, rief ich.

Masoud nickte und lief los. Milad, der unseren Plan durchschaut hatte, ging einige Schritte zurück und stellte sich auf die Treppe, die zur Haustür führte. Er hatte Übung in diesem Spiel, denn an heißen Tagen in Schahmirzad war das seine Lieblingsbeschäftigung.

Er fixierte mich und zuckte mit dem Schlauch in meine Richtung, aber der Strahl war zu weit oben angesetzt. »Masoud, los, los, los!«, brüllte ich.

Milad drehte sich zu Masoud um, zielte und traf ihn diesmal mitten auf den Bauch. Das war meine Chance. Er war abgelenkt und ich musste jetzt zuschlagen. Ich rannte los und überlegte mir schon, mit welcher Hand ich nach dem Schlauch und mit welcher nach Milads Arm greifen würde, doch es fehlten noch zwei oder drei Schritte, da kehrte er sich fast hämisch grinsend um und erwischte mich im Gesicht. Ich war lahmgelegt und er spritzte mich schonungslos von oben bis unten nass. Sein Grinsen hatte sich mittlerweile zu einem lautstarken Lachen verwandelt. Schließlich gestand ich meine Niederlage und lachte mit.

In diesem Moment fiel mein Blick auf Madar, die im Schlafzimmer stand und uns durch das Fenster beobachtete. Winkend rief ich ihr zu: »Madar, komm raus. Wir brauchen dringend deine Hilfe!« Ich hörte nicht auf mit den Händen zu fuchteln, aber sie wirkte wie versteinert und schüttelte lediglich den Kopf. Was war los mit ihr? Nach einer Wasserschlacht in Schahmirzad, die sie obendrein oft selbst provoziert hatte, war sie nasser gewesen als wir drei zusammen. Meine Brüder hatten sie auch bemerkt. Milad stellte das Wasser ab.

Nachdem wir uns trockene Sachen angezogen hatten, ging es wie gewohnt runter in die Werkstatt. Mittlerweile hatten wir alle Bretter, die wir benötigten, vermessen und gesägt. Mir taten noch die Arme weh, denn ich war für das Sägen zuständig gewesen, während Milad die richtige Länge markiert und Masoud das Brett festgehalten hatte. Entgegen unserer Erwartung hatte alles viel länger gedauert, aber heute standen endlich die Sitze auf dem Plan. Milad musste sie erst skizzieren. In der Zwischenzeit machten Masoud und ich uns mit Holzfeilen ans Werk.

Wir hatten dem ersten Brett soeben den letzten Schliff gegeben, als es an der Haustür klingelte. Ich schreckte auf. Es kam so gut wie nie vor, dass jemand klingelte. Madar verließ das Haus selten und *Amu* und *Chaleh* hatten eigene Schlüssel. Am ersten Abend, als *Amu* Haschem plötzlich im Wohnzimmer gestanden hatte, hielten wir ihn für einen Revolutionswächter, der Madar mitnehmen wollte. Wir hatten ihn ja noch nie gesehen. Damals waren wir so erschrocken, dass wir uns danach einen Plan ausgedacht hatten. Wir würden Madar warnen, falls es wirklich einmal so weit kommen sollte.

»*Batscheha*, kommt!«, rief ich. Wir ließen alles liegen und rannten so schnell wie wir konnten nach oben. Als wir die Stufen zur Haustür erreichten, trafen wir auf *Chaleh* Laleh, die gerade zum Tor gehen wollte. »Was ist los? Nicht so schnell, ihr fallt noch hin!« Ich schüttelte den Kopf und spurtete weiter. Im Schlafzimmer angekommen, zogen Masoud und Milad die dicken Vorhänge vor den Fenstern zum Hof zu. Ich verschob den großen Gummibaum so, dass er genau vor dem kleinen Spalt stand, den Masoud und Milad offen gelassen hatten. Und plötzlich wurde es völlig still.

Ich versteckte mich hinter dem Gummibaum, spähte zwischen den Blättern durch den Spalt und war bereit, Alarm zu schlagen, sobald die Männer in Grün durch das Tor kommen sollten. Masoud und Milad warteten gespannt und gaben nicht das geringste Geräusch von sich. Ich versuchte mein angestrengtes Schnaufen zu unterdrücken. *Chaleh* Lalch war schon fast am Tor. Auf den letzten Schritten griff sie nach ihrem Schlüsselbund, nahm den passenden Schlüssel in die rechte Hand und schob ihn ins Schloss. Mir stockte der Atem und ich war kurz davor loszubrüllen, da betrat jemand hinter uns das Zimmer. »Was treibt ihr da? Wieso habt ihr die Gardinen zugezogen?«

Es war Madar. Was für ein Glück! »Wir passen auf. Wir bewachen das Tor, falls *Pasdaran* kommen«, antwortete ich.

Milad, der neben mir auf dem Boden hockte, stand auf, senkte den Blick und murmelte leise: »Damit wir noch weglaufen können.«

Einige Sekunden vergingen, wir starrten sie an. Als ihre

Augen anfingen, leicht zu zittern, wandte sie ihr Gesicht ab. Masoud ging zu ihr: »Madar, ist irgendetwas passiert?«

Mit erstickter Stimme antwortete sie: »Ich will nicht, dass ihr in einem Land aufwachst, in dem euer Leben von Angst bestimmt ist.«

Das verwirrte mich und ich wollte sie fragen, warum sie in letzter Zeit so geheimnisvoll war, aber ich kam nicht dazu. *Chaleh* Lalch und ein großer Mann mit schwarzem, lockigem Haar und einem Vollbart kamen in das Zimmer.

»*Chahar jan*, dein Besuch«, sagte sie und zog sich zurück.

Der Mann gab Madar die Hand. »*Salam Chanum*. Wie geht es Ihnen?«

»Gut, danke. Können wir beginnen?«

»Ja, ich habe alles dabei.«

Unsere Mutter verließ das Zimmer und wies uns an, dazubleiben. Der Mann trug einen dunklen Rucksack, aus dem er einen Fotoapparat herausholte. Er nahm die Blende ab, richtete die Kamera auf die weiße Wandfläche und drehte an einigen Reglern. Madar kam wieder und trug zu meiner Überraschung ein schwarzes Kopftuch, das sie seit unserer Ankunft hier nicht mehr aufgehabt hatte.

»Madar, was machen wir?« Sie antwortete nicht, sondern griff nach dem Kamm auf dem Schreibtisch und begann unsere Haare zu frisieren. Als ich dran war, flüsterte sie mir ins Ohr: »Ich erkläre es euch gleich. Hab Geduld.«

Wir nahmen an der weißen Wand Platz, der Mann fotografierte uns einige Male, packte dann zügig seine Sachen und wurde von Madar hinausbegleitet.

Ich schaute Milad und Masoud, die auf dem Boden kauerten, erwartungsvoll an. »*Batscheha*, ihr sitzt da, als wäre nichts passiert!« Vergeblich wartete ich auf eine

Antwort. Meine Brüder starrten regungslos ins Leere und das brachte mich noch mehr auf. Es hatte keinen Sinn, nur Madar konnte meine Fragen beantworten. Ich ging in den Flur und wollte meine Schuhe anziehen, als sie wieder hereinkam und mich zurück ins Zimmer führte. Da verlor ich die Geduld: »Du behandelst uns wie Säuglinge. Die zwei sagen zwar nichts, aber wir alle wollen wissen, warum wir hier sind!«

»Das habe ich euch schon erklärt.«

»Nein, du hast nur einen Satz gesagt. Das reicht uns nicht!«

Madar seufzte schwer, aber ich ließ nicht locker: »Das reicht uns nicht, um zu akzeptieren, dass wir so lange unsere Freunde nicht sehen dürfen. Dass nicht einmal Pedar, Mamani und Babai uns besuchen dürfen. Was macht Farroch jetzt? Was hat er gestern gemacht? Hat ihm irgendjemand Bescheid gesagt, dass wir noch am Leben sind? Wieso sagst du uns nicht, was passiert ist?«

»Im Moment kann ich euch nicht mehr sagen. Das ist besser für uns alle. Ihr werdet das bald verstehen.«

»Aber vorhin, als dieser Mann da war, hast du es mir versprochen!« Madar zögerte. Ich schnappte heftig nach Luft, als hätte ich in den letzten Minuten vergessen zu atmen.

»*Asisanam*«, sie senkte ihre Stimme, »dieses Land ist nicht gut für euch.«

»Was meinst du damit?«

»Der Mann hat uns fotografiert, weil wir neue Pässe brauchen. Wir verlassen den Iran.«

Ich verstummte. Mein gesamter Körper schien abrupt eingefroren zu sein, nur mein Herz pochte. Masoud, Milad und ich starrten Madar mit großen Augen an. Sie konnte das nicht so gemeint haben.

»Wir sollen den Iran verlassen?«, wiederholte Masoud vorsichtig.

»Ja, wir müssen leider.«

»Wieso müssen wir das?«, protestierte ich.

»Weil dieses Regime unser Leben zerstört.«

»Meins nicht!«

»Mojtaba *jan*, das ist nicht richtig. Außerdem seid ihr noch klein. Wartet nur ab, bis ihr mit der Grundschule fertig seid und auf die neue Schule kommt.«

Masoud stand auf. »Glaubst du, sie werden uns wie *Da-i* Ali behandeln?« *Da-i* Ali war Madars Bruder und nur acht Jahre älter als wir. Ich wusste nicht, worauf Masoud hinauswollte und hakte nach: »Was haben sie mit ihm gemacht?«

»Erinnerst du dich nicht mehr, als er eines Tages weinend nach Hause kam? Sein Lehrer hatte ihm während der Pause vor allen anderen die Kopfhaare an einigen Stellen kahlrasiert. Der Lehrer war der Meinung, seine Frisur sei zu modern.«

»Und ich musste ihm am Ende eine Glatze scheren«, ergänzte Madar. »Aber das ist nicht alles. Ihr werdet bald mit Mädchen Kontakt haben wollen und die *Mollas* verbieten es euch. Ihr werdet keine T-Shirts tragen dürfen und man verlangt einen Vollbart, wenn ihr euch für einen guten Job bewerbt. Kinder von einem *Molla* werden euch gegenüber bevorzugt werden. Und ihr dürft ihnen nicht widersprechen, sonst erwarten euch Peitschenschläge und Gefängnis.«

»Aber wir können doch nicht alle zurücklassen. Wir kennen ja sonst niemanden!«, antwortete ich und spürte, wie sich meine Wut in Traurigkeit verwandelte.

»Pedar wird uns so schnell wie möglich nachreisen. Die anderen können euch im Ausland besuchen kommen.« Es wurde ruhig. Madar setzte sich genau an der Stelle, wo sie gestanden hatte, auf den Boden und streifte sich das Kopftuch vom Kopf. Sie wirkte sehr müde und plötzlich fühlte ich mich schlecht. Ich war kurz davor, mich zu ihr zu setzen, aber Masoud unterbrach mich: »Wo ist Milad eigentlich?«

Ich schaute mich um. »Er war doch gerade noch hier«, sagte ich mit hochgezogenen Schultern und zeigte auf die Stelle, wo er gesessen hatte.

Madar sprang auf, ging ans Fenster und blickte nach dem Metalltor. »Kommt mit!« Rasch verließ sie das Zimmer.

Wir suchten gemeinsam das ganze Haus ab und fanden Milad schließlich in der Werkstatt: Er hockte in einer dunklen Ecke und zeichnete an seiner Skizze für die Sitze der *Tschar-tscharche* weiter.

Wieder waren einige Tage verstrichen und wir harrten noch immer in unserem Versteck aus. Dass wir aus dem Iran fliehen würden, stand mittlerweile außer Frage, doch niemand wusste, wann genau es passieren würde. Sobald die gefälschten Papiere fertig seien, hatten die Schlepper Madar gesagt, könne es losgehen. Wir sollten auf ihren Telefonanruf warten. Die Schlepper hatten auch das Land bestimmt, das unser neues Zuhause werden sollte: Deutschland. Sie sagten, dort kämen wir am besten hinein.

Ich hatte den Iran noch nie verlassen und Deutschland lag jenseits meiner Vorstellungswelt. Madar versuchte mich aufzumuntern und erzählte, dass sie dort eine Frau namens Scholeh kenne. Sie lebe in der Stadt Hannover und sei in ihrem Alter. Über die politische Arbeit hätten sie sich kennengelernt und in den vergangenen Jahren auch einige Briefe ausgetauscht. Masoud, Milad und ich trugen ebenfalls alles zusammen, was wir über Deutschland wussten. Es waren belanglose Dinge: Durch unsere Fußballspielkarten kannten wir die Fußballhelden Rudi Völler und Lothar Matthäus. Wir waren zwar große Fans von ihnen, aber was würde uns das in Deutschland nutzen? Wahrscheinlich genauso wenig wie »Achtung!« – das einzige deutsche Wort, das komischerweise jeder Iraner kannte. Selbst über Hitler wussten wir lächerlich wenig.

Seitdem feststand, dass wir den Iran verlassen würden, verbrachten wir drei Brüder jede freie Minute im Keller. Die *Tschar-tscharche* waren nun fahrbereit, denn heute Nachmittag hatten wir endlich die Räder befestigt. Am liebsten hätte ich sofort eine Runde gedreht, aber wir hatten uns gegenseitig versprochen, damit bis zum morgigen Rennen zu warten. Es sollte alles perfekt sein.

Ich hatte aus Tapetenresten große Plakate gestaltet und sie in unserem Schlafzimmer, in der Küche und im Wohnzimmer aufgehängt. Sie kündigten das große Ereignis an: »Kommt vorbei beim spektakulären Rennen der Brüder Sadinam. Es erwartet euch ein atemberaubender Wettkampf auf den einzigartigen *Tschar-tscharche*. Seid dabei, wenn MOJTABA MIT SEINEN BRENNENDEN REIFEN, MILAD MIT SEINEN RAFFINIERTEN SCHLANGENLINIEN und MASOUD MIT SEINEM SCHWEBENDEN FAHRSTIL ins Ziel kommen! Das Rennen findet morgen auf dem Hof statt, gleich nach dem Frühstück.«

Chaleh Laleh war von den Plakaten dermaßen begeistert, dass sie eines ihrer alten Bettlaken in zwei geschnitten, sie mit uns bemalt und als Start- und Zielmarkierung im Hof angebracht hatte.

»*Batscheha*, schaut euch einmal an, was wir hingekriegt haben«, sagte ich voller Stolz zu Milad und Masoud. Auf dem Arbeitstisch standen vier Dosen Holzlack und einige Pinsel, die uns *Amu* Haschem mitgebracht hatte. »Sie brauchen nur noch eine schöne Farbe!«, rief ich und jeder schnappte sich seine Lieblingsfarbe: Meine *Tschar-tscharche* sollte rot sein, Masoud wählte Grün und Milad Blau.

Wir machten uns an die Arbeit, und erst als *Chaleh* Laleh einige Zeit später im Keller auftauchte, bemerkte ich, dass es bereits dunkel geworden war. Sie wollte uns zum Abendessen holen, doch ich tat beschäftigt. Eigentlich leuchtete mein Wagen schon komplett rot, aber ich hatte noch etwas Wichtiges zu erledigen, etwas Geheimes. »Geht ihr schon mal vor und sagt Madar, dass ihr ohne mich anfangen könnt.«

Als die beiden verschwunden waren, kroch ich unter den Arbeitstisch und holte eine alte Schachtel heraus. Darin befanden sich drei runde Holzscheiben, die ich am Tag zuvor heimlich ausgeschnitten und glatt geschliffen hatte. Sie sollten unsere Abzeichen werden: Ich befestigte die Scheiben an den vorderen Balken der *Tschar-tscharche*. Dann strich ich sie sorgfältig mit der jeweils passenden Farbe. Nun kam auch Weiß zum Einsatz: Auf jede Scheibe schrieb ich so schön wie möglich ein geschwungenes »م« – den persischen Buchstaben »m«, womit unsere drei Namen begannen. Jetzt sind die *Tschar-tscharche* perfekt, dachte ich und freute mich auf morgen und auf die überraschten Gesichter meiner Brüder.

Als ich nach oben kam, schliefen Milad und Masoud schon. Madar und *Chaleh* Laleh saßen im Wohnzimmer und unterhielten sich. Ich folgte hungrig dem Essensgeruch und fand auf dem Küchentisch einen prall gefüllten Teller mit *Kuku Sabsi* – einem iranischen Kräuteromelett, das auch kalt sehr gut schmeckte. Fast alle mir bekannten Kräuter kamen dort hinein: Petersilie, Koriander, Schnittlauch, Blattspinat, Minze und Dill. Ich aß meine Portion mit Brot und Naturjoghurt.

Als ich danach endlich auf meiner Decke lag, konnte ich

den Blick nicht vom Ankündigungsplakat an der Tür lösen. MOJTABA MIT SEINEN BRENNENDEN REIFEN, MILAD MIT SEINEN RAFFINIERTEN SCHLANGENLINIEN und MASOUD MIT SEINEM SCHWEBENDEN FAHRSTIL. Es war zum Greifen nah und meine Gedanken daran verschmolzen zu einem rasanten Film. Ich sah alles genau vor mir: Wie unsere glänzenden *Tschartscharche* startbereit auf dem Hof warten. Wie wir nach dem Startschuss vom Metalltor losfahren und so schnell treten, wie wir können. Wie Madar und *Chaleh* Laleh jubelnd am Rand stehen und klatschen. Wie mir der Fahrtwind durchs Haar wirbelt. Und – schließlich – wie eine sich überschlagende Reporterstimme den grandiosen Abschluss des Rennens kommentiert: »Unglaublich! Da sind sie! Die drei Ms rasen lachend über die Ziellinie …«

So schlief ich ein.

Jemand rüttelte heftig an mir. Ich wachte völlig benommen auf und öffnete mit aller Kraft meine schweren Augenlider. Das Licht der Zimmerlampe blendete mich. In der Ecke des Zimmers stand unsere Mutter und stopfte eilig ein paar Kleidungsstücke in einen kleinen Koffer.

»Madar, was ist los?«, brummte ich. »Es ist noch stockdunkel. Wieso weckst du mich schon?«

Sie kam schnell zu mir herüber, ging in die Hocke, küsste mich auf die Wange und sagte: »Letzte Nacht, als ihr schon geschlafen habt, rief mich der Schlepper an. Es geht los. Weck bitte deine Brüder auf, wir müssen uns beeilen.«

Es dauerte etwas, bis ich verstand, worauf sie hinauswollte; doch dann war ich schlagartig aufmerksam. Ich schüttelte Milad und Masoud wach und erklärte ihnen, was los war.

Milad setzte sich langsam auf und machte eine verdutzte Miene. »Aber ... aber unser Rennen«, stammelte er. Seine Augen fixierten Madar und warteten offensichtlich auf eine Antwort. Doch sie war weiterhin mit dem Koffer beschäftigt und reagierte nicht. »Madar!«, setzte Milad nach.

Madar stützte sich mit beiden Händen auf den Koffer, es machte klack, und sie trug ihn zur Tür. »Keine Zeit dafür«, sagte sie harsch, als sie an uns vorbeiging. »Ein *Ajans* wartet draußen. Wir müssen sofort los.« Sie stellte den Koffer ab und kam wieder zurück. »Hopp, hopp, hopp! Zieht euch an!«

Ich nahm Milads Hand und half ihm hoch. Wieso ausgerechnet heute, fragte ich mich, während wir uns die Klamotten überzogen. Seit Tagen passierte nichts und gerade jetzt, kurz vor dem Rennen, musste es losgehen.

Als wir drei fertig waren, folgten wir Madar in den Flur, zogen rasch unsere Schuhe an und schon liefen wir Richtung Metalltor.

»Madar, ich will mich nur kurz verabschieden«, sagte ich und war schon auf dem Weg in den Keller, wo die *Tschar-tscharche* parkten, da unterbrach mich ihre aufgebrachte Stimme: »Nein! Ich habe gesagt, wir haben keine Zeit. Komm sofort zurück!«

Es kam sehr selten vor, dass Madar so mit uns redete. Ich fühlte mich gedemütigt und machte auf dem Absatz kehrt. Mit hängendem Kopf folgte ich den anderen zum Tor, wo ein kleines Licht brannte und *Amu* Haschem und *Chaleh* Laleh auf uns warteten. Während sie uns zum Abschied umarmten, versuchten sie tröstende Worte zu finden. In Deutschland werde alles besser, sagten sie. Mein Blick blieb am Banner an der Wand hängen, das die Startposition für das Rennen markierte. »Jeden Tag, nur nicht heute«, flüsterte ich vor mich hin. Da zog es an meinem Arm. Ich wurde in das *Ajans* gezerrt, ohne den Blick vom

Banner abzuwenden. »Flughafen Mehrabad, bitte. *Darbast*«, hörte ich Madar zum Taxifahrer sagen. Sofort heulte der Motor auf und wir fuhren davon.

Die kleine Digitaluhr am Armaturenbrett zeigte vier Uhr zwanzig an. Es war immer noch völlig dunkel. Milad und Masoud saßen neben mir und hielten Käsebrote in der Hand, die uns *Chaleh* Laleh eingepackt hatte. Milad streckte seine Hand aus und bot mir eins an. Ich schüttelte trotzig den Kopf und schaute weg. Da spürte ich, wie er seinen Kopf an meine Schulter legte und mir erneut das Brot hinhielt. Ich wusste, dass er mindestens genauso traurig war wie ich, vielleicht sogar noch mehr. Deshalb legte ich meinen Arm um seine Schultern und nahm das Brot an.

Da die Straßen noch leer waren, erreichten wir schnell den Flughafen. In der großen Empfangshalle erwartete uns ein Mann mit grauem Anzug und weißem Hemd. Er nickte Madar zu und zog sie zur Seite, ohne uns dreien Beachtung zu schenken. Einige Schritte von uns entfernt unterhielten sie sich konzentriert. Mir gefiel er nicht: Sein grau meliertes Haar und der Ziegenbart erinnerten mich an einen unserer Lehrer, der für seine Prügelstrafen gefürchtet war. Alle Schüler hassten ihn.

Als sie fertig waren, erklärte uns Madar die nächsten Schritte: »Das ist *Agha* Reza.« Sie deutete mit dem Kopf in seine Richtung. »Er wird uns nach Deutschland bringen. *Batscheha*, es ist sehr wichtig, dass ihr euch alles gut merkt, was ich jetzt sage.« Sie schaute uns nacheinander in die Augen und wir nickten. »*Agha* Reza wird sich als mein Ehemann und euren Vater ausgeben. Er hat die Pässe dabei und wir werden den Beamten sagen, dass wir gemeinsam in den Urlaub fliegen. Versucht so entspannt wie möglich auszusehen. Wenn wir im Flugzeug sind, haben wir es endlich geschafft!«

»Unser Vater …«, murmelte ich in die Runde. »Unser

Vater hätte uns zumindest gegrüßt.« Milad und Masoud nickten stumm.

Ich erinnerte mich an unseren letzten Flug. Vor ungefähr zwei Jahren waren wir mit Madar und Pedar in den Süden Irans an den Persischen Golf geflogen, um wirklich Urlaub zu machen. Alle waren zum Flughafen gekommen, weil sie uns verabschieden wollten: Mamani, Babai, *Da-i* Ali und unsere Tante *Chaleh* Mojdeh. Sogar Farroch war mitgefahren, denn er wollte unbedingt Flugzeuge sehen. Damals hatten wir viel gelacht und uns darauf gefreut, später von unseren Abenteuern im Urlaub erzählen zu können.

Doch heute lachte keiner. Stumm und allein warteten wir in dieser kahlen Halle darauf, mit einem Fremden nach Deutschland zu fliegen. Wir mussten diejenigen, die wir liebten, und unsere *Tschar-tscharche* zurückzulassen. Wir sollten mit nur ein paar Habseligkeiten in einem Koffer dorthin fliegen, wo wir niemanden kannten und wo uns niemand verstehen würde. Madars Worte fielen mir ein: »Dieses Land ist nicht gut für euch.« Aber würde Deutschland besser für uns sein?

Ich schaute mich um und mein Blick blieb am Ausgang hängen. Es war die letzte Gelegenheit, um kehrtzumachen. Doch wohin würde ich gehen? Milad, Masoud und Madar waren die wichtigsten Menschen in meinem Leben und sie standen kurz davor, in eine andere Welt zu fliegen. Nein, ich würde sie niemals allein lassen.

Kurz darauf ging es los: Wir gaben unser Gepäck auf und gingen zur Passkontrolle. Mein Herz raste und ich wollte weinen, riss mich aber zusammen. Ohne große Fragen gab man uns unsere Pässe zurück und winkte uns weiter. Schon bald darauf betraten wir das Flugzeug. Ich bekam einen Fensterplatz, während Masoud und Milad neben mir saßen. Madar und *Agha* Reza hatten in der Reihe hinter uns Platz genommen.

Gedankenverloren blickte ich aus dem Fenster. Das Flugzeug rollte los und Gebäude, parkende Maschinen und Angestellte, die sie mit Gepäck beluden, zogen an mir vorbei. Ich fragte mich, ob ich jemals wieder in den Iran zurückkehren würde. In diesem Moment bückte sich Madar über unsere Sitze und flüsterte zu uns: »Gestern Abend habe ich noch schnell etwas eingepackt.« Ich drehte mich zu ihr um und sah in ihren Händen die Scheiben, die ich an die *Tschar-tscharche* angebracht hatte. Ich konnte es nicht glauben. Es war, als würde sie mir etwas zeigen, das ich vor langer Zeit verloren hatte. Hastig griff ich danach, gab Milad und Masoud ihre Scheiben und erklärte ihnen, was es damit auf sich hatte.

Als das Flugzeug mit einem jähen Ruck abhob, hielt ich die rote Holzscheibe fest in meiner Hand. Es führte kein Weg mehr zurück – nicht in unsere Wohnung zum Taschenlampenspiel, nicht nach Ekbatan zum Fahrradrennen, noch nicht einmal in den Hof mit dem Rosenbeet. In wenigen Stunden würden wir in Deutschland landen. Und Fremde ohne ein Zuhause sein.

2

Willkommen in Deutschland?

Mojtaba »Schaut her! Los! Guckt euch diesen Riesenflieger an«, rief Milad, streckte seinen Arm aus dem heruntergekurbelten Fenster und wies mit dem Zeigefinger auf ein weißes Flugzeug am blauen Sommerhimmel, das sich im Anflug auf Hannover befand. Seine Stimme überschlug sich fast vor Begeisterung und der warme Fahrtwind zerzauste sein Haar. Masoud und ich beugten uns hinüber zum Fenster und stützten uns dabei auf Milads Oberschenkel ab.

»Aua«, stieß er aus, »macht euch nicht so breit!«

»Boah, ist das eine Riesenmaschine. Viel größer als unser Flugzeug«, stellte Masoud beeindruckt fest.

»Du Quatschkopf«, widersprach ich ihm und fügte in herablassendem Tonfall hinzu: »Verglichen mit unserem ist das ein Miniflugzeug.« Es war das erste Mal, dass wir so lange geflogen waren, und ich war der festen Ansicht, dass das Flugzeug, das uns über so viele Länder, Meere und Gebirge bis nach Deutschland gebracht hatte, das größte der Welt sein musste.

»Das stimmt nicht. Das sieht nur aus dieser Entfernung so klein aus«, verteidigte Masoud seine Einschätzung. »Madar, was meinst du?«

Sie lächelte uns zu und ihr schulterlanges Haar tanzte

vor ihrem Gesicht. Ohne einen ernsthaften Versuch, die Maschine zu erspähen, antwortete sie schlichtend: »Beide sind ungefähr gleich groß.« Dabei schien sie wie verwandelt. Nach der Landung hatten wir genauso problemlos wie in Teheran die Passkontrolle passiert und der Schlepper, der sich als unser Vater ausgab, hatte uns zu Scholeh geführt. Dann war er verschwunden.

Scholeh war eine schlanke Frau mit lockiger Kurzhaarfrisur, die uns herzlich umarmt und sich dermaßen glücklich über unsere Ankunft gezeigt hatte, dass ich mich wie beim Besuch einer meiner Tanten fühlte, die ich schon lange nicht mehr gesehen hatte. Gemeinsam hatten wir uns in Scholehs schwarz-rot lackierte Ente gequetscht, und als der Wagen losgeklappert war, hatte sich Madar das Kopftuch abgebunden, ihr Haar geschüttelt und sogar gelacht. Sie hatte sich über das Auto amüsiert, weil ihr erster eigener Wagen auch eine Ente gewesen war. Ihr fielen Anekdoten ein, wie sie damit durch Teherans Straßen gerast war, und es war wie eine Erlösung. Der Albtraum der letzten Monate schien endlich vorbei zu sein. Ich vergaß all die offenen Fragen, die seit Wochen in mir rumorten. Madars Lachen bedeutete, dass alles gut war.

Der Wagen fuhr eine Landstraße entlang, vorbei an dunklen Äckern, riesigen Einkaufszentren und Häusern mit seltsam spitzen Dächern.

»Mein Magen grummelt wie der Motor des Autos. Wann können wir denn endlich was essen?«, fragte Masoud.

Madar schmunzelte und legte ihre Hand auf Scholehs Unterarm, als wollte sie sich für Masouds Anspielung entschuldigen. »Du hast eine flotte Zunge. *Chube, chube!* Das gefällt mir«, stellte Scholeh sichtlich belustigt fest. »Wenn wir alles erledigt haben, gehen wir gemeinsam essen. Ich lade euch ein. Ihr seid schließlich meine Lieblingsgäste.«

»Also, ich könnte locker drei Pizzen verdrücken«, sagte ich und streichelte mir mit der rechten Hand kreisend den Bauch. Dann kamen mir aber Zweifel auf: »Können die Deutschen überhaupt gute Pizzen machen?«

»*Na Baba!*«, sagte Scholeh und schob dabei ihre Unterlippe weit vor – ein für Iraner typisches Zeichen der Verneinung. »Aber ich bringe euch zu einem Italiener, der macht Riesenpizzen. Und ich wette, ihr werdet sie nicht schaffen! Mein Sohn Abbas ist in eurem Alter und verschlingt täglich Erwachsenenportionen, aber eine ganze Pizza dort ist selbst für ihn zu viel. Er freut sich bereits auf euch. Wir nehmen ihn nachher mit.«

Ich atmete tief ein, als könnte ich schon die Pizzen riechen, und stellte mir vor, wie ich genüsslich in ein Riesenstück beißen würde. »Wenn Abbas seine nicht aufisst, dann helfe ich ihm schon«, prahlte ich und wollte gerade anfangen, eine lange Liste zu erstellen, womit meine Pizza belegt sein müsste, da kam der Wagen plötzlich zum Stehen.

»Wir sind da!«, sagte Scholeh.

Ich lehnte mich gegen Milad und lugte neugierig nach draußen. Was ich erblickte, versetzte meiner guten Laune einen empfindlichen Dämpfer: Eine Schranke versperrte uns den Weg. Sie wurde auf beiden Seiten von einer hüfthohen Mauer flankiert, auf der ein Metallzaun emporragte und auf der sich wiederum ein dichtes Geflecht aus Stacheldraht wand. Neben der Schranke stand eine Kontrollkabine, in der ein uniformierter Mann saß und uns argwöhnisch beäugte.

Der Motor heulte noch einmal auf, als Scholeh das Auto abstellte. Eine mulmige Stille erfüllte das Wageninnere. Milad durchbrach sie als Erster und fragte nervös: »Madar, was haben wir hier eigentlich vor?«

»Wir werden politisches Asyl beantragen«, antwortete sie bestimmt.

»Was ist das, Asyl?«, schaltete sich nun auch Masoud ein.

»Asyl bedeutet, dass wir in Deutschland leben dürfen und dass man uns beschützt.«

Madars ruhiger Tonfall besänftigte mich. Ich schaute wieder aus dem Fenster. Hinter der Schranke lag ein weites Gelände, das mich an iranische Kasernen erinnerte. Pedar hatte sie oft bei seinen Erzählungen über *Sarbasi*, seinen Militärdienst, erwähnt. Er hatte gesagt, dass Kasernen Orte seien, an denen es keine sauberen Toiletten, dafür aber Offiziere gebe, die einen so lange anbrüllen und triezen würden, bis man alle Lust am Leben verliere.

Der uniformierte Mann in der Kontrollkabine, in deren Fenster sich unsere schwarz-rote Ente spiegelte, zitierte uns mit ungeduldiger Handbewegung zu sich.

»*Batscheha*, steigt aus«, wies uns Madar an.

»Wartet kurz«, unterbrach sie Scholeh. »Lasst uns erst den Wagen parken. Ich will euch begleiten. Wer weiß, ob der Mann überhaupt Englisch spricht.«

Nachdem wir den Wagen auf einem kleinen Parkplatz abgestellt hatten, folgten wir Scholeh in Richtung Kabine. Sie erreichte das Sprechgitter als Erste und begann mit dem Wachmann einige Fragen und Antworten auszutauschen. Ich versuchte derweil mit zaghaftem, aufgesetztem Lächeln den Seitenblicken des Beamten standzuhalten. Schließlich verstummte er, während sein Zeigefinger auf ein Gebäude in der Nähe wies.

»Er sagt, dort müsst ihr euch anmelden«, erklärte uns Scholeh. »Dann mal los!«

Kurz darauf befanden wir uns in einem fensterlosen Raum mit kahlen hohen Wänden, an denen eine Reihe dunkler Stühle stand. Fast alle waren mit Menschen verschiedener Haut- und Haarfarben besetzt, die wild durcheinanderredeten. Nachdem wir uns gesetzt hatten, musterte ich sie genauer. Ein junger Mann mit zerschlissenen Jeans und einem dreckigen Pullover, auf den russische Schriftzeichen gedruckt waren, rieb sich unablässig die Schläfen und stand ab und zu auf, um mit lauter Stimme etwas zu rufen. Ein buckliger Mann in einem abgewetzten Anzug murmelte vor sich hin und ließ die Perlen einer Gebetskette durch seine Finger gleiten. Eine alte Frau mit feuerrotem Haar kramte in ihrer Handtasche und holte einen Handspiegel hervor, um sich kritisch darin zu betrachten. Schließlich blieb mein Blick an einem großen kräftigen Mann mit schwarzer Haut hängen. Er hatte den Kopf zurückgelehnt und die Augen geschlossen. Neugierig schaute ich zu ihm herüber. In Teheran gab es keine Schwarzen und ich war ihnen bisher nur in Kinderbüchern begegnet. In den Geschichten waren sie meist Medizinmänner oder einsame Inselbewohner. Ich fragte mich, wie müde er sein musste, dass er bei dem lauten Stimmengewirr schlafen konnte.

Plötzlich vernahm ich aus dem chaotischen Gelärme eine bekannte Stimme: »Ding, dang, dong!« Ich drehte mich nach ihr um und sah Masoud. Er äffte einen asiatisch aussehenden Mann nach, der hektisch auf seine Frau einredete. Als er seine Vorführung auch noch mit theatralischen Grimassen untermalte, konnten Milad und ich uns nicht mehr halten und begannen aus vollem Hals zu lachen. Ich tippte Madar an, um ihr Masouds verzogenes Gesicht zu zeigen, aber sie reagierte nicht und blieb konzentriert über das Klemmbrett auf ihren Knien gebeugt. Man hatte ihr Formulare gegeben, die sie nun mit Scholehs Hilfe auszufüllen versuchte. Ich verstummte mit einem schlechten Gewissen. *Hilf ihr lieber!*, mahnte eine innere Stimme. Doch egal, wie ich mich anstrengte, konnte ich das meiste nicht verstehen. Ich erkannte nur, wie Madar unsere Namen, unser Alter und unseren bisherigen Wohnort, Teheran, aufschrieb. Es war seltsam: Als würde sie freiwillig einen Vertrag unterzeichnen, der uns die Rückkehr nach Hause verbot. Bei diesem Gedanken überkam mich ein Gefühl von Leere. Ganz so, als hätte jemand etwas tief aus meiner Brust herausgerissen.

Ich lehnte mich an Madars Schulter und schloss die Augen. So vergingen Minuten und bald sank ich in einen leichten Schlummer. Aus der Dunkelheit stiegen Bilder auf. Ich sah Masoud, Milad und Farroch, wie sie in Ekbatan auf einem Hof Fußball spielten. Sie riefen sich gegenseitig zu, kickten den lila Plastikball hin und her und klatschten und brüllten »Tor!«, wenn der Ball zwischen den Füßen einer steinernen Bank gelandet war. Ich fragte sie, ob sie Lust hätten, mit mir zum Bäcker zu laufen. Madar hatte mir nämlich dreißig *Toman* in die Hand gedrückt, damit ich ein *Barbari* kaufte. Und natürlich kamen sie mit, denn der Weg zu der Straße mit den vielen kleinen Geschäften glich einem Hindernislauf: Rennend wichen wir den anderen Fußgängern aus, sprangen über Büsche und Zäune und jeder versuchte, am schnellsten den Bäcker zu erreichen. Vor der Bäckerei erwartete uns eine lange Schlange – wie immer um diese Uhrzeit. Wir reihten uns ein hinter Frauen in dunklen Tschadors und Männern mit schlichten Hemden und Stoffhosen. Der wunderbare Duft von frischem Brot ließ das Wasser in unseren Mündern zusammenlaufen und stellte unsere Geduld auf eine harte Probe. Endlich waren wir dran, und kaum hatte uns der dickbäuchige, von Kopf bis Fuß mit Mehl bedeckte Bäcker ein *Barbari* gegeben, da rissen Masoud und Milad zwei Stücke davon ab. Als ich das Wechselgeld in die Tasche steckte, schnappte sich schließlich Farroch das Brot und rannte lachend davon. Ich jagte ihm hinterher und schrie: »Farroch, gib sofort das Brot her! Los, sei nicht so eigensinnig! Gib mir zumindest etwas ab! Farroch, komm zurück …! Farroch!«

Plötzlich hörte ich Madars Stimme, die mir Kosenamen ins Ohr flüsterte. Die Bilder verblassten, um bald gänzlich zu verschwinden. Eine Träne kullerte meine Wange herunter. Ich riss die Augen auf und wischte mir über das Gesicht. Es war nur ein Traum gewesen.

Eine Stunde später lagen die ausgefüllten Formulare noch immer auf Madars Schoß und wir harrten weiter auf unseren Plätzen aus. Seit unserem Abflug am frühen Morgen in Teheran hatten wir nur wenig gegessen und getrunken, sodass sich zu dem hohen Geräuschpegel nun auch Hunger und Durst gesellten.

»Madar, gibt es hier nicht zumindest etwas zu trinken?«, fragte ich.

»Auf dem Gang sind Toiletten. Da könnt ihr Wasser trinken«, sagte Scholeh.

Kurz darauf standen Masoud, Milad und ich um ein Waschbecken herum und löschten gierig unseren Durst. Es war fast wie in der Schule, wo wir zum Pausenbeginn mit unseren Mitschülern einen Wettlauf zu den Wasserhähnen am Rand des Pausenhofs machten, um lachend das kalte Wasser zu schlürfen. Doch das, was hier aus dem Hahn kam, schmeckte anders. Es war warm und nicht besonders erfrischend.

Als wir die Toilette verließen und auf den Flur hinaustraten, wurden wir von Scholeh empfangen. Sie erklärte uns, dass Madar inzwischen aufgerufen worden sei und sich in einem Raum befinde, wo man sie fotografiere und ihre Fingerabdrücke nehme. Das löste panische Angst in mir aus. Unwillkürlich musste ich an Filme denken, in denen Häftlingen die Fingerabdrücke genommen wurden, um sie dann einzusperren.

»Wieso tun sie das?«, fragte Masoud, der sich offensichtlich ähnliche Sorgen machte.

»Ich weiß es nicht genau«, antwortete sie und zog ihre Schultern hoch. »Sie nehmen allen Erwachsenen die Fingerabdrücke. Seid nicht besorgt.«

»Ich will zu ihr!«, verlangte Masoud aufgebracht.

Scholeh legte beruhigend ihren Arm um ihn. »Sie wird gleich fertig sein. *Berim*, wir setzen uns wieder.«

Als Madar endlich zurückkam, sah sie blass aus und wehrte jeden Versuch ab, sie nach ihrem Befinden zu fragen. So blieb uns nichts anderes übrig, als schweigend weiter zu warten, dabei gegen den Hunger anzukämpfen und das Stimmengewirr so gut es ging zu ignorieren.

Nach einer gefühlten Ewigkeit war es so weit: Mit lauter Stimme wurde Madar aufgerufen. Obwohl mir überhaupt nicht zum Lachen war, musste ich kichern, weil ihr Name völlig falsch betont worden war. Wir folgten dem Ausruf und entdeckten im Flur einen großen schlaksigen Mann mit kurz geschorenem Haar, der an einer der vielen Zimmertüren stand. Ohne etwas zu sagen, ging er wieder in sein Büro zurück. Wir liefen ihm nach.

Als der Mann die Tür geschlossen hatte, setzte er sich hinter einen Schreibtisch und begann zu sprechen. Er redete schnell und seine Worte klangen abgehackt und hart. Scholeh übersetzte stückweise: »Es geht darum, welchem Heim ihr zugewiesen werdet.« Sie hörte weiter zu. Plötzlich zog sie beide Augenbrauen hoch. Der Mann beendete seinen Monolog, aber Scholeh schien noch immer angespannt.

»Was hat er gesagt?«, fragte Madar und legte ihre Hand auf ihren Arm.

Scholeh zögerte. Ihr versteinerter Gesichtsausdruck wich nun einem nervösen Herumkauen auf ihrer Unterlippe. Widerwillig redete sie endlich: »Es wird deutschlandweit geguckt.«

»Deutschlandweit? Können wir uns denn nicht aussuchen, wo wir hinkommen?«, fragte Madar erstaunt. »Wir würden gerne bei dir in Hannover bleiben. Du bist der einzige Mensch, den ich in diesem Land kenne!«

Scholeh übersetzte das für den Mann. Am Anfang sprach sie langsam und ruhig, dann wurde sie schneller und lauter, aber er reagierte nicht. Stur blickte er auf seinen Bildschirm und klickte abwechselnd auf seiner Computermaus und Tastatur herum. Plötzlich erhob er sich und ging an uns vorbei zu einer Deutschlandkarte, die an der gegenüberliegenden Wand befestigt war. Er tippte auf einen Punkt in der linken Hälfte der Karte und sagte kurz und bestimmt einen Stadtnamen. Es klang sehr eigenartig, vor allem weil sich seine sonst so harte Stimme hochschraubte, als würde sie sich gleich überschlagen: »Münster!«

Wir versammelten uns vor der Karte und suchten sowohl Münster als auch Hannover, um die Entfernung einzuschätzen. Der Mann wechselte ein paar Sätze mit Scholeh, druckte einige Seiten aus und gab sie ihr. Dann streckte er wieder seinen Kopf aus der Tür und rief einen anderen Namen.

Scholeh kam mit gerunzelter Stirn zu uns: »Er will, dass wir rausgehen.«

»Aber Münster scheint sehr weit weg zu sein«, protestierte Madar und zeigte auf die Karte.

»Ungefähr zweihundert Kilometer«, erklärte Scholeh. »Man fährt beinahe zwei Stunden mit dem Auto.«

»Zwei Stunden«, wiederholte ich ungläubig. »Das ist ja fast so lang, wie wir von zu Hause zum Kaspischen Meer gebraucht haben.«

Ein bis zwei Mal im Jahr hatten wir die überfüllten und lauten Straßen Teherans verlassen und waren für ein paar Tage in den grünen Norden Irans mit seinen Wäldern, Reis- und Teefeldern gefahren, um die Tante unseres Vaters zu besuchen. Wieder tauchten Bilder in meinem Kopf auf. Ich sah die alte, gebrechliche Frau mit hennarotem Haar inmitten ihres großen Hühnerhofs stehen und mit kreisender Handbewegung Futter um sich herum verstreuen. Unzählige Hühner und Hähne umgaben sie gackernd, plusterten ihr Gefieder und pickten um die Wette. Masoud, Milad und ich waren ganz vernarrt in die Viecher gewesen. Doch wir hatten stets abgewartet, bis die Tante fertig war und den Hof verlassen hatte, bevor wir losjagten, um die Hühner zu fangen und zu streicheln. Die Reisen zum Kaspischen Meer waren mir stets vorgekommen wie Ausflüge in eine wilde und wundervolle Märchenwelt. Allerdings hatten die Autofahrten dorthin endlos gedauert. Nun wollte man uns genauso weit von Hannover wegschicken.

»Aber wir kennen niemanden dort!«, stammelte ich.

»Kann man nicht mit denen nochmal reden?«, fragte Madar und ihre Augen huschten unruhig von Scholeh zur Karte und zurück.

Scholeh rieb ihre Stirn. Die Situation schien ihr sehr unangenehm. »Der Beamte sagt, er könne nichts daran ändern. Es sei nicht seine Entscheidung, er müsse die Flüchtlinge gleichmäßig verteilen. Ihr sollt euch damit abfinden.« Die hilflose Geste, die ihre letzten Worte untermalte, löste betretenes Schweigen im Raum aus. Der Beamte nutzte die Stille, um uns herauszuschicken, indem er mit seinem knochigen Zeigefinger auf die Tür wies. »Lasst uns gehen«, flüsterte Scholeh schließlich.

Auf dem Parkplatz vor der Anmeldestelle sprach keiner ein Wort. Inzwischen war die Sonne hinter schweren Regenwolken verschwunden und Scholehs Ente hatte ihren Glanz von heute Morgen verloren. Wie sollten wir in diesem fremden Land alleine zurechtkommen? Wir sprachen überhaupt kein Deutsch, konnten uns niemandem verständlich machen und niemanden verstehen. Das Vorgehen der Beamten, die Abläufe in ihren Büros und Computern waren für uns völlig undurchschaubar. Sogar Madar, die im Iran für alles eine Lösung wusste, schien nun machtlos. Sie war genauso von Scholeh abhängig, wie wir früher von ihr. Keiner hatte damit gerechnet, dass es so kompliziert würde. Allein Scholehs Vorschlag, uns nach Münster zu fahren, munterte mich ein wenig auf.

Als die Ente auf die Autobahn Richtung Münster rollte, begann es heftig zu regnen. Die kleinen Scheibenwischer kämpften gegen den unaufhörlichen Wasserstrom an. Regentropfen prasselten laut auf das Autodach, als spielte der Himmel darauf einen wilden Trommelwirbel. Draußen zogen Wiesen und Ackerfelder, Bäume und Sträucher vorüber. Sie erinnerten mich an den fruchtbaren Norden Irans kurz vor dem Kaspischen Meer. Wehmut überkam mich bei dem Gedanken, vielleicht nie wieder den Hühnerhof unserer Großtante zu sehen.

Bald begann es zu dämmern, und über den Feldern und Wiesen breitete sich ein bläulicher Schatten aus, der immer dunkler wurde, bis er nur noch von den Autoscheinwerfern durchbrochen werden konnte. Ich versank in Apathie; statt alles Neue gierig aufzusaugen, waren meine Sinne wie betäubt. Der Nachhall der Geschehnisse der letzten Stunden baute sich wie eine undurchdringliche Mauer um mich herum auf. So schlief ich ein.

Als ich aufwachte und nach draußen sah, glaubte ich, wir wären wieder zurückgefahren. Der Wagen hatte erneut an einer Schranke gehalten. Mauern, Metallstangen und Stacheldrahtzaun flankierten sie und versperrten den Weg zu gespenstischen Schemen großer Gebäude. Zögerlich stieg ich aus und sah, wie Masoud und Milad damit beschäftigt waren, unseren Koffer aus dem Auto zu wuchten. Der Regen benetzte mein Gesicht und rüttelte mich wach: Das konnte nicht mehr Hannover sein, sondern der Eingang des Münsteraner Heimes.

Als wir uns von Scholeh verabschiedet hatten, schauten wir ihrer davonrollenden kleinen Ente hinterher, bis sie in der Dunkelheit verschwand. Jetzt waren wir auf uns allein gestellt.

Langsam gingen wir auf die Schranke zu. Seitlich davon führte eine kleine Treppe hinauf zu einem Wachhäuschen. Madar erklomm sie und wir folgten ihr. Oben versperrte eine massive Eisentür den Zugang zum Gelände. Plötzlich sprach uns eine metallisch klingende Stimme auf Englisch an. Ich schaute mich nervös um. Sie schien einem Mann zu gehören, der in dem Wachhäuschen saß und nur als dunkle, gesichtslose Silhouette zu erkennen war. Ich wunderte mich, dass die Stimme das dicke Glas der Kabine durchdringen konnte, bis ich unterhalb der Glasscheibe einen kleinen Lautsprecher entdeckte.

Madar kramte in ihrer Handtasche und holte das Formular hervor, das uns der Beamte in Hannover gegeben hatte. Ein schmales Schubfach schnellte aus der Kabinenwand. Sie legte das Formular hinein und schallend schloss sich das Fach wieder. Wir warteten. Der Wachmann schien zu telefonieren. Der Lautsprecher war ausgeschaltet, sodass sich seine Stimme in ein dunkles Brummen verwandelt hatte.

Nach etlichen Minuten kam jemand aus der Entfernung auf die Kabine zugelaufen. Die Silhouette betätigte einen Schalter, es summte und die Tür sprang auf. Während Madar, Masoud und Milad sie passierten, blieb ich einem plötzlichen Impuls folgend auf der Schwelle stehen und blickte zurück über meine Schulter: Die asphaltierte Straße war in regloses Dunkel gehüllt. Ich wurde das Gefühl nicht los, dass mit Scholehs Ente der letzte Rest an Vertrautheit und Sicherheit verschwunden war. Der Mann in der Kontrollkabine gab mir mit ungeduldigen Handbewegungen zu verstehen, dass ich endlich hineingehen solle. Schließlich hörte ich Madars Stimme, die meinen Namen rief. Ich tat einen Schritt und mit einem dumpfen, schweren Geräusch fiel die Tür hinter mir ins Schloss.

Hunger. Das war mein erster Gedanke, als ich aufwachte. Es war stickig und heiß. Nass geschwitzt schlug ich die Decke zur Seite und schnappte nach Luft. Wo war ich überhaupt? Das Bett, in dem ich lag, reichte beinahe bis zur Zimmerdecke. Es musste der obere Teil eines Etagenbettes sein. Zu meinen Füßen sah ich Masoud, der auf einem anderen Bett schlief. Nachdem ich mich aufgerichtet hatte und sich meine Augen an das grelle Sonnenlicht gewöhnten, fiel es mir wieder ein. Ich war in jenem Zimmer des Münsteraner Heimes, in das wir gestern nach unserer Ankunft gebracht worden waren. Es war genauso spartanisch eingerichtet, wie ich mir Soldatenunterkünfte vorstellte: zwei Etagenbetten aus Metall, ein Holztisch mit drei Stühlen, in der Ecke ein Metallspind und daneben ein winziges Waschbecken; nicht einmal ein kleiner Teppich auf dem Boden. Ich beugte mich nach vorn und sah Madar, wie sie ihre Strümpfe anzog.

»*Sobh becheyr*, Madar! Weißt du, wie spät es ist?«, fragte ich sie gedämpft, um meine Brüder nicht aufzuwecken.

»*Sobh becheyr!* Wir haben schon kurz vor zwölf, aber ich bin auch gerade erst aufgewacht. Die Reise hat uns alle sehr müde gemacht.«

Ich nickte.

Es war also die Mittagssonne, die das Zimmer aufheizte. Die Uhrzeit erklärte auch meinen Hunger: Wir hatten seit vierundzwanzig Stunden nichts Richtiges gegessen. Als ich die Leiter des Bettes herunterkletterte, knurrte mein Magen wohl dermaßen hörbar, dass Madar meine Brüder mit dem Satz aufweckte: »Steht auf, irgendwie müssen wir uns etwas zu essen besorgen.« Es dauerte einige Zeit, bis sich die beiden in der fremden Umgebung zurechtfanden und sich zu mir an das kleine Keramikbecken stellten, um das Gesicht zu waschen.

Als wir das Zimmer verließen, erstreckte sich vor uns ein langer Flur, in dem ich mich schon am Abend zuvor irgendwie mulmig gefühlt hatte. Jetzt, wo ich ausgeschlafen war, fiel mir auch der Grund dafür ein: Er erinnerte mich an alte Krankenhäuser. Die Wände waren dunkelgrün gestrichen und unzählige braune Metalltüren gingen vom Gang ab. Gestern bei unserer Ankunft hatte außerdem das kalte Licht der Leuchtstoffröhren an der hohen Decke alles kühl und steril erscheinen lassen. Bloß das rastlose Treiben eines Krankenhauses fehlte. Auch heute war der Flur leer und gespenstisch still. Am Gangende machten wir halt bei den Gemeinschaftstoiletten, wo sich der Gestank mit dem Zigarettengeruch auf dem Flur vermengte. Als wir kurz danach den Innenhof betraten, atmete ich tief die warme Sommerluft ein.

Hier waren sie also: die vielen Heimbewohner. Sie schienen – ähnlich wie in Hannover – von allen Kontinenten der Erde zu stammen. Ihre Bekleidung bot ein farbenfrohes Bild, genau wie die hellen, dunklen oder wettergegerbten Gesichter. Madar, Milad, Masoud und ich kamen aus dem langweiligsten Teil der Welt, so dachte ich zumindest, als wir den Hof überquerten und mein Blick von einer Person zur nächsten sprang. Es hätte eine internationale Versammlung von Delegierten sein können, doch diese Menschen verhielten sich nicht wie Delegierte: Ein paar Schritte von der Kontrollkabine entfernt warteten Zahllose an einer knallgelben Telefonzelle. Andere saßen in Grüppchen auf den Hofbänken und spielten Karten oder mümmelten Sonnenblumenkerne, deren Schalen sie rings um sich fallen ließen. Auch viele Kinder tobten auf dem asphaltierten Hof herum. Vor allem sammelten sie sich um zwei Tischtennisplatten aus Beton und schlugen mit der nackten Hand einen abgenutzten Tennisball hin und her.

Ohne das wilde Treiben der Menschen hätte der Hof sehr karg ausgesehen: Das Gebäude, in dem wir ein Zimmer bekommen hatten, machte mit seiner matten Fassade einen verkommenen Eindruck. Ihm gegenüber, auf der anderen Seite des Geländes, stand ein Haus aus Backstein. Dazwischen die Bänke, die Tischtennisplatten und die Telefonzelle. Nur ein einziger Baum im hinteren Teil des Hofes leuchtete in lebendigem Grün, was den Rest umso trister erscheinen ließ.

»*Batscheha*, kommt! Wir folgen den Menschen da«, sagte Madar und steuerte das ziegelrote Gebäude an.

Im ersten Stock fand sie das Büro der Heimverwaltung. Der Raum war brechend voll. Jemand erklärte ihr, dass sich alle Neuankömmlinge dort anmelden müssten. Also quetschte sich auch Madar hinein. Wir drei sollten vor der Tür warten. Mir war es nur recht, denn gleich beim Hereinkommen hatte ich Essen geschnuppert und das Verlangen danach ging mir nicht mehr aus dem Sinn. Die Quelle konnte nicht weit weg sein. »Komme gleich wieder«, sagte ich und lief los, ehe Masoud oder Milad widersprechen konnten.

Ich befand mich erneut in einem endlosen Flur mit zahlreichen Türen. Diesmal trat mir allerdings eine Menschenschar entgegen. Völlig auf meinen Geruchssinn konzentriert, schlängelte ich mich durch sie hindurch und mit jedem Schritt wurde der Duft intensiver. Obwohl ich ihn keinem Gericht zuordnen konnte, war ich mir sicher, dass er vom köstlichsten Essen der Welt aufstieg. Aus einer offenen Tür, einige Meter vor dem Ende des Ganges, dröhnte ein chaotisches Rasseln und Klirren. Das musste mein Ziel sein! Ich stellte mir eine große Bande Kinder vor, die an einem opulent gedeckten Tisch um die Wette mampfte. In der frohen Erwartung, für mich sei sicher noch ein Platz frei, trat ich über die Türschwelle – und versteinerte.

Vor mir lag ein dunstiger Raum, dessen vergilbte Decke und vertäfelte Wände so glanzlos waren, als hätte sich dort jahrelang der Dampf aus der Küche abgesetzt. Die Tische und Stühle, auf denen dicht gedrängt Menschen saßen, wirkten klapprig und verschlissen. Dann sah ich das Fenster, durch das ein korpulenter Mann mit seiner Kelle den Hungrigen Essen auf die Teller klatschte, und fühlte mich wieder an eine Kaserne erinnert. Aber ich hatte keine Wahl: Der Hunger trieb mich in die Schlange.

Als ich endlich an der Reihe war und dem Dicken erwartungsvoll meinen Teller entgegenstreckte, runzelte er die Stirn, schüttelte abweisend den Kopf und zeigte, während er etwas Unverständliches polterte, auf den Ausgang. Es dauerte einige Sekunden, bis ich es hinnahm, dass er mir kein Essen ausgeben würde. Mit hängendem Kopf machte ich mich auf den Weg zurück, doch kaum hatte ich den Teller abgelegt, baute sich ein dunkelhäutiger Mann vor mir auf. Er trug einen roten Stirnpunkt und erinnerte mich an indische Schauspieler. Ich erschrak fürchterlich, weil ich glaubte, wieder einen Fehler gemacht zu haben, und wollte schon weglaufen, da lächelte er und drückte mir eine Scheibe Brot in die Hand. Vor Verlegenheit brachte ich nicht mehr als ein Nicken hervor und verließ schnell die Kantine.

Im Flur stürmte ich los, um Masoud und Milad meinen wertvollen Fund zu präsentieren – ich kam mir vor wie eine Katze, die stolz auf ihre allererste Maus ist. Die beiden empfingen mich mit verwunderten Blicken und wir teilten das Brot brüderlich.

Eine Stunde später befanden wir uns wieder in der Kantine. Madar hatte von der Heimverwaltung Identifikationskarten erhalten. Sie waren der Schlüssel zum Kochkessel, der mir vorhin noch versperrt geblieben war. So saßen wir gemeinsam an einem der schäbigen Tische, vor uns vier Tabletts beladen mit Tellern und Schüsseln. Ich hatte meine Portion schnellstmöglich vertilgt, ohne wirklich zu merken, wie es schmeckte. Mit aufgeblähtem Bauch und schläfrigen Augen lauschte ich Madars Bericht:

»Sie haben mir gesagt, wir sollen diese Karten immer bei uns tragen. Also, steckt sie am besten in die Hosentasche und passt gut darauf auf. So kann nichts passieren, wenn die Wachen euch kontrollieren.«

»Wieso sollten sie uns kontrollieren? Wir haben doch nichts getan«, sagte Milad verwundert.

»*Arum, arum*, keine Sorge!«, beruhigte ihn Madar. »Sie suchen wahrscheinlich nach Menschen, die nicht hier sein dürfen. Vielleicht nach solchen, die über den Zaun geklettert sind.«

»Puh«, stieß ich aus, war aber noch zu benommen, um den Rest meines Satzes auszusprechen.

»Wieso sollte irgendjemand freiwillig hier reinwollen?«, fragte Masoud, der wieder mal genau dasselbe dachte wie ich – auch wenn es aus meinem Munde sicher etwas schnippischer geklungen hätte.

»Besucher«, antwortete Madar kurz. »Die kommen nur mit besonderer Genehmigung rein und dürfen nicht über Nacht bleiben. Und auch wir müssen uns an bestimmte Zeiten halten: Von acht Uhr abends bis acht Uhr morgens ist Ausgangssperre, da dürfen wir das Heimgelände nicht verlassen.«

»Bleiben wir jetzt für immer hier?«, fragte Milad mit halb erstickter Stimme und faltete seine Hände auf dem Bauch, als werde ihm bei dem Gedanken übel.

Es vergingen einige Sekunden. Mir war bange vor der Antwort, die unsere Mutter geben könnte. Sag bitte nicht ja, flehte ich sie innerlich an.

»Ich weiß es nicht. Wir sollen auf einen Brief warten, in dem das weitere Vorgehen erklärt werde. Wann der Brief kommt, haben sie mir aber nicht gesagt.«

Milad, der immer noch auf seinem Bauch herumdrückte, krümmte sich nun und das lenkte Madars Blick auf ihn: »*Asisam*, Milad, *tschi-e*? Geht es dir nicht gut?«

»Ich … mein Bauch … es tut …«, er druckste lange, bevor er Madar schließlich gestand, dass er seit unserer Ankunft in Münster nicht aufs Klo gegangen war, weil ihn der Dreck und Gestank dort anekelten. Ich riet ihm, die Klobrille vor dem Hinsetzen mit Toilettenpapier zu bedecken, aber er ließ sich erst dazu überreden, als Madar eine Belohnung in Aussicht stellte: »Wenn du fertig bist, rufen wir von der Telefonzelle aus Mamani und Babai an!«

»*Pessarane asisam, ma dussetun darim!*«, knisterte es aus dem Hörer.

Babai, Mamani, ich liebe euch auch, wollte ich noch rufen, aber da piepte es schon in der Leitung: Die Verbindung war getrennt. Zwei Minuten. Für mehr reichte das wenige Geld nicht, das Madar beim Verabschieden von Scholeh erhalten hatte. Mamanis letzter Satz hallte noch in mir nach: »Meine lieben Jungs, wir lieben euch!«

Zum ersten Mal nach mehr als drei Monaten hatte ich Mamanis und Babais Stimmen wieder gehört. Für zwei Minuten war ich über eine zauberhafte Brücke zu ihnen gelaufen; für zwei Minuten hatte mein Kopf wieder auf Mamanis Schoß gelegen, während sie im Schneidersitz einen Petersilienberg bearbeitete und die strahlend grünen, gefiederten Blätter vom Stängel abtrennte; für zwei Minuten stand ich wieder vor Babai, der mich mit seinen von Falten durchzogenen Händen packte, fest an sich drückte und mir Koseworte ins Ohr flüsterte: »*Jane man! Nafasse man!*« – Mein Leben! Meine Atemluft!

Das Telefonat ließ nicht nur ein Stück Heimat aufleben, sondern auch unseren Spieltrieb: Am äußersten Rand des Hofes, hinter dem schönen Baum, standen zwei einsame Bänke. Madar setzte sich auf eine von ihnen, blätterte in einer englischsprachigen Zeitung, die jemand liegen gelassen hatte, während wir drei Verstecken spielten. Die sengende Sonne und die Spannung, wenn ich regungslos hinter einem Busch darauf wartete im richtigen Moment loszuflitzen, erinnerten mich an Ekbatan.

Am Ende, als es schon zu dämmern begann, waren wir drei nass geschwitzt, und unsere staubigen Klamotten verrieten, wie oft wir uns zum Verstecken auf den Boden geworfen hatten. Wir mussten uns waschen, aber das war schwieriger als gedacht: Im Heim gab es nur Gemeinschaftsduschen, wo sich Duschköpfe an gelb gefliesten Wänden reihten. Die Räume waren voller Männer, die sich eifrig wuschen – splitternackt. Pedar war der einzige Mann, den wir jemals in unserem Leben gänzlich unbekleidet gesehen hatten. Aber die Menschen hier kannten wir nicht einmal. So tüftelten wir gemeinsam einen Plan aus: Nachdem die Sonne untergegangen war und es auf den Fluren des Heimes ruhiger wurde, krochen wir aus unserem Zimmer. Vorsichtig tappten wir über den Flur, huschten von einer verschlossenen Metalltür zur nächsten und erreichten die Gemeinschaftsdusche: Sie war mittlerweile leer, wie angenommen. Während einer von uns an der Tür Wache stand, zogen sich die anderen zwei aus und seiften sich in Windeseile ab. Danach wurde gewechselt.

Erst als wir in unserem Zimmer zurück waren, konnte ich erleichtert aufatmen. War *das* jetzt etwa unser neues Leben?

Milad Ben stand an der Tafel und versuchte verzweifelt, ein Auto zu zeichnen. Die ganze Klasse lachte. Er warf uns einen kurzen heiteren Blick zu und machte mit seinem schiefen Kunstwerk weiter. Obwohl er überhaupt nicht zeichnen konnte, hatte er es bis jetzt geschafft, einen Apfel, einen Baum und eine Katze auf die Tafel zu kritzeln. Unter die Bilder hatte er die deutschen Bezeichnungen geschrieben.

Seit unserer Ankunft in Münster kamen wir nun zwei Mal in der Woche zu diesem Deutschunterricht. Die Klasse bestand aus etwa zwanzig Kindern, das jüngste war sechs und das älteste achtzehn Jahre alt. Und weil wir alle aus verschiedenen Ländern stammten, konnte ich weder Ben noch die meisten anderen Mitschüler richtig verstehen. Doch eins hatten wir gemeinsam: Wir amüsierten uns immer wieder gern über Ben. Er war unser Lehrer –

und ein ziemlich wunderlicher Kauz. Mamani würde einen Herzanfall kriegen, wenn sie ihn sehen könnte. Er trug seine T-Shirts immer auf links. Am ersten Tag hatten wir gedacht, er wäre am Morgen beim Anziehen zu verschlafen gewesen und hätte es nicht gemerkt, doch seitdem kam er immer so an. Und seine hellbraunen Haare sahen aus wie dicke Würmer und waren sogar länger als die von Madar.

Die Zeit in der Klasse machte mir Spaß, vor allem weil es sonst im Heim oft langweilig war. Außerdem hatte ich jetzt einige Sätze Deutsch gelernt, etwa *Ich heiße Milad*. Und wenn wir beim Mittagessen etwas aussuchen konnten, versuchte ich, das auf Deutsch zu machen. Ich zeigte auf ein Gericht und sagte dann: »Das bitte.«

Ben war endlich mit seiner Zeichnung fertig und drehte sich zu uns um. Wir mussten alle lachen, denn er hatte sein eigenes Gesicht samt seinen Wurmhaaren hineingemalt, das uns nun aus dem Fenster eines Autos heraus anschaute. Nur Amir, der neben uns dreien saß, verzog keine Miene. Heute war er die ganze Stunde über sehr ruhig, was ungewöhnlich für ihn war. Amir und seine Eltern kamen aus Afghanistan, weshalb er Farsi mit einem seltsamen Akzent sprach. Er war schon länger als wir hier und kannte sich im Heim sehr gut aus. Normalerweise erzählte er uns viele Geschichten. Oft ging es dabei um abenteuerliche Fluchtwege, die er aus Gesprächen zwischen Erwachsenen aufgeschnappt hatte. Da war zum Beispiel ein Mann, der mit einem kleinen Motorboot von der Türkei bis Griechenland gefahren war. Oder die traurige Geschichte einer Familie, die im Winter von Ungarn über die Berge nach Österreich fliehen wollte, wobei das jüngste Kind erfror.

Doch heute starrte Amir in Gedanken versunken nur auf seinen Tisch.

»Was ist los?«, fragte ihn Mojtaba nach einer Weile.

»Unser Brief ist gestern gekommen«, antwortete er ohne aufzublicken.

»Und was stand da drin?«

»Meine Eltern waren heute bei einem Gespräch. Doch seitdem sie zurück sind, hat Vater kein Wort gesagt. Und Mutter hat nur erwähnt, dass wir morgen verlegt werden.«

»Wohin denn?«

»Ach, weiß ich nicht mehr.«

Ich hatte mich mit Amir angefreundet und es machte mich traurig, dass er wegging. Aber es war keine Überraschung. Die meisten Kinder, mit denen wir spielten, verschwanden nach einiger Zeit. Sie erhielten ihren Brief und wenige Tage später waren sie weg. Ich dachte an einen iranischen Jungen, mit dem wir Fußball gespielt hatten, und das irakische Mädchen Nour, das wir immer erwähnten, um Masoud zu ärgern, weil er sich in sie verknallt hatte. Sie beide waren letzte Woche verlegt worden. Wohin, wussten wir nicht.

Für den Rest der Stunde sprachen weder Amir noch wir drei ein Wort. Ich fragte mich, wann denn wohl unser Brief kommen und ob ich dann auch so traurig sein würde.

Als Ben dann anfing, seine Tasche zu packen, wurde mir klar, dass der Unterricht vorbei war. Ich nahm meinen Bleistift und das Blatt Papier, auf dem ich nur wenige von seinen Bildern nachgezeichnet hatte, und lief zusammen mit Mojtaba, Masoud und Amir zur Kantine. Es war Essenszeit.

Dort saß Madar bereits mit zwei anderen iranischen Frauen an einem Tisch. Doch weil das Amirs letzter Tag hier war, setzten wir uns ausnahmsweise zu ihm und seinen Eltern.

»*Salam*«, begrüßte Amir seine Eltern. Seine Mutter nickte kurz, doch sein Vater schien ihn gar nicht wahrzunehmen.

Es gab Nudeln mit einer dünnflüssigen Soße. Mir kam es vor, als gäbe es jeden Tag Nudeln oder Kartoffeln und dafür so gut wie nie Reis. Und wenn dann mal Reis gekocht wurde, schmeckte er komplett anders, als ich ihn aus dem Iran kannte. Vor allem war er so pampig, dass ich mir dann doch lieber wieder Nudeln wünschte.

Während wir dasaßen und ich lustlos in meinem Essen herumstocherte, sprach niemand ein Wort. Mir fiel das bleiche Gesicht von Amirs Vater auf, der mir gegenübersaß. So ein Gesicht hatte ich nur bei Beerdigungen gesehen. Auch meine Brüder warfen immer wieder verwirrte Blicke auf Amir und seine Eltern.

»Zumindest musst du nicht mehr jeden Tag diesen Fraß hier runterwürgen, wenn du wegziehst«, sagte plötzlich Mojtaba zu Amir und stieß ein unsicheres Lachen aus. Doch keiner stimmte in sein Lachen ein und er verstummte schnell wieder.

»Wenn Gott es will, dann glauben sie uns. Das wird schon!«, sagte endlich Amirs Mutter zu ihrem Mann.

Er schüttelte jedoch nur ungläubig den Kopf: »Ich habe von den meisten gehört, dass sie abgelehnt wurden. Wäre ich heute bloß nicht so nervös gewesen.« Nach einer Pause fügte er hinzu: »Gott möge uns beistehen, wenn sie uns nicht akzeptieren …«

»Sie werden uns glauben. Wir haben die Wahrheit gesagt!« Seine Frau umschloss fest seine Hände, um ihn zu trösten. Doch auch sie war der Verzweiflung nahe, denn ihre Augen füllten sich mit Tränen.

Ich schaute zögernd zu Amir und erkannte, dass auch ihm nach Weinen zumute war.

Das war endgültig genug. Ich wollte nichts mehr von

diesem Brief und allem, was er mit sich brachte, wissen. Ich sprang von meinem Stuhl und dachte nur daran, zu Madar zu laufen. Weil ich aber nicht nach vorne geschaut hatte, rannte ich mit voller Geschwindigkeit in einen Mann mit einem Essenstablett hinein. Laut scheppernd stürzte sein Teller auf den Boden. Der Mann, der gerade um sein Mittagessen gebracht worden war, schimpfte und fluchte. Doch ich nahm seinen Wutausbruch kaum wahr. Während Madar versuchte, ihn irgendwie zu beruhigen, stand ich wie gelähmt da. Das Gesicht von Amirs Vater ging mir einfach nicht aus dem Kopf.

Masoud Ich starrte auf eine weiße Tür. Dahinter war der Anhörungsraum, in dem sich Madar, ein Übersetzer und der Beamte, der das Interview führte, befanden. Meine Brüder saßen neben mir im Wartezimmer. Der Raum war außer den Stuhlreihen an den gräulich-weißen Wänden völlig leer. Das schwache Tageslicht schimmerte durch die Fenster und beleuchtete matt das Innere. Ich wippte still mit den Beinen, während meine Gedanken zum gestrigen Tag wanderten, an dem der lang ersehnte Brief endlich eingetroffen war.

Wir drei hatten auf der steinernen Tischtennisplatte im Hof gekauert, als Madar aus der Ferne herbeigeeilt kam. »*Batscheha*, seht her! Seht, was ich hier in der Hand habe! Der Brief ist endlich da!« Keuchend erreichte sie uns und setzte sich auf die Platte.

»Und was steht da drin?«, fragte Mojtaba.

»*Asisam*, ich konnte den Brief zwar nicht selber lesen, aber ich habe ihn einem netten Iraner gegeben, der ein bisschen Deutsch versteht. Er sagte mir, dass ich aufgefordert sei, morgen im Gebäude einer Behörde zu erscheinen, die *Bundesamt für die Anerkennung ausländischer Flüchtlinge* heißt. Dort soll ich erklären, wieso wir den Iran verlassen haben. Ich werde einen Beamten davon überzeugen müssen, dass wir nicht zurückkönnen. Denn er entscheidet darüber, ob wir in Deutschland bleiben dürfen.«

»Was?«, warf Mojtaba verdutzt ein und sprang von der Platte. »Nach all dem ist es gar nicht sicher, dass wir hier bleiben können? Wieso hast du uns das nicht früher gesagt?«

»Mach dir keine Sorgen. Das klappt schon«, versuchte Madar ihn zu beruhigen. »Ich muss nur morgen hingehen und dem Beamten alles erzählen.«

»Und was passiert, wenn er dir nicht glaubt, wie bei Amirs Eltern?«, setzte ich nach und rutschte auf meinem Po unruhig hin und her.

»*Asisanam*, bitte, ihr braucht euch wirklich keine Sorgen zu machen.«

»Es ist vielleicht gar nicht so schlecht, wenn wir wieder zurück müssen. Ich hasse es hier«, murrte Mojtaba vor sich hin.

»Weißt du eigentlich, was du da sagst?«, platzte es aus Madar heraus. Sie schaute ihn kopfschüttelnd an.

Obwohl ich normalerweise einen Streit zwischen uns und Madar nicht aushielt, gab ich diesmal Mojtaba recht. Das alles hier war unerträglich. »Ich will auch unser altes Leben zurück. Was bringt es uns überhaupt, hier zu sein? Wir tun nichts anderes als zu warten. Wir verstehen niemanden, dürfen nicht einfach raus, müssen mit fremden Männern duschen und die Toiletten sind eklig. Wenn wir im Iran geblieben wären, wäre das ganz bestimmt besser.« Auch Milad nickte.

Plötzlich stand Madar von der Tischtennisplatte auf.

Sie atmete tief ein und blies die Luft kraftvoll wieder heraus. Ihr getroffener Blick erschreckte mich. »Denkt ihr, ich trenne euch freiwillig von euren Freunden, eurer Familie und eurem Zuhause, ja von eurem ganzen vorherigen Leben? Ich habe schlaflose Nächte, weil all diese Dinge mir ständig durch den Kopf gehen und ich mir Sorgen um euch mache. Und ich verspreche euch, wenn es die Möglichkeit gäbe, wieder in den Iran zurückzukehren, würde ich sie auf der Stelle ergreifen. Doch die gibt es nicht, denn unser Leben ist dort in Gefahr.« Sie schnaufte immer noch und schaute mir nun direkt in die Augen. Am liebsten wäre ich unsichtbar geworden.

Doch Mojtaba ließ nicht locker. »Madar, du musst uns endlich erzählen, was du getan hast, dass die Regierungsmänner so sauer auf dich sind. Ansonsten glaube ich dir nicht mehr, dass wir wirklich fliehen mussten.«

Madar seufzte, ging ein paar Schritte auf und ab und setzte sich wieder zu uns. »In Ordnung.« Kurz nachdem sie das gesagt hatte, beruhigte sich ihre Stimme. »Ihr müsst erfahren, was geschehen ist. Ich will euch meine Geschichte erzählen. Dann versteht ihr, wie es so weit kommen konnte.«

»Bereits in meiner Kindheit störten mich die Verhältnisse im Iran. Als ich etwa so alt war wie ihr jetzt, besuchte ich mit eurer Tante, *Chaleh* Maryam, eine Privatschule im Norden Teherans. Einige meiner Mitschüler hatten sehr reiche Eltern und wurden sogar von einem eigenen Chauffeur zur Schule gebracht. In den Pausen erzählten sie von ihren Urlauben in Europa und Amerika und wie toll es sei, mit einem Flugzeug zu fliegen. Ich fand das ungerecht. Denn auch damals gab es sehr viele arme Menschen im Iran. Wenn ich mit Mamani in den Osten Teherans zu Zahra *Chanum* fuhr – ihr erinnert euch bestimmt noch an Mostafas Mutter, die auch Mamanis Cousine ist –, dann sah ich schon aus der Ferne eines der Elendsviertel Teherans namens Halabi-Abad. Die ›Blechstadt‹. Wie Unkraut schossen dort die improvisierten Behausungen aus der Erde empor. Die Menschen hatten gar nichts: keinen Strom, kein Wasser, keine Toiletten und auch keine Fenster. Kinder in eurem Alter oder noch jünger spielten in zerlumpten Kleidern zwischen dem Unrat. Sie gingen nicht zur Schule, weil ihre Eltern sich das nicht leisten konnten. Ich sah also auf der einen Seite diese armen Menschen, auf der anderen Seite meine Schulkameraden, die überhaupt keine Sorgen im Leben hatten, und fragte mich, wieso es so große Unterschiede unter ihnen geben musste.

Damals regierte der Schah im Iran und ich erwartete, dass er den Armen half, aber das Gegenteil geschah. Die Männer von der Regierung kamen mit großen Bulldozern, zerstörten ihre Hütten und vertrieben sie. Ab dem Zeitpunkt verstand ich, dass den Schah die Lebensverhältnisse seiner Untertanen gar nicht interessierten. Ihm war es wichtiger, in Palästen zu leben und für die ganz Reichen große Feste zu veranstalten.

Doch den Armen war es nicht einmal erlaubt, ihn und seine Herrschaft zu kritisieren. Seine Grausamkeit lehrte jedem das Fürchten. Auch ich sollte sehr früh spüren, was dies zu bedeuten hatte.

Eines Tages, während ich über meinem Hausaufgabenheft saß, klingelte es an unserer Haustür. Ich sprang hoch und verließ mein Zimmer. Auf dem Hof erblickte ich Mamani, die ihren Tschador aufgesetzt hatte und in Richtung Tür ging. Neugierig, wer uns besuchen wollte, stellte ich mich hinter ihren Rücken und lugte von der Seite. Mamani öffnete: Vor unserem Haus standen zwei Männer in schwarzen Anzügen, weißen Hemden und

Krawatten. Sie trugen Sonnenbrillen, in denen ich Mamani und mich ganz klein erkennen konnte. Einer von ihnen bückte sich nach vorne und grinste mich an. Seine schwarzen Zähne, die hervortraten, verunsicherten mich. Ich schmiegte mich enger an Mamani und umklammerte mit beiden Händen ihren Tschador. Ihr Körper zitterte und das versetzte mich in Angst. Die Miene des Mannes verdüsterte sich wieder, er richtete sich auf und holte aus der Innentasche seines Jacketts ein Foto hervor. Er zeigte es eurer Großmutter. Auf dem Bild erkannte ich Mostafa. Doch Mamani schüttelte wortlos den Kopf. Nachdem die Männer ihr einige Fragen gestellt hatten, verschwanden sie wieder. Mamani schloss die Tür so vorsichtig, als wäre sie aus Glas. Mit ihren zitternden Händen ergriff sie mein Gesicht und verbot mir, irgendjemandem etwas davon zu erzählen. Damals begriff ich nicht, wer die Männer waren und was sie wollten. Erst später fand ich heraus, dass es *Savaki* waren, Geheimdienstmänner des Schahs.

Trotz des Verbots, den Herrscher des Irans zu kritisieren, gab es Menschen, die sich nicht mundtot machen ließen und offen aussprachen, was sie bedrückte. Zahra *Chanum* war einer von ihnen. Sie traute sich am meisten, über den Schah zu schimpfen. Wenn sie uns besuchte, erzählte sie mir von ihrem Mann, der seit Jahren im Gefängnis saß, und von ihren Problemen, allein ihre Kinder großzuziehen. Außerdem sprach sie von den politischen Gefangenen in Teherans Evin-Gefängnis und von den Methoden des Schahs, die Menschen zum Schweigen zu bringen. Mamani gefiel das alles nicht. Sie wollte nicht, dass ich solche Dinge zu hören bekam. Aber gegen Zahra *Chanum* kam sie einfach nicht an.

Trotz des Altersunterschieds mochte ich Zahra *Chanum* sehr und betrachtete sie als Freundin. Sie tat mir in ihrer Situation leid und ich wünschte, ihr helfen zu können. Zahra *Chanum* war außerdem die einzige Erwachsene, mit der ich offen über meinen Missmut reden konnte. Im Gegensatz zu eurer Großmutter gab sie mir die Hoffnung, dass nicht alles so bleiben musste und dass die Menschen die Verhältnisse ändern konnten, wenn sie gemeinsam vorgingen. Und, *Batscheha*, damit hatte sie recht.

Einige Jahre vergingen, mit sechzehn kam ich aufs Gymnasium und das war die Zeit, als sich der Wind drehte – gegen den Schah. Die Menschen hatten ihn schließlich satt und strömten auf die Straßen. Auch ich besuchte mit Zahra *Chanum* und eurer Tante, *Chaleh* Maryam, die erste Demonstration in meinem Leben. Es war ein erfrischendes Gefühl, zu sehen, dass ich mit meinen Sorgen und Ängsten nicht allein war und dass es mehr Menschen gab, die Veränderungen herbeisehnten. Unter ihnen gab es viele, die in meinem Alter und sogar noch jünger waren. Gemeinsam riefen wir ›*Marg bar Schah!*‹ – Nieder mit dem Schah! – und genossen die kleine Freiheit, die wir mit diesen Worten errungen hatten. Wir verlangten die Freilassung der politischen Gefangenen, Meinungsfreiheit und Selbstbestimmung. Es sollte allen und nicht nur den Reichen im Land gut gehen!

Aber der Schah wollte nicht akzeptieren, dass seine Untertanen ihm nicht mehr gehorchten. Er schickte Soldaten, die mit Schüssen antworteten, und ließ viele Demonstranten verhaften. Mamani hatte große Angst um uns und versuchte zu verhindern, dass wir an den Demonstrationen teilnahmen.«

»Madar, hattest du selber keine Angst?«, fragte Milad verwundert und schaute sie naiv an.

»Also ich hätte keine Angst gehabt«, entgegnete Mojtaba und stemmte seinen linken Arm in die Hüfte.

»Um die Wahrheit zu sagen, fürchtete ich mich sehr. Immer wenn die Soldaten heranrückten oder wenn ich einen Knall hörte, wurde ich schwach auf den Beinen. Als wir das erste Mal mit Tränengas beschossen wurden, dachte ich sogar, ich müsste sterben. Nichts konnte ich mehr sehen, so sehr tränten meine Augen, ich bekam keine Luft und glaubte zu ersticken. Doch eines Tages änderte sich das alles: Ich war mit eurer *Chaleh* Maryam in der Schule, und wir hielten uns während der Pause auf dem Schulhof auf, der von hohen Ziegelmauern umgeben war. Die heiße Mittagssonne knallte auf den geteerten Boden. Gerade unterhielt ich mich mit ihr, als auf einmal von draußen viele Stimmen ertönten. Es waren Schüler vom Jungengymnasium nebenan, die verlangten, dass die Tore aufgemacht wurden. Mit Gebrüll forderten sie uns auf, gemeinsam mit ihnen demonstrieren zu gehen. Einige Mitschülerinnen wollten sich ihnen anschließen, doch der Aufseher hinderte sie daran – auf Anweisung des Schuldirektors. Während eine Gruppe vor dem verschlossenen Tor stand und diskutierte, unterstützten wir die Jungen, indem wir von dieser Seite der Mauer in ihren Chor einstimmten. Einige gingen sogar zur Mauer und versuchten mithilfe einer Räuberleiter auf die andere Seite zu gelangen. Der Schuldirektor, der wegen des Aufruhrs auf den Hof gekommen war, wurde nun selbst aktiv, zerrte uns herunter und drohte allen, die das Schulgelände verließen, sie von den herbeigerufenen Polizisten festnehmen zu lassen. In diesem Tumult sah ich plötzlich den Kopf eines Jungen, der von der anderen Seite kurz über die Mauer spähte, dann die Ziegelsteine hochkletterte, mit gen Himmel gereckter Faust posierte und dabei auf uns hinunterschaute. Seine Augen strahlten vor Entschlossenheit und Tatendrang. Der Schulleiter beschimpfte ihn natürlich, aber wir jubelten ihm zu. Unser

Freudentaumel steigerte sich schließlich ins wilde Skandieren nur einer Parole. Die Fäuste in die Höhe gereckt, riefen wir aus vollem Hals: ›*Marg bar Schah, Marg bar Schah!*‹ Währenddessen läutete die Schulglocke und rief zum Unterricht auf. Doch das interessierte nur noch wenige: Unsere Schule hatte sich in eine Demonstration verwandelt.

Plötzlich gab es einen Knall. Der Junge auf der Mauer kam ins Wanken, fiel von der Anhöhe auf unsere Seite herunter und blieb mit geöffneten Augen auf dem Boden liegen. Sein Arm ruhte gestreckt, als stünde er noch demonstrierend auf der Mauer. Eine Blutlache begann seinen Körper zu umgeben und überdeckte den heißen Teerboden. Für einen Moment hörte ich meinen eigenen Herzschlag, so ruhig wurde es auf dem Schulhof. Der Blick des Jungen war erstarrt und leer. Die Entschlossenheit in seinen Augen war ausgelöscht. Derselbe Junge, der noch kurz zuvor mit geballter Faust auf der Mauer gestanden hatte, war tot.«

Mojtaba richtete sich, noch immer auf der Platte kniend, auf: »Du hast den Jungen wirklich sterben gesehen? Wieso haben die ihn erschossen?« Ich sah, wie Madars Augen anfingen, wie zwei große Perlen zu glänzen, und hatte selbst Mühe, meine Tränen zurückzuhalten. Milad schmiegte sich an Madar und kroch unter ihren Arm.

»Der Junge, dessen Gesicht ich niemals vergessen werde, war erst sechzehn Jahre alt. Er hatte sich für Veränderungen im Land eingesetzt und mit seinem Leben dafür gezahlt. Er war das erste Opfer, das die junge Revolution auf der Straße gefordert hatte. Und sein Mörder war der Schah.

Es war merkwürdig, aber von da an hatte ich keine Angst mehr. An jenem Tag tränkten wir unsere Hände in dem Blut, das den Jungen umgab, rissen die Tore auf und verließen demonstrierend die Schule. Mit gehobenen Handflächen führten wir den blutigen Beweis dafür, wie der Schah regierte. Nun verlangten wir von ihm den gebührenden Zoll – nämlich seinen Sturz.

Kurz nach diesem Ereignis traten *Chaleh* Maryam und ich den Volksmudschaheddin bei, die ich durch Zahra *Chanum* bereits kannte. Ihr Sohn, Mostafa, war selbst seit Langem bei dieser Gruppe aktiv. Er studierte Recht und gehörte zu den Studenten, die beim Aufstand gegen den Schah von Beginn an eine wichtige Rolle gespielt hatten. Mostafa war ein besonderer Mensch, klug, sehr hilfsbereit und bei allen beliebt. Auch sein Äußeres machte ihn unübersehbar: Er lief mit zerrissenen Jeans und Sportschuhen herum, die er an der Ferse nach innen wandte. Außerdem trug er karierte Hemden, deren Ärmel er hochkrempelte. Seit ich mich erinnern kann, hielt er sein tiefschwarzes Haar stets kurz.

Für die Mudschaheddin wurden eure Tante und ich an den Schulen aktiv. Wir verteilten heimlich Flugblätter, indem wir sie in den Pausen in die Klassenräume legten oder sie unauffällig auf dem Pausenhof zerstreuten. Bald war ich auch dafür zuständig, das Material von den Druckereien abzuholen und es zu den anderen Aktivisten zu bringen. Wenn ich die geheimen Orte aufsuchte, trug ich immer einen Tschador, da man mich unter dem Schleier kaum erkannte und ich die Pakete so am besten verstecken konnte.

In den kommenden Wochen nahmen die Demonstrationen zu. Doch der Schah dachte nicht ans Abdanken und antwortete weiterhin mit Gewalt. Er führte Ausgangssperren ein und befahl, mit Hubschraubern auf die Menschen zu schießen. Aber es gab für uns kein Zurück mehr. Es herrschte Einigkeit darüber, dass der Schah abtreten musste, und jeder trug seinen Teil dazu bei: Trotz des Verbots, nachts die Häuser zu verlassen, brachten wir unseren Unmut auf die Straße. Und diejenigen, die nicht demonstrierten, versorgten uns nach Sonnenuntergang mit Tee und Decken.

Das überwältigende Verlangen nach dem Sturz des Schahs erhielt außerdem ein Gesicht, das bald die ganze Welt kennen würde: Ruhollah Mussavi Chomeini. Wenn sich die Stadt zu späterer Stunde mit Menschenmassen füllte, erklang, wie aus einem Munde, der Ruf nach ihm: ›*Marg bar Schah! Allahu Akbar*, Chomeini *Rahbar!*‹ – Nieder mit dem Schah! Gott ist groß, Chomeini unser Anführer!

Chomeini wirkte damals aus seinem Exil in Frankreich und verbreitete aus der Ferne Durchhalteparolen, indem er ein Aufblühen des Landes durch die Revolution versprach – und die Menschen glaubten ihm. Jeden Morgen entdeckte man auf den Straßen verwaiste Schuhe, die am Abend zuvor auf der Flucht vor den Soldaten verloren gegangen waren. Sie waren stumme Zeugen der Brutalität dieses Regimes.

Doch der lange Kampf um die Freiheit, mit all den Verletzten und Toten, blieb nicht wirkungslos. Die wichtigsten Verbündeten des Schahs kehrten ihm nach und nach den Rücken: Zuerst ließ ihn der Westen fallen, allen voran die USA. Dann erklärte das Militär seine Neutralität. Viele Soldaten waren verbittert und wollten nicht länger das Blut ihrer Mitmenschen vergießen. Sie zogen sich in ihre Kasernen zurück. In den Läufen ihrer Waffen erblühten nun rote Rosen, die die Menschen als Willkommensgeste hineingesteckt hatten. Nach all den Jahren des Leids und Kummers gab der vereinsamte Monarch endlich das Schicksal Irans frei und ging ins Exil!

Eine nie zuvor dagewesene Freude breitete sich im

ganzen Iran aus. Die Leute verließen ihre Häuser und feierten. In diesem Moment kehrte Chomeini aus Frankreich zurück und Teheran füllte sich mit Menschen, die aus allen Ecken des Landes herbeiströmten. Sie begleiteten Chomeini vom Flughafen zum Beheschte Zahra, dem größten Friedhof Teherans, wo die meisten Opfer des Schahs begraben lagen. Dort hielt er seine berühmte Rede.«

»Ich weiß, wo das ist. Wir waren schon mal dort«, stellte Mojtaba stolz fest. »Stimmt's, Madar?«

»*Asisam*, du hast recht. Wir waren jedes Jahr dort, um Mostafas Tod zu betrauern.«

»Wieso ist er gestorben? War er schon so alt?«, fragte Milad, während er sie mit nach oben gewandtem Kopf von ihrem Schoß aus anschaute.

»Ich werde euch erzählen, was mit ihm passiert ist. Habt ein wenig Geduld. Wo war ich stehengeblieben? Genau, bei Chomeini und seiner Rede …

Chomeini gedachte zunächst der Opfer der Revolution und schwor, dass deren Blut nicht umsonst geflossen sei. Er machte den Menschen Hoffnung, sagte ihnen eine rosige Zukunft voraus und versprach neue Freiheiten, Wahlen, Brot und Bildung für alle. Die Ära der Unterdrückung sollte ein Ende haben.«

»Und was ist dann passiert? Hat er sein Versprechen eingehalten?«, unterbrach sie Mojtaba.

»Lass Madar doch weitererzählen«, entgegnete ich ihm genervt. »Sie wird das schon sagen. Außerdem kann man sich das auch selbst denken. Erinnerst du dich etwa nicht an den letzten Tag unseres Schwimmkurses?«, und gab ihm einen Klaps auf den Hinterkopf.

Ich entsann mich noch genau: Wir drei hatten in den Sommerferien einen Schwimmkurs im Azadi-Stadion besucht. Am letzten Tag sollten wir den Zuschauern in einem

Wettkampf demonstrieren, was wir gelernt hatten. Wir freuten uns sehr darauf. Vor allem wollten wir allen zeigen, dass wir uns zum Schluss sogar trauten, in das große dunkle Becken zu springen, von dem einige behaupteten, es sei über zwanzig Meter tief. Also fuhren wir mit Madar und Pedar zum Stadion, doch am Eingang wurde Madar von den *Pasdaran*, der Revolutionsgarde, angehalten. Es hieß, sie dürfe nicht die nackten Oberkörper der jungen Männer sehen, denn sie seien für sie nicht *Mahram*, nahe Verwandte. Am Ende waren wir drei so frustriert, dass wir fast alle Wettkämpfe verloren.

»Los, weiter!«, drängte Mojtaba. »Ich will hören, was passiert ist. Hat er nun sein Versprechen gehalten oder nicht?«

»Schon nach nur kurzer Zeit machte Chomeini alle Hoffnungen, die er geschürt hatte, wieder zunichte. Er begann, seine Macht zu festigen und dabei alle Hindernisse aus dem Weg zu räumen. Zunächst säuberte er den Staatsapparat von ehemaligen Schah-Anhängern. Danach nahm er aber auch die Leute ins Visier, mit denen er zuvor gemeinsam gekämpft hatte. Chomeini verbot eine Partei nach der anderen und auch kritische Zeitungen durften nicht mehr erscheinen. Wenn wir etwa einen Infostand an der Straße aufbauten, um Missstände anzuprangern, kamen die *Pasdaran* auf ihren Motorrädern, nahmen unsere Sachen weg, zerstörten den Kassettenrekorder, mit dem wir unsere Lieder abspielten, und verjagten uns mit ihren Knüppeln. Wie Chomeini angekündigt hatte, fanden später tatsächlich Wahlen statt. Doch nicht jeder durfte kandidieren, sondern nur diejenigen, die ihm uneingeschränkte Treue schworen. Schließlich vergingen keine drei Monate, bis sich die Gefängnisse, die kurz zuvor geöffnet worden waren, wieder mit neuen politischen Inhaftierten füllten.

Der Schah hatte zu seiner Zeit in ganz Teheran geheime Räume für den Zweck eingerichtet, Menschen zum Reden zu bringen. Nach der Revolution wurden sie alle zugänglich gemacht und jeder konnte sehen, was für schreckliche Sachen dort passiert waren. Ich habe selbst ein solches Versteck besucht. *Batscheba*, ihr könnt euch nicht vorstellen, wie der Raum aussah: Die Wände waren blutverschmiert und es gab dort Geräte, die man normalerweise bei Operationen einsetzt.

Chomeini ließ diese Räume wieder einrichten und benutzte sie nun für seine eigenen Zwecke. Sein Machtstreben schien grenzenlos und er überließ nichts dem Zufall. Mit der sogenannten Kulturrevolution begann er, das Land zu islamisieren. Und nicht einmal Universitäten waren von diesen Umwälzungen ausgenommen. Unter dem Slogan ›Universitäten sind gefährlicher als Handgranaten‹ wurden sie den islamischen Regeln angepasst. Es fand eine Neuordnung statt, die nicht nur die Inhalte betraf. So wurde der Kontakt zwischen männlichen und weiblichen Studenten streng kontrolliert, und Frauen durften ab sofort etwa keine Tiermedizin studieren oder die Laufbahn eines Richters einschlagen, da es für sie ›unsittlich‹ sei. Insgesamt brach für Frauen ein neues Zeitalter an – doch nicht, wie versprochen, eins der neuen Freiheiten und Rechte, sondern der neuen Verbote: Sie mussten sich in der Öffentlichkeit verhüllen und wurden per Gesetz den Männern untergeordnet. Ihren Vätern, den Brüdern oder den Ehemännern mussten sie bedingungslos gehorchen. Sie durften von nun an nicht mehr allein reisen, ohne Erlaubnis arbeiten oder sich ohne Zustimmung des Mannes scheiden lassen.

Die Sittenwächter kontrollierten strengstens die Einhaltung der islamischen Vorschriften. Bei Verstößen kam es neben Geldbußen auch zu Inhaftierungen. Aber sie schreckten auch nicht davor zurück, die Ungehorsamen mit Peitschenhieben zu bestrafen oder sogar Frauen, die zu sehr geschminkt waren, Säure ins Gesicht zu spritzen.

Bald kam es aber noch schlimmer: Es brach ein langer und blutiger Krieg gegen das Nachbarland Irak aus. Der zuvor vom Westen aufgerüstete Irak nutzte nämlich die Schwäche des Landes nach der Revolution und marschierte ein. Der Iran, dessen Militär durch die Säuberungen geschwächt war und nicht wie zu Schah-Zeiten von den USA mit Waffen unterstützt wurde, setzte nun Massen von Freiwilligen ein. Auf den Schlachtfeldern kamen nicht nur Abertausende junge und alte Männer um, sondern auch Kinder in eurem Alter.

Unser ganzes Leben wurde fortan vom Krieg bestimmt. Die ständigen Luftangriffe, die alltägliche Not und Knappheit waren unerträglich. Bereits vor dem Sonnenaufgang musste man sich in die Schlange stellen, um mit Coupons irgendetwas zu essen zu ergattern. Dazu kam außerdem die Angst vor dem eigenen Regime. Chomeini nutzte nämlich den Krieg, um im Innern noch härter gegen seine Gegner vorzugehen. In dessen Namen erklärte er alle Oppositionellen zu Feinden des Landes. Als er schließlich jegliche Demonstration verbot und die Volksmudschaheddin für illegal erklärte, kam es zu einem der größten Proteste dieser Zeit. Er sollte als der ›blutige 30. *Khordad*‹ in die Geschichte Irans eingehen. Viele Anhänger der Volksmudschaheddin bewaffneten sich mit Ketten, Messern und Schlagringen, errichteten Barrikaden und zündeten Autos an. Die Reaktion der Regimeanhänger war heftiger: Sie erschossen in großer Zahl Menschen auf den Straßen und verhafteten Unzählige. Viele Insassen wurden später hingerichtet und eilig in Massengräbern verscharrt, um sie schnellstmöglich in Vergessenheit zu bringen. Traurigerweise blieb damit der Friedhof Beheschte Zahra auch nach dem Sturz des Schahs ein viel besuchter Ort.

An jenem Tag wurde auch Mostafa verhaftet. Wahrscheinlich hatte er schon unter Beobachtung gestanden und man sah es als eine gute Gelegenheit, ihn festzunehmen. Er wusste gut über die Organisation der Volksmudschaheddin Bescheid und sollte reden. Man führte ihn einem Richter vor, von dem es hieß, er habe seinen eigenen Sohn zum Tode verurteilt, weil er sich gegen das Regime gestellt habe. In dem Gerichtsverfahren verteidigte sich Mostafa selbst und verzichtete auf einen Anwalt. Ich habe gehört, dass der Prozess sehr bewegend gewesen sei und dass sich sogar der Richter von Mostafas Verteidigung beeindruckt gezeigt habe. Trotzdem wurde er zum Tode verurteilt und noch im selben Jahr erschossen.«

Madars Erzählung stoppte. Sie hatte die Handballen auf ihre Augen gelegt und weinte. Diesmal konnte ich meine Tränen nicht zurückhalten. Sie kullerten über meine Wangen, während ich stumm dasaß. Unser Schweigen, nur unterbrochen vom leichten Rascheln der Baumblätter, dauerte noch eine Weile an. Dann fuhr Madar fort: »Ich habe Mostafa sehr gemocht ...« Sie wischte sich die Tränen aus den Augen. »Seit meiner Zeit bei den Mudschaheddin waren wir uns oft begegnet und er hatte immer so ein schönes Lächeln. Und ein gutes Herz. Ich werde ihn nie vergessen ...

Nach seiner Festnahme mussten eure *Chaleh* Maryam und ich untertauchen. Wir befürchteten nämlich, dass Chomeinis Männer ihn dazu bringen würden, Namen zu verraten. Mostafa war sehr willensstark, doch es war niemandem übel zu nehmen, wenn er den Druck nicht aushielt. Wir kamen in einem kleinen Dorf nahe Teheran bei

Bekannten unter. Zuvor informierten wir Babai von der Festnahme Mostafas und er vernichtete alle unsere politischen Bücher und Materialien, die wir zu Hause hatten. Und tatsächlich: Es verging keine Woche, bis die *Pasdaran* das Haus eurer Großeltern durchsuchten – glücklicherweise erfolglos. Aus Angst, dass sie uns dennoch verhaften würden, blieben wir fast ein Jahr lang versteckt. Babai kümmerte sich währenddessen um eine neue Wohnung und sie zogen nach Ekbatan, wo sie immer noch leben. Erst dann trauten wir uns nach Hause zurück; anfangs nur freitags, dem wöchentlichen Ruhetag, aber mit der Zeit kehrten wir ganz heim.

Inzwischen steckte der Iran in einem scheinbar endlosen Krieg, Chomeini hatte alle Oppositionellen in den Untergrund getrieben und die Macht an sich gerissen. Daraufhin hatten die Volksmudschaheddin den bewaffneten Kampf gegen das Regime erklärt. Ich hatte die Gewalt satt und wollte nicht selbst für noch mehr Leid sorgen. Kein Blut sollte an meinen Händen kleben. Deswegen verließ ich die Mudschaheddin.

Während meiner Zeit im Versteck hatte ich sehr oft an Mostafas Mutter, Zahra *Chanum*, gedacht. Zum Jahrestag seiner Ermordung besuchte ich sie schließlich. Zahra *Chanum* hatte bei sich zu Hause eine Trauerfeier organisiert. Viele waren gekommen. Der Großteil bestand aus Angehörigen von Gefangenen und Hingerichteten. Auf einem Kassettenrekorder liefen Klagelieder für die politischen Opfer. Sie waren traurig, aber noch mehr Trauer barg Zahra *Chanums* Gesicht: Die einst so strahlenden Augen hatten sich in ihre Höhlen zurückgezogen – die Haut darum schien wie verwelkt, als wäre sie wegen der vielen Tränen von innen ausgetrocknet. Keine einzige zaghafte Regung der hängenden Lippen ließ ihr früheres, herzhaftes Lächeln erahnen. Die Trauerfeier schnürte mir die Brust zu. Sie einte diejenigen, die einen geliebten Menschen unwiederbringlich verloren hatten.

Es ist unglaublich, aber diese Hunde hatten nicht einmal vor diesem Tag Respekt. Kläffend erstürmten sie das Haus, durchsuchten jeden Winkel und fotografierten sämtliche Anwesenden. Es reichte ihnen nicht, dass sie Menschen ermordet hatten, derentwillen die Angehörigen sich nun versammelten. Schamlos suchten sie nach weiteren Regimegegnern und ihr Wahn kannte keine Grenzen.

Als ich abends wieder zu Hause war, entschied ich mich, die Hinterbliebenen nicht allein zu lassen. Ich begann, Mostafas Mutter jeden Tag zu besuchen und ihr auch bei alltäglichen Dingen, etwa beim Einkauf oder bei Arztbesuchen, zu helfen. Die Betroffenen, denen ich begegnete, fühlten sich machtlos dem Regime ausgeliefert. Sie waren verzweifelt, da sie oft nicht mal wussten, was mit den Verhafteten passierte. Ich half ihnen dabei, den Verbleib ihrer Angehörigen herauszufinden und den Kontakt zu ihnen herzustellen. Im Gefängnis kontrollierten die Aufseher jede Nachricht, und es war sehr schwierig, den Insassen frei zu schreiben. Deshalb versteckten wir die Briefe in Kuchen oder religiösen Büchern, etwa im Koran. Manchmal nähten wir Nachrichten auch in die Kleidungsstücke hinein.«

»Hast du nicht auch Pedar auf so einer Trauerfeier kennengelernt?«, fragte ich. Dabei dachte ich an eine Geschichte, die unser Vater vor vielen Jahren erzählt hatte.

»Ja, das stimmt. Auch er war zu der Zeit politisch aktiv und ein Gegner des *Molla*-Regimes. Diese Gemeinsamkeit brachte uns näher und wir begannen, uns regelmäßig zu treffen. Das ging damals natürlich nicht zu zweit: ich, eine unverheiratete Frau, und er, ein alleinstehender junger Mann. So musste uns jedes Mal euer Onkel, *Da-i*

Majid, begleiten. Kurze Zeit später heirateten wir, ich wurde schwanger und ihr Zwillinge kamt auf die Welt. Und dann folgtest du, *Nure Tscheschmam* – mein Augenlicht.« Sie lächelte Milad so liebevoll an, als hätte sie für einen Moment den ganzen Schmerz, von dem sie erzählte, vergessen.

»Aber was hat das alles mit unserer Flucht zu tun? Wieso mussten wir nun aus dem Iran fliehen?«, hakte Mojtaba nach.

»Ich werde gleich dazu kommen. Gedulde dich!

Nach Milads Geburt fing ich an einem Mädchengymnasium als Sozialarbeiterin an und war dafür zuständig, bei Konflikten einzuschreiten. Es ist wirklich ein Fluch, im Iran als Mädchen geboren zu werden. Die Schülerinnen sollten tausend Regeln befolgen und hatten oft Probleme mit der eigenen Familie, da viele Eltern sehr gläubig waren. In der Schule mussten sie zu jeder Jahreszeit einen Tschador samt Mantel und Kopftuch tragen – am besten alles in Schwarz. Am schlimmsten war es im Fastenmonat Ramadan. Zur unerträglichen Hitze unter ihren Schleiern kam noch hinzu, dass die Mädchen nichts essen oder trinken durften. Die Schule drehte sogar die Wasserhähne ab. Im Fastenmonat mussten alle Schülerinnen beten, doch wenn sie ihre Tage hatten, galten sie als schmutzig und sollten deshalb Gott nicht gegenübertreten. Also saßen sie in einer Zwickmühle, denn das Abmelden vom Gebet war gar nicht so leicht. Als Beweis mussten sie den Lehrerinnen sogar ihre Binden zeigen.

Neben diesen alltäglichen Problemen in der Schule gab es immer einen Riesenärger, wenn die Mädchen verbotenerweise einen Freund hatten und die Eltern davon erfuhren. Oft wurden sie zu Hause eingesperrt, damit sie den Kontakt zu ihren Freunden abbrachen. Als Bestrafung schlugen die Eltern ihre Kinder und manchmal wurden sie sogar aus dem Haus verbannt.

Meine eigenen Erfahrungen und die tagtägliche Auseinandersetzung mit den Problemen dieser Mädchen machten mir deutlich, dass ich etwas tun musste. Über Pedar lernte ich die Frauen zweier seiner politischen Mitstreiter kennen. Wir gründeten eine Gruppe, um für unsere Rechte zu kämpfen.

Es war schwieriger denn je, überhaupt politisch aktiv zu sein. Der Elan der Revolution war nach den Jahren der Unterdrückung und des Krieges dahin und das Regime selbst bis in die höchsten Ränge zerstritten. Nur noch die pure Gewalt sicherte die Herrschaft der *Mollas*. Ihre Paranoia kannte keine Grenzen. In jedem sahen sie eine potenzielle Gefahr, in jeder versammelten Gruppe eine Menschenmasse kurz vor dem Aufstand. Einmal wurde ich von den *Pasdaran* für kurze Zeit inhaftiert, weil ich keine Genehmigung für einen Ausflug mit meinen Schülerinnen eingeholt hatte. Man warf mir vor, eine unerlaubte Versammlung angestiftet zu haben, und drohte mir bei einer Wiederholung härtere Strafen an. Was als harmlose Klassenfahrt geplant war, wäre also fast hinter Gittern geendet. Die Strenge, mit der sie jede Kleinigkeit ahndeten, führte zu einer Überfüllung der Gefängnisse. Erst als internationale Beobachter beabsichtigten, die Haftanstalten zu inspizieren, sorgte man schließlich für Platz – durch die Ermordung vieler Inhaftierter. Es war eine der größten Massenhinrichtungen der iranischen Geschichte. Man wollte schließlich vor dem Ausland kein schlechtes Bild abgeben.

Nach all dem fragten sich viele Menschen, ob es unter der Herrschaft des Schahs nicht besser war. Ich bezweifelte es und wollte auf keinen Fall den Monarchen wieder auf seinem Pfauenthron haben. Wir mussten wieder für Veränderungen kämpfen, uns auch von diesen Tyrannen befreien – das war die einzige Lösung. Aber in einem Punkt hatten leider viele recht: Die *Mollas* gingen noch härter als der Schah gegen uns vor. Entmutigt flüchteten viele in ihre vier Wände. Das war eine verständliche Reaktion. Gelegentlich war mir auch danach, und ich wünschte mir, mich wie eine Schildkröte in meinen Panzer zurückziehen zu können, bis der Sturm vorbeigezogen war. Aber, *Batscheha*, in solchen Augenblicken dachte ich an den Tod einer jungen Frau namens Mahnaz, über die ich einen verbotenen Bericht gelesen hatte. Mahnaz war etwa in meinem Alter und wegen Ehebruchs zum Tode verurteilt worden. Sie sollte gesteinigt werden. Man steckte sie, bis aufs Gesicht in ein Leichentuch gewickelt, in ein zuvor ausgehobenes Erdloch. Nur Kopf und Schultern blieben frei. Neben dem Exekutionsplatz häufte man Steine auf. Nach dem Gesetz durften sie nicht allzu groß sein, damit die Verurteilte nicht zu schnell stirbt. Dann las man ihr Suren aus dem Koran vor. Schließlich begann ihre Steinigung. Um ihr Leben flehend, musste Mahnaz ihre Mörder anschauen, während diese sie mit einem Steinhagel überschütteten. Mit jedem Wurf, der von ihrem Aufschrei begleitet wurde, verwandelte sich die Erde um ihren Kopf in eine größer werdende rote Lache. Bald fiel ihr zerschmettertes Haupt zu Boden und die Schreie verstummten. Ihre Henker versetzten Mahnaz mit der Schaufel, mit der sie zuvor das Loch ausgehoben hatten, einen letzten Schlag. Damit stellten sie stets sicher, dass die Hingerichtete tot war.

Wer einmal von Mahnaz' Schicksal erfahren hat, der kann nicht anders als ihre Mörder zu hassen. Ich wusste, dass Mahnaz nicht die Letzte sein würde. Und dieses Wissen ließ mich nicht zur Ruhe kommen.

Die Wahlen des *Madschles*, des iranischen Parlaments, nahten, und wir nahmen uns vor, den Menschen deutlich zu machen, dass sie diesen Bluthunden nicht ihre Stimme geben durften. Schwarz auf weiß sollten sie es lesen: Wer die Unterdrückung, wer das Morden stoppen wollte, konnte nicht mit den *Mollas* gemeinsam handeln – er musste *gegen* sie handeln.

Am Abend vor der Wahl hatten wir eine Flugblattaktion geplant. Neda und ich sollten sie durchführen. Ich kannte Neda sehr gut, denn sie war eine frühere Schülerin von mir. Damals hatte sie mich aufgesucht, weil sie sich mit ihren Eltern angelegt hatte. Sie hatten sie unter Hausarrest gestellt, nachdem sie gegen ihren Willen allein verreist war. Neda erinnerte mich sehr an meine eigene Jugendzeit. Sie war genauso dickköpfig wie ich und ließ sich nicht von ihren Zielen abbringen. Sie hatte großes Interesse an den aktuellen politischen Entwicklungen gezeigt und viel darüber nachgedacht, was es bedeutet, eine Frau im Iran zu sein. So waren wir ins Gespräch gekommen, und eines Tages nahm ich sie zu unserer Gruppe mit.

Kurz vor der Wahl hing eine ungeheure Anspannung in der Luft. Zwischen den *Mollas* tobte ein unerbittlicher Machtkampf. Chamenei, der Nachfolger Chomeinis, hatte seine Gegner – alle einst treue Gefolgsmänner des Gründers der Islamischen Republik Iran – zu Feinden des Landes erklärt. Mithilfe der *Pasdaran* kontrollierte er die ganze Stadt. Sie fuhren scharenweise Patrouillen und durchsuchten jeden, der ihnen über den Weg lief.

Am Abend der Aktion trafen Neda und ich uns in einer Wohnung. Wir versteckten die Flugblätter unter der Kleidung und verhüllten uns in schwarzen Tschadors. Den Schleier zogen wir tief ins Gesicht. Dann verließen wir gesenkten Hauptes das Haus. Wir schritten zielstrebig, aber nicht überhastet und vermieden jeden Blickkontakt.

Es war nicht das erste Mal, dass wir eine solche Aktion durchführten, und wir kannten den Ablauf ganz genau. Neda ging voran. Ich folgte ihr in sicherem Abstand – man sollte nicht merken, dass wir zusammengehörten – und trug einen großen Stoß Papier bei mir. Unser Ziel waren die Wohnkomplexe der Umgebung, in denen man sehr viele Menschen erreichen konnte. Als wir das erste Gebäude erreichten, blieb Neda stehen. Sie schaute sich kurz um. Dann nickte sie mir kaum merklich zu. Nun konnte es losgehen. Sie eilte hinein. Ich positionierte mich vor dem Gebäude und hielt Ausschau nach *Pasdaran*. Vor mir erstreckte sich ein riesiger Innenhof, der von unzähligen grauen Hochhäusern eingesäumt war. Massive Betonsäulen schulterten ringsum die Wohnklötze.

Plötzlich tauchte eine Truppe junger Revolutionswächter hinter einer Säule auf. Spähend schritten sie in meine Richtung, mit einer Hand am Gurt hielten sie ihre Gewehre fest. Mein Herz begann schneller zu schlagen und instinktiv schaute ich auf den Boden. Mit größter Mühe versuchte ich unauffällig zu bleiben – nicht schneller zu atmen, keine ruckartigen Bewegungen zu machen. Aber mein Körper weigerte sich: Aus allen Poren schoss Angstschweiß und meine Beine begannen, zittrig zu werden. Bald wurden sie so schwach, dass ich befürchtete, zu Boden zu sacken. Die Schritte kamen näher. Mein Herz durchschlug fast meine Brust. Ich redete mir ein, dass der Tschador alles verdeckte und mich beschützte. Ich versuchte mich abzulenken und dachte an euch, an das, was ihr wohl gerade tatet, an den Moment, in dem ich die Haustür aufschlösse, ihr auf mich zukämt und mich von allen Seiten umarmen würdet. Die *Pasdaran* blieben auf meiner Höhe stehen. Jetzt würden sie mich kontrollieren und die Flugblätter entdecken – Verrat schwarz auf weiß. Aber ich hörte nur ein Rascheln. Was war das? Dann begriff ich endlich, worum es sich handelte, und mir fiel ein Stein vom Herzen: Es war ein Feuerzeug, mit dem sich einer der *Pasdaran* eine Zigarette ansteckte. Die Revolutionswächter schritten einfach weiter, ohne mich überhaupt beachtet zu haben.

In solchen Augenblicken war die Angst dein größter Feind. Der Angstschweiß lockte die Spürhunde an, machte sie aufmerksam. Obwohl ich das wusste, fiel es mir immer noch sehr schwer, die Furcht zu unterdrücken. Auch nach all den Jahren.

Neda trat aus dem Gebäude hinaus, kam auf mich zu und nahm einen neuen Stoß Flugblätter an sich. Flüsternd mahnte ich sie zur besonderen Wachsamkeit, da es hier nur von *Pasdaran* wimmelte. Ihre Augen weiteten sich kurz, ohne ein Wort zu sagen nickte sie und zog weiter. Ich folgte ihr. Eins nach dem anderen klapperten wir die Gebäude ab. Die Dämmerung setzte bald ein und die Abendluft sorgte für Abkühlung. Wir waren fast fertig und in meinen Gedanken befand ich mich bereits auf dem Rückweg zu euch nach Hause. Als wir uns dem letzten Gebäude näherten, kam Neda wieder zu mir und nahm unter meinem Tschador einen neuen Stoß Flugblätter entgegen. Unsere Hände berührten sich. Unwillkürlich ergriff ich ihre Hand und flüsterte ihr zu: ›Einmal noch, dann ist es vorbei. Dann haben wir es geschafft.‹ Nedas Gesicht leuchtete auf und sie eilte davon. Mit schnellen Schritten stieg sie die Treppen hinauf, lief durch die gläserne Tür und betrat das Foyer. In der Mitte des Raumes stand ein Tisch, umgeben von Sofas. Diesem gegenüber befanden sich die Aufzugstüren und in einer Ecke neigte sich eine verwelkte Pflanze nach vorn. Neda ging geradewegs zum Tisch. Ein letzter Blick ringsum, dann verschwanden ihre dünnen Finger unter ihrem Tschador und sie holte einen Batzen Flugblätter hervor. Im selben Moment öffnete sich plötzlich eine Aufzugstür. Schweren Schrittes trat jemand hinaus. Wie aus dem Nichts hatte sie einen hochgewachsenen, bärtigen Mann in grüner Uniform vor sich. An seinem Gürtel war eine Pistole befestigt. Sekundenlang trafen sich ihre Blicke. Neda erstarrte.

Schuldgefühle überkamen mich. Bevor wir losgegangen waren, hatten wir uns noch fest umarmt. Sie wollte es nicht zeigen, aber ihr zitternder Körper hatte mir ihre Angst verraten. Schließlich war sie noch nicht einmal zwanzig – fast noch ein Kind. Ich hätte sie nicht mitnehmen dürfen!

Der Revolutionswächter ging auf sie zu und Neda ließ die Flugblätter aus der Hand fallen. Sie befreite sich von ihrem Tschador und wollte loslaufen, doch der Uniformierte brüllte, packte sie, zerrte an ihr. Sie fiel hin, schlug um sich, schrie. Aber es brachte gar nichts: Er sammelte die verstreuten Flugblätter auf und schleifte Neda hinter sich her in den Aufzug. Die Türen schlugen zu. Ihre Schreie verstummten. Nur ihr schwarzer Tschador blieb zurück.

Es war nichts mehr zu machen. Ich rannte zu dem Ort, wo ich mich mit den anderen Frauen verabredet hatte. Wir gingen nach dem Plan vor, den wir für solche Notfälle vorbereitet hatten: Wir vernichteten alle Unterlagen und trennten uns so schnell es ging. Ich rief euren Vater an und sagte ihm, was passiert war. Dann holte ich euch von zu Hause ab und wir fuhren zu *Chaleh* Laleh und *Amu* Haschem, die mir ihren Schutz für solche Fälle angeboten hatten. Uns blieb nichts anderes übrig, als zu warten, um zu sehen, ob das Regime unsere Namen aus ihr herauspressen konnte. Aber es dauerte nicht lange, bis schließlich die Gewissheit kam. Nach etwa zehn Tagen erfuhr ich, dass die *Pasdaran* sowohl die Wohnung eurer Großeltern, als auch unsere durchsucht hatten. Sie hatte uns verraten.

Batscheba, ich konnte nicht riskieren, euch in Gefahr zu bringen. Ich war bereit, mein eigenes Leben aufs Spiel zu setzen, aber nicht eures. Nicht selten kam es vor, dass sie in den Foltergefängnissen sogar die Kinder benutzten, um die Eltern unter Druck zu setzen. Uns blieb nichts anderes übrig: Wir mussten den Iran verlassen.

Und deshalb sitzen wir nun hier und warten. Morgen werde ich dem Beamten das alles erzählen, damit er uns die Erlaubnis gibt, in Deutschland zu bleiben.«

Und dieser Tag war heute.

Ich hockte immer noch in diesem schmucklosen Raum und konnte es nicht abwarten, dass sie endlich aus der weißen Tür hinaustrat. Bis vor Kurzem hatte ich einen wichtigen Teil ihres Lebens nicht gekannt. Ich war stolz auf sie, aber sie tat mir auch leid. Sie hatte so viel durchgemacht.

Was aber, wenn der Beamte ihr nicht glauben würde? Im Iran würden sie Madar ins Gefängnis stecken, ihr wehtun, sie von uns trennen. Der Beamte musste ihr glauben.

Endlich öffnete sich die weiße Tür und Madar schlich mit gesenktem Kopf hinaus. Ich sprang auf. Auch Mojtaba und Milad waren plötzlich zum Leben erwacht. Sie kam schweigend zu uns und setzte sich hin. So erschöpft hatte ich sie selten erlebt. Wir stellten uns vor ihr auf. Nach einer Weile sprach sie endlich: »*Batscheba*, es tut mir leid, aber ich kann euch jetzt nicht viel sagen. Ich weiß nicht, ob wir in Deutschland bleiben dürfen. Wir sollen wieder auf einen Brief warten. Ansonsten weiß ich nur, dass wir bald in eine andere Stadt verlegt werden.«

Madar schwieg wieder und hielt mit beiden Händen ihr Gesicht bedeckt. Ich erinnerte mich an Amirs Eltern am Tisch, und an den Satz, den sein Vater damals gesagt hatte: »Gott möge uns beistehen, wenn sie uns nicht akzeptieren.«

3

Stadt, Heim, Wurst

Mojtaba Andere Stadt.

»Kein Auto!«, das verstand ich mittlerweile auch so. Dazu musste der dickbäuchige Mann an der Tafel nicht mit seinem Zeigestock auf das durchgekreuzte Autosymbol hämmern. Bevor er sich dem nächsten Bildchen zuwandte, warf er einen strengen Blick über seine Lesebrille hinweg durch den Raum, als lauerte er auf stillen Widerspruch. Ich bemühte mich, ihm nicht in die Augen zu schauen und verhielt mich ruhig, genau wie der Rest der Gruppe.

Der Raum war voll. Vor einer halben Stunde hatte ein Bus uns vier und viele andere aus dem Münsteraner Asylbewerberheim hierher gebracht. Hier, in Lengerich, einer nordrhein-westfälischen Kleinstadt, sollten wir auf die Antwort der alles entscheidenden Frage warten: Dürfen wir in Deutschland bleiben?

Madar, Milad und Masoud saßen auf Holzstühlen neben mir. Seit Monaten sah ich sie in denselben, inzwischen völlig abgewetzten Klamotten. Erst im Versteck bei *Chaleh* Laleh, dann auf dem Parkplatz der Anmeldestelle in Hannover, Tag für Tag im Münsteraner Heim und nun hier. Seit Monaten konnten wir nichts anderes tun als zu warten, und niemand wusste genau, was als Nächstes geschehen würde. Im Iran hatte ich Angst vor den *Pasdaran*, die jeden Moment unser Versteck hätten stürmen und Madar verhaften können. Seit wir in Deutschland angekommen waren, fürchtete ich mich vor Briefen, die alles verändern konnten. Wir hatten zwar das Versteck verlassen, aber wirklich entkommen waren wir ihm nicht. So dachte ich jedenfalls in diesem Moment, als uns wieder einmal Regeln und Verbote auferlegt wurden.

»Understand?«, fragte Dickbauch, der nun auf Englisch wechselte. Einige Köpfe nickten und er fuhr fort. Mit maschineller Gleichmäßigkeit klopfte er Bildchen für Bildchen ab. Ich verstand ihn kaum. Zwar hatte uns Madar in den letzten Wochen noch mehr englische Vokabeln beigebracht, als wir schon bei einem Englischkurs im Iran gelernt hatten, aber das reichte nicht. Darum übersetzte Madar für uns. Sie erklärte, dass es verboten sei, viel Geld zu besitzen. Außerdem dürften die Erwachsenen nicht arbeiten. »Wie soll jemand viel Geld besitzen, wenn er nicht arbeitet?«, fragte ich Madar. Sie zuckte nur mit den Schultern und erklärte weiter: Es sei verboten, direkt zum Arzt zu gehen, wenn wir krank werden sollten. Zuerst müssten wir uns vom Dickbauch eine Genehmigung ausstellen lassen. Bei einer Abbildung, die einen durchgekreuzten Ring zeigte, konnte sich Masoud einen Scherz nicht verkneifen: »*Batscheba*, wir dürfen nicht heiraten!« Wir schmunzelten und Madar erklärte, was wirklich gemeint war. Wir dürften keinen Schmuck oder andere wertvolle Dinge besitzen.

Etwas später saßen alle wieder im Bus und er rollte los. Mich interessierte nur noch eins: das neue Heim, in das wir nun verlegt wurden. Ich fragte mich, ob es wie in Münster sein würde. Ob wir wieder mit Wildfremden Gemeinschaftstoiletten und Duschen teilen müssten. Als wir anhielten, wurden die Personen aufgerufen, die aussteigen sollten: Wir vier und … und sonst niemand! Der Bus fuhr brummend davon und tatsächlich: Nur Milad, Masoud, Madar und ich standen mit unserem Koffer vor einem mehrstöckigen Haus. In mir stieg die Hoffnung auf, die anderen Fremden für immer losgeworden zu sein. Und meine kleine Freude wuchs weiter, denn ich sah keine Schranke, keine Kontrollkabine und gar keine Zäune. Nur wir vier und das Gebäude! Obwohl dessen Ziegelfassade sehr alt und schmutzig aussah, weckte es schöne Erinnerungen in mir.

Vor zwei Jahren hatte ich einen Roman verschlungen, in dem es um einen französischen Jungen namens Jacky und seine Abenteuer im elterlichen Landhaus ging. Es kam mir vor, als stünde ich nun selbst vor jenem prächtigen Landhaus: Die massive zweiflügelige Holztür, die reich verzierten Fensterrahmen und der breite Dachsims deuteten darauf hin. Auf einmal war ich selbst Jacky. Ich sah mich in einem der vielen hellen Zimmer versteckt, mit einem dicken Buch in der Hand, das ich heimlich aus dem für mich verbotenen Wandschrank der Eltern genommen hatte. Hinter einem gemütlichen Sofa hatte ich mich mit meiner Beute auf den glänzenden Boden gelegt und schlug neugierig die erste Seite auf.

Plötzlich trat jemand aus dem Gebäude und weckte mich aus meinem Tagtraum. Es war ein großer Mann mit langen blonden Haaren. Er musste etwas jünger als unsere Mutter sein, vermutete ich. Als hätte er schon auf uns gewartet, kam er geradewegs auf uns zu und gab Madar die Hand. Sie wechselten ein paar Worte miteinander, da tauchte ein weißer Hund im Türrahmen auf und bellte kräftig. Der Mann drehte sich um und rief streng: »Floppy!«

Floppy ringelte seinen wedelnden Schwanz und stürmte

los. Dabei hüpfte sein welliges Haar auf und ab und sein offener Mund erweckte den Eindruck, als würde er lächeln. Er erreichte uns, sprang freudig seinen Herren an und ließ sich zur Belohnung am ganzen Körper knuddeln. So etwas hatte ich noch nie gesehen. In Teheran waren Hunde verpönt und die Erwachsenen verscheuchten sie.

Der Mann führte uns zum Hinterhof des Gebäudes, wo eine Tür offen stand, die wie ein Hintereingang aussah. Er übergab Madar einen Schlüssel und verschwand wieder samt Hund.

Hinter der Tür erwartete uns eine Wohnung, die nichts mit dem prächtigen Landhaus meiner Fantasie gemein hatte: ein Flur, in den man eine notdürftige Küchenzeile hineingequetscht hatte, ein Schlafzimmer mit einem alten Holzschrank und zwei Etagenbetten aus Metall, eine kleine Toilette und ein düsteres Wohnzimmer. Die zwei kleinen Fenster darin – die einzigen der gesamten Wohnung – ließen nur wenig Licht herein, das dann auch noch von den hässlichen braunen Tapeten verschluckt wurde. Auf dem stumpfen Boden standen ein uraltes Sofa und eine abgenutzte Eckbank, die sich hinter einem unverhältnismäßig großen Tisch versteckte.

Ich wollte am liebsten weglaufen, raus auf den Hof, um dem Muff dieser Räume zu entkommen. Die Vorstellung, hier einschlafen und aufwachen zu müssen, ekelte mich an. Madar ließ es sich nicht anmerken, aber ich war mir sicher, dass sie Ähnliches fühlte, als sie mit fester Stimme sagte: »Kommt! Wir gehen einkaufen. Wir brauchen Reinigungsmittel. Hier muss dringend geputzt werden!«

Wir verließen die Wohnung und die Tür fiel hinter mir zu. Ich drehte mich bewusst nicht um. Ich versuchte mir einzureden, dass sie nicht existierte. Vielleicht war das nur ein Albtraum, aus dem ich aufwachen könnte, wenn ich es wirklich wollte. Und mit jedem Schritt glaubte ich fester daran.

»Fünfundsechzig Mark«, sagte Madar plötzlich. Sie hielt einige Scheine in der Hand, die sie von Dickbauch erhalten hatte. Ich fragte mich, was wir dafür kaufen könnten, denn im Iran kosteten schon drei Eis am Stiel und eine Packung Kaugummis hundert *Toman*.

»Da!«, rief Masoud und zeigte auf eine elektrische Schiebetür, in die Menschen verschwanden, um mit prall gefüllten Einkaufstaschen wieder herauszukommen. Über dem Eingang hing ein großes gelbes Schild: EDEKA.

Kurz darauf hatte die Tür auch uns verschluckt. Vor mir öffnete sich der größte Laden, den ich jemals betreten hatte. Alles glänzte und meine Augen sprangen von einem hohen bunten Regal zum nächsten, bis sie am dicht beladenen Obststand halt machten. »Madar, guck! Die haben hier *Chormalu* – Kakis!«, sagte ich voller Aufregung. Ich hechtete zu ihnen und betastete zwei der orangefarbenglänzenden Früchte. Das Wasser lief mir im Mund zusammen, und ich hätte ohne nachzudenken reingebissen, wenn Madar mich nicht aufgehalten hätte: »Mojtaba, leg sie wieder hin! Wenn der Verkäufer das sieht …«

»Madar, ich möchte auch eine«, verlangte Masoud.

»Und ich auch«, schloss sich Milad an.

Ihre Miene hellte sich auf. Das war ein gutes Zeichen. »*Basche, basche*. Dieses Jahr haben wir noch gar keine Kakis gegessen. Mal schauen, ob sie genauso gut schmecken wie unsere iranischen. Aber fasst sie nicht an! Der Verkäufer kommt bestimmt gleich.«

Wir warteten und warteten, doch es passierte nichts. »Ein komischer Laden. Wollen die hier nichts verkaufen?«, fragte ich verärgert und war kurz davor, einfach in eine besonders dicke *Chormalu* zu beißen, auf die ich schon längst ein Auge geworfen hatte. Zum Glück zuckelte im Moment darauf eine Frau im Arbeitskittel heran und rückte einige Äpfel zurecht. Das war unsere Gelegenheit. Madar sprach sie sofort an: »*Two kilos, please!*« Sie zeigte auf die *Chormalu*, doch die Verkäuferin schaute uns nur befremdet an und verschwand, ohne ein Wort zu sagen.

Ich konnte es nicht fassen. Entweder wir hatten etwas falsch gemacht oder die Frau mochte uns schlichtweg nicht leiden. Ich war noch unentschieden, doch dann kam die Antwort vorbeigehumpelt: Eine alte bucklige Frau, gestützt auf ihren Krückstock, stoppte bei den Äpfeln und füllte seelenruhig die Früchte in ihren Einkaufsbeutel. Ich wunderte mich, dass sie nicht das Gleichgewicht verlor und zu Boden fiel, aber noch mehr verwunderte es mich, dass sie sich ohne die Erlaubnis der Verkäuferin bediente.

Madar jedoch schmunzelte, weil sie unseren Fehler begriffen hatte: »Wir können die *Chormalu* nehmen und später am Ausgang bezahlen.«

Der süße Genuss, den mir die reifen Leckerbissen auf dem Rückweg bereiteten, fand jedoch ein jähes Ende, als wir wieder in der Wohnung ankamen. Sie war doch nicht Teil eines Albtraums, sondern erschreckend real. Zu allem Übel wurde ich in der Putzkolonne auch noch als Badverantwortlicher eingeteilt. Das grün-blau geflieste winzige Badezimmer stand kurz davor, in sich zusammenzufallen. Aus den Fugen lösten sich bereits größere Mörtelstücke, während ich an anderen Stellen den blanken Putz sehen konnte, weil Fliesenecken abgebrochen waren. Aber am schlimmsten war die Vorstellung, das über Jahre verdreckte Klo berühren zu müssen.

Es war ungerecht! Madar hatte vor, die Küche zu schrubben, und wir drei sollten uns den Rest teilen. Natürlich wollte keiner das Badezimmer übernehmen, und so fiel die Entscheidung auf die Art, auf die wir drei immer schwierige Fälle lösten: per Los. Milad zog den Kürzeren und schleppte sich schon mit hängendem Kopf Richtung Bad, da schaltete sich Madar ein und übertrug mir die Aufgabe, weil ich der Älteste war. Mein Altersvorsprung brachte mir eben nicht nur Vorteile. Seit ich mich erinnern konnte, redeten mir die Erwachsenen – vor allem Mamani und Babai – ein, ich müsste auf meine Brüder aufpassen, Verantwortung übernehmen und ein Vorbild sein. Ich war nur vier Minuten früher als Masoud auf die Welt gekommen und dennoch sagten sie immer wieder: »Du bist der älteste Sohn der Familie!« Jedes Mal, wenn dieser Satz fiel, glaubte ich einen gewissen Neid bei meinen Brüdern zu spüren. Die Sehnsucht, selbst als das Oberhaupt von uns dreien angesehen zu werden und damit dieselbe Anerkennung zu erhalten. Ich jedenfalls konnte mich nicht entscheiden, ob die Anerkennung die Pflichten aufwog.

Mit einem Schwamm und einer Flasche Putzmittel ausgerüstet, machte ich mich an die Arbeit. Ich fing mit den Fliesen an; um das Klo würde ich mich zum Schluss kümmern. Ich hatte gerade die ersten Fliesen gescheuert, da klopfte es an der hölzernen Wohnungstür. Wer konnte das bloß sein? Als Madar aufmachte, erhaschte mein Blick an ihrem Rücken vorbei einen hin und her schwankenden Turm aus aufeinandergestapelten Tellern, Schüsseln und Tassen. Dahinter grüßte uns eine freundliche Stimme. Die Frau, der sie gehörte, war ziemlich korpulent und erinnerte mich mit ihrem kugelrunden Bauch an Mamani – auch wenn sie etwas jünger aussah. Schweiß sprenkelte bereits ihre Stirn und sie machte Anstalten, den Turm auf der Küchenzeile abzustellen.

Madar bat sie rein, sie entledigte sich ihrer Last und keuchte: »*I'm Christa. This is for you!*« Die Frau erholte sich langsam, während sie uns musterte. Ihre Augen huschten von mir zu Masoud, dann zu Milad und schließlich wieder zu mir. In diesem Moment wurde mir bewusst, dass wir ohne nachzudenken eine Fremde hineingelassen hatten. Im Iran wäre uns das nicht passiert. Die Frau, die sich Christa genannt hatte, starrte uns immer noch unverwandt an. Langsam wurde mir die Situation unangenehm, aber zum Glück begann sie endlich zu sprechen: »*Oh ... ohhh ... I ... cleaned! ... very old house!*«

Ich hatte nicht alles verstanden, aber genug, um peinlich berührt zu sein. Anscheinend hatte Christa die Wohnung schon geputzt und wir zeigten ihr nun anstelle unserer Dankbarkeit Schwämme und Putzmittel. Ich warf Madar einen verstohlenen Blick zu und hoffte, sie wüsste einen schnellen Ausweg aus der Situation, aber ihr Gesicht war dermaßen rot angelaufen, dass ich befürchtete, sie könnte gleich ohnmächtig werden. Vor lauter Unwohlsein spannte sich mein Nacken wie eine zusammengedrückte Sprungfeder, da hörte ich plötzlich das herzhafteste Lachen, seitdem wir unser Zuhause im Iran verlassen hatten: Es war Christa, die schallend wieherte und sich dabei den wackelnden Bauch hielt. Ich weiß nicht, ob es ihre komische Haltung war oder die nach einem Ventil suchende Anspannung, aber kurz darauf brachen alle in heftiges Gelächter aus. Wir konnten uns gar nicht mehr beruhigen. Das hatte es schon seit Monaten nicht mehr gegeben. Am liebsten hätte ich alle fest umarmt, auch diese fremde Frau, die mir augenblicklich ans Herz gewachsen war.

Später unterhielt sie sich lange mit Madar und verabschiedete sich schließlich mit einem »*Call me ... if need help*« und ihrer Telefonnummer, die sie auf einem Zettel notierte.

Madar erklärte uns, dass Christa eine Sozialarbeiterin sei. Eine Gruppe, die sich für Asylbewerber einsetze, und die Stadt Lengerich hätten sie gemeinsam engagiert. Christa greife Menschen wie uns unter die Arme, deswegen habe sie auch die Wohnung geputzt. Sie komme am nächsten Morgen nochmal vorbei, um uns an einer Schule anzumelden.

Masoud Mir war, als würden wir durch eine zu groß geratene Legostadt fahren: Eine endlose Reihe von bündigen Einfamilienhäusern mit Spitzdächern zog an meinem Autofenster vorbei. Jedes von ihnen ausgestattet mit einem quadratischen Vorgarten und mathematisch präzise angelegten Pflanzen. Dazwischen tauchten immer wieder kleine Schonungen in herbstlichem Grün auf. Aber es war kaum ein Mensch zu sehen. Hier sollten wir also heimisch werden.

Ich saß mit Mojtaba und Madar in Christas Auto, die uns zu unserer neuen Schule brachte. Milad kam später auf eine andere, weswegen er in der Wohnung geblieben war. Während sich die Erwachsenen vorne unterhielten, hörte ich ihnen nur flüchtig zu. Denn ich war wie gebannt von all den neuen Eindrücken jenseits des Wagenfensters. Nicht nur die Häuser dieser neuen Welt überraschten mich, sondern auch die Autos. Seit Beginn der Fahrt hatte ich nach einem Peykan Ausschau gehalten – aber keinen einzigen erblickt. Nur ausländische Wagen! Außerdem sahen alle Fahrzeuge nagelneu aus, keines von ihnen besaß eine Delle oder war verrostet. Aber es fehlte ihnen anscheinend ein Teil: die Hupe. Im Iran war das ganz anders. Jedes Mal, wenn ich neben Pedar in unserem Peykan saß und ein Stau die Straße blockierte, brach ein dröhnendes Hupkonzert los. Hier erschien mir alles ordentlicher. Jedes Auto fuhr auf seiner Spur, alle hielten sich an die Geschwindigkeitsvorgaben und die Fußgänger blieben sogar dann an der Ampel stehen, wenn kein Auto weit und breit zu sehen war. Auf Teherans Straßen hingegen raste man in Schlangenlinien über den Asphalt, jede Lücke wurde hemmungslos genutzt, und verwegene Fußgänger schlängelten sich zwischen rollenden Klapperkisten hindurch.

Als Christa in eine Straße einbog, hörte ich Kindergeschrei. Das musste unsere neue Schule sein. Obwohl der Lärm mich an alte Zeiten im Iran erinnerte, war das hier ganz anders. Das Gelände stand völlig offen – ohne Mauern oder Zäune – und war mit Sträuchern und Bäumen begrünt. Ich sah sowohl Mädchen als auch Jungen, die miteinander spielten. Bei uns wäre das undenkbar gewesen. Wir hatten eine reine Jungenschule besucht und durften in den Pausen nicht einmal rennen. Darauf achteten die patrouillierenden Lehrer, die einen sogar gelegentlich mit einem Tritt in den Hintern bestraften, wenn man das Verbot missachtete.

Im Innern des Gebäudes war es wegen der zahlreichen Fenster so hell wie draußen. Hinter einer Tür wartete ein großer, glatzköpfiger Mann auf uns. Er stellte sich als der Schuldirektor vor und begrüßte uns mit festem Händedruck. Wir setzten uns auf Stühle um einen runden Tisch. Dann begannen Christa und er miteinander zu sprechen und Madar hörte aufmerksam zu, während Christa für sie übersetzte. Ich verstand ohnehin nichts und schaute mich lieber im Raum um. An einer der weißen Wände hing ein Gemälde mit vielen bunten Strichen, das mich an meine eigenen Kindergartenbilder erinnerte. Ich musterte es aufmerksam, aber mir erschloss sich der Sinn nicht. Bei unserem Schuldirektor hätten wir Porträts von Ayatollah

Chomeini und Ayatollah Chamenei gesehen, die einen von oben herab streng anstierten.

Die Schreie der spielenden Kinder drangen durch die Fenster. Ich konnte mich nicht entscheiden, ob ich mich auf die Schule freuen sollte. Im Iran gehörte ich zu den besten Schülern und hatte in fast allen Fächern eine Zwanzig – die höchste Note. Aber hier? Ich wusste ja nicht einmal, was ich machen sollte, wenn mich jemand im Unterricht ansprach. Ich verstand doch nichts. Zum Glück würde Mojtaba mit mir in einer Klasse sein. Er würde mir bestimmt helfen.

Unsere Blicke trafen sich und er lehnte sich zu mir herüber. Mit hochgezogenen Augenbrauen und gerunzelter Stirn zischte er: »Masoud, hast du den Schulhof gesehen? Er ist gar nicht umzäunt. Die können ohne Probleme abhauen!«

Ich deutete ihm mit der Hand an, er sollte leiser sprechen, und flüsterte ihm zu: »Nicht nur das. Hast du die ganzen Mädchen gesehen? Sie dürfen einfach so mit den Jungs rumhängen und niemand trägt eine Uniform! Die tragen sogar Klamotten, die uns der blöde Koranlehrer verboten hatte. So mit Nike- und Adidas-Zeichen drauf.« Ich deutete mit der Hand einen Streifen auf der Brust an. »Und ganz hinten gibt es einen Fußballplatz, mit großen Toren. Wir können …«, da unterbrach mich Madar mit einem eisigen Blick. Ich verstummte und setzte mich wieder gerade hin.

Nach ein paar Minuten ertönte ein Gong. Aus dem Fenster beobachtete ich, wie alle unaufgefordert ins Gebäude hineinliefen. Es gab keine Klassenreihen, keine Reden, nichts. Ganz anders, als ich das kannte: Vor dem Schulbeginn und nach den Pausen mussten wir uns entlang der markierten Linien im Schulhof aufstellen. Um einen gleichmäßigen Abstand zu haben, streckte jeder seinen rechten Arm aus und legte die Hand auf die Schulter des Vordermanns. Wir sangen die Nationalhymne, *Sorude Melli-e Iran*, und zu wichtigen Anlässen leierte ein Schüler Suren aus dem Koran herunter, was eine große Ehre für ihn darstellte. Währenddessen gingen die Aufsichtslehrer auf und ab und kontrollierten, dass keiner redete oder sich bewegte. Auch die Kleiderordnung wurde überprüft. Wenn sie einen erwischten, dessen Uniform nicht bis oben hin zugeknöpft war, holten sie ihn aus der Reihe nach vorne. Auf Anweisung schritten wir dann klassenweise in die Unterrichtsräume. Nur die Gepeinigten blieben stehen. Erst nachdem sie einen Vermerk ins Ordnungsheft erhalten hatten, durften sie zum Unterricht.

Einmal aber blieb ein Kontrolleur sogar vor mir stehen. Mein Atem stockte. Ich hatte nichts getan, mich kein Stück bewegt! Mit größter Mühe versuchte ich ihn nicht anzuschauen. Als sich eine Hand von der Seite näherte, um nach meiner blauen Uniform zu greifen, kniff ich die Augen zu und wartete darauf, gleich mit voller Wucht aus der Reihe herausgerissen zu werden. Doch es passierte nichts. Überrascht öffnete ich wieder meine Augen und bemerkte, dass er Mojtaba gepackt hatte, der hinter mir stand. Der Lehrer schubste ihn immer wieder nach vorne und gab ihm sogar einen Tritt.

Würden uns die Lehrer in Deutschland genauso behandeln? Der Schuldirektor ließ hoffen, dass es nicht der Fall war. Zum Abschied gab er uns allen wieder die Hand. Wir verließen das Gebäude und gingen zu Christas Auto. Auf der Rückfahrt erklärte uns Madar, dass wir erst in zwei Wochen, nach den Ferien, mit der Schule beginnen würden. Wir kämen in eine besondere Klasse für Ausländer, um erst Deutsch zu lernen.

Damit warteten wir aber nicht zwei Wochen. Christa schenkte uns ein Wörterbuch Farsi-Deutsch und wir lernten täglich Vokabeln. Abends fragte Madar uns ab und für jedes gelernte Wort bekamen wir fünf Pfennig.

Auch an diesem Morgen saß ich mit Mojtaba und Milad am Esstisch und schrieb fleißig in mein Vokabelheft. In die linke Spalte trug ich das persische und in die rechte das deutsche Wort ein. Obwohl ich mich sehr anstrengte, hatten die beiden die letzten Tage über mehr als ich geschafft. Ich konnte nicht begreifen, wie sie das anstellten.

Mojtaba stützte sich mit dem Ellbogen auf den Tisch und blickte streng auf Milads Heft. »Du suchst wieder nur Vokabeln raus, die sich ums Essen drehen: Torte, Wurst, Knödel.«

Milad grinste. Während er die Hand auf seinem Bauch kreisen ließ, entgegnete er voller Selbstbewusstsein: »Wir dürfen jede Vokabel nehmen. Das hat uns Madar erlaubt. Du bist ja nur neidisch, weil ich schon am meisten Geld gesammelt habe.«

»Toll«, spottete Mojtaba weiter, »und was nützen dir diese Fresswörter in der Schule?«

»Ihr lernt doch beide nur die einfachsten Vokabeln, um viel Geld zu sammeln«, versuchte ich mich zu profilieren. »Ich aber habe viele Wörter, die richtig schwierig sind. Ich sage nur: *Park-leit-sys-tem.* Jetzt seid endlich ruhig. Ich kann mich so nicht konzentrieren.«

Plötzlich war ein Bellen von draußen zu hören. »Floppy ist da!«, schrie Mojtaba. Sofort klappte er sein Heft zu, warf seinen Stift hin und sprang auf, um hinauszulaufen. Mittlerweile war der Hund zu unserem besten Spielgefährten geworden. Jeden Mittag kam Andreas, der große Hausmeister, mit ihm auf den Innenhof. Dann holten wir unseren Tennisball heraus, den wir unter einem Bett gefunden hatten. Floppy liebte es, mit dem Ball zu spielen. Mojtaba und ich stritten uns immer, wer werfen durfte.

Nun schlug auch ich mein Heft zu. »Und, kommst du heute mal mit?«, fragte ich Milad, der sich wieder ins Lernen vertieft hatte.

Er schüttelte den Kopf. »Nein, geht nur, ich bin für heute noch lange nicht fertig.«

Es war mir unbegreiflich, warum Milad nicht mit Floppy spielen wollte. Dafür konnte es nur einen Grund geben: Er dachte an Mamanis Horrorgeschichten über die unzähligen Krankheiten, mit denen Hunde angeblich infiziert seien.

Draußen wartete unser Freund schwanzwedelnd auf sein Spielzeug. Als er uns sah, begann er zu bellen und sich im Kreis zu drehen. Mojtaba ging zwei Schritte zurück, holte aus und warf den Ball mit voller Kraft. Floppy raste hinterher. Der Ball schaffte es bis zur schmalen Grünfläche auf der anderen Seite und rollte noch ein paar Meter, bis ihn der Hund mit dem Maul schnappte, in einer ruckartigen Drehung kehrtmachte und zu uns zurücklief.

Ich war nun dran und holte gerade zum Werfen aus, da bog Christas Auto um die Ecke. Madar stieg aus dem Wagen, nahm von der Rückbank zwei große, gelbe Säcke und verabschiedete sich von Christa. »Ich habe was für euch. Das werdet ihr bald für die Schule brauchen«, sagte sie stolz zu uns und ging in die Wohnung. Aufgeregt folgten wir ihr.

Im Wohnzimmer hatte Milad mit dem Lernen aufgehört und schaute interessiert zu, wie Madar die Säcke auspackte. Sie holte Kleidung und Schulranzen heraus. Erwartungsvoll streckte sie uns die Sachen entgegen, aber keiner von uns nahm sie. Die bunten Klamotten muffelten so sehr, dass ich sogar meine Nase zuhalten musste.

»Madar, die Dinger sind hässlich! Sollen wir die etwa anziehen?«, fragte Mojtaba ungläubig.

»Und sie stinken!«, ergänzte ich mit angewidertem Gesicht.

»Außerdem sind sie gebraucht«, ergriff Mojtaba wieder das Wort. »Die haben anderen Leuten gehört. Was, wenn die Besitzer abgelegtes Zeug an uns wiedererkennen? Das ziehe ich nicht an, das ist mir peinlich. Hast du nicht die Kinder auf dem Schulhof gesehen? Sie alle hatten tolle Sachen. Adidas und Nike! Und wir sollen an unserem ersten Schultag mit solchen Klamotten auftauchen? Das geht doch nicht!«

Madar schaute uns enttäuscht an. »Aber, *Batscheha*, seitdem wir uns bei *Chaleh* Laleh und *Amu* Haschem verstecken mussten, zieht ihr dieselbe Kleidung an. Sie ist mittlerweile nicht mehr sauber zu kriegen und an einigen Stellen ausgefranst. Ich habe kein Geld, um euch neue Sachen zu kaufen. Für jeden Sack musste ich fünf Mark zahlen. Mehr können wir uns jetzt einfach nicht leisten. Es tut mir leid.«

Madars trauriges Gesicht machte mir ein schlechtes Gewissen. Widerwillig griff ich nach einem grünen T-Shirt, das mir wegen seiner Farbe einigermaßen gefiel, und hielt es vor mich. Der stechende Gestank drang in meine Nase, aber ich versuchte ihn zu ignorieren. Irgendetwas musste ich ja zum ersten Schultag anziehen.

Und wieder traf ihn ein Papierkügelchen am Hinterkopf. Diesmal blieb es in seinen dünnen, grau melierten Haaren kleben. Herr Bock, so hatte er sich zu Beginn der ersten Stunde schüchtern vorgestellt, schüttelte sein Haar. Doch es brachte nichts. Das Papierkügelchen hatte sich eingenistet. Ohne sich wie die Male davor umzudrehen, um mit erhobenem Zeigefinger die Klasse zu ermahnen, schrieb er das Alphabet weiter an die Tafel. Er tat mir leid.

Im Iran wäre so etwas unvorstellbar gewesen. Wenn unsere Lehrerin reinkam, standen wir auf und begrüßten sie im Chor. Dann setzten wir uns hin und es wurde still. Die Lehrer duldeten keine Unruhe in der Klasse, doch jede von ihnen hatte ihre eigene Methode, um die Schüler ruhig zu halten. Die Netten mahnten uns bloß. Andere schickten den Störenfried raus. Aber es gab eine Lehrerin, die besonders gemein war: Sie kniff mit ihren langen Fingernägeln ins Ohrläppchen.

Wieder flog ein Papierkügelchen Richtung Herr Bock. Wieder brach die gesamte Klasse in Gelächter aus. Am liebsten wäre ich aufgestanden und hätte den umgebauten Kugelschreiber zerbrochen, mit dem der blonde Junge die vollgesabberten Bällchen schoss. Doch ich traute mich nicht. Er war älter als ich und gebärdete sich als Anführer einer Jungsclique. Außerdem: Wie hätte ich ihm etwas sagen sollen, mit den paar Wörtern Deutsch, die ich konnte?

Er war mir schon beim Reinkommen in die Klasse aufgefallen. Als Herr Bock uns den anderen vorgestellt und unsere Namen erwähnt hatte, hatte der Junge laut gelacht und Mojtaba als *Matumba* bezeichnet, worauf alle losgeprustet hatten. Seitdem wusste ich, dass wir einen großen Bogen um ihn machen sollten.

Am Ende brachte der Deutschunterricht gar nichts. Unser Lehrer war hauptsächlich damit beschäftigt, die anderen zu ermahnen. Eigentlich beachtete ihn niemand. Jeder war in seine eigene Sache vertieft. Viele unterhielten sich ununterbrochen. Aus jeder Ecke hörte man eine andere Sprache, nur nicht Deutsch.

Wie sollte man sich dabei konzentrieren? Neben mir saß außerdem ein Junge, der ständig in seiner Nase popelte und anschließend den dreckigen Finger unter dem Tisch abrieb. Vor allem widerte mich sein Gestank an. Im Vergleich dazu dufteten sogar unsere aufgetragenen Klamotten nach frischer Morgenluft. Höchstwahrscheinlich hatte seine Mutter einen noch schlechteren Sack erwischt als Madar.

Das einzig Interessante, das im Unterricht meine Neugier weckte, war ein Mädchen, das vorne rechts saß. Zum ersten Mal in meinem Leben drückte ich nicht nur mit Jungen die Schulbank. Und dieses Mädchen lief auch noch ohne Kopftuch herum. Sie hatte glatte Pausbacken und langes, blondes Haar, das mich faszinierte. Ich beobachtete sie immer wieder aus dem Augenwinkel.

Dann klingelte es und die Stunde war vorbei. Alle rannten aus dem Klassenzimmer. Auch Mojtaba und ich packten unsere Sachen und folgten den anderen in einen Raum mit großen quadratischen Tischen. Direkt nebenan befand sich eine Küche, die ich in der Größe noch nie gesehen hatte. *Kochen* war hier an der Schule auch ein Unterrichtsfach. Mojtaba und ich nahmen am Rande des Raumes Platz.

Mein streunender Blick fiel wieder auf das Mädchen, das mir gegenübersaß. Herr Bock hatte sie im Unterricht einmal mit Namen aufgerufen. Doch ich erinnerte mich nicht mehr daran. Neben ihr hockte nun wieder der gemeine Junge. Ihre Pausbacken waren gerötet und glichen Roter Bete, die wir so oft im Iran gegessen hatten. Was fand sie bloß an diesem Fiesling?

Die Tür ging auf und eine schlanke Frau trat leichtfüßig herein. Lächelnd begrüßte sie die Klasse. Komisch, diesmal wurden alle still. Schon für diese unglaubliche Leistung mochte ich die neue Lehrerin. Sie redete einige Sätze, dann standen alle auf und gingen in die Küche. Mojtaba und ich blieben sitzen. Die Lehrerin kam zu uns, stützte sich mit beiden Händen auf den Tisch und ihre Lippen begannen sich zu bewegen. Sie redete und redete, aber am Ende hatte ich nur ein einziges Wort entziffern können – *Haus*. Ihre Lippen hielten inne und sie starrte uns an. Ich schaute hoffnungsvoll zu Mojtaba herüber, aber auch er schien ratlos zu sein. Schließlich antwortete er zaghaft mit dem Satz, den wir in Münster für alle Notfälle gelernt hatten: »Ich spre-che kein Deutsch.«

Ihre Lippen zogen sich sekundenlang an den Winkeln nach oben. Dann bewegten sie sich wieder: »... *English* ...?«

Mojtaba antwortete mit einem knappen »*a little bit*«, während er seinen Zeigefinger und Daumen hochhob, als hielte er einen Radiergummi zwischen den Fingern.

Die Lehrerin bedeutete uns mit einem Nicken, ihr zu folgen. Gemeinsam gingen wir in die Küche, wo alle fleißig arbeiteten: Einer maß in einem Becher Milch, einige zerschnitten das frische Gemüse und andere standen mit ihren Töpfen vor dem Herd. Ich wäre so froh gewesen, wenn ich auch etwas zu tun gehabt hätte. Eigentlich fühlte ich mich in der Küche sicher. Seit meiner Kindheit musste ich beim Geschirrspülen und Kochen helfen. Gerne hätte ich den anderen gezeigt, dass ich etwas konnte. Stattdessen standen wir die ganze Stunde am Arbeitstisch und schauten zu.

Nach einer gefühlten Ewigkeit, kurz vor der Pause, kam die Lehrerin nochmal zu uns. Jetzt redete sie besonders langsam, betonte einige Wörter und benutzte ihre Hände zum Gestikulieren. Vermutlich ging es um eine Hausaufgabe oder was wir zur nächsten Stunde mitbringen sollten. Aber es war sinnlos. Irgendwann, als mir der Kopf schon schwirrte, gab ich auf und nickte einfach.

Endlich klingelte es und wir flüchteten aus dem Klassenraum. »Wir bringen morgen was zum Kochen mit«, sagte Mojtaba zu mir.

»Und was?«, fragte ich ihn.

»Irgendetwas, das in Deutschland gern gegessen wird.«

Als wir am nächsten Tag ein Glas Frankfurter Würstchen auspackten, ging ein Kichern durch die Reihen. Der Klassenrüpel zeigte mit dem Finger auf uns und sagte etwas, woraufhin alle in schallendes Gelächter ausbrachen. Ich hätte mich am liebsten in Luft aufgelöst. Doch erst nachdem die anderen ihre Lebensmittel ausgepackt hatten, begriffen wir: Es sollte ein gemeinsames Gericht geben und jedem war eine bestimmte Zutat aufgetragen worden. Während die anderen also zusammen an den Töpfen standen, schnippelten, rührten und schließlich gemeinsam aßen, saßen Mojtaba und ich vor einem Topf mit heißem Wasser. Es gab arme Würstchen.

Milad Es war gerade Pause und ich stand auf dem Schulhof. Um mich herum war es sehr laut. Links von mir hörte ich jemanden laufen, rechts lachten zwei Mädchen, woanders riefen Jungs wild durcheinander, doch ich ließ mich nicht von meinem Ziel ablenken: die große ausrangierte Tafel in der Ecke des Schulhofs.

Plötzlich knallte ein Fußball gegen die Tafel, gefolgt von Freudengeschrei. Ich war nicht überrascht, denn ich wusste, dass sie von der Fußballclique als Tor benutzt wurde. Den Schützen konnte ich nicht erkennen, weil ich meine Hände wie Scheuklappen ans Gesicht hielt, sodass ich nur noch einen kleinen Ausschnitt von dem Pausentrubel sah. Das Ziel meines Spiels war, möglichst ohne Zusammenstöße einen bestimmten Punkt auf dem

Hof zu erreichen. Diesmal hatte ich mir die Tafel vorgenommen.

Immer wieder durchquerten Leute mein Blickfeld. Ich durfte nicht übermutig werden und Fehler machen. Als einige Sekunden lang keine Geräusche neben mir zu hören waren, glaubte ich, dass die Luft rein war. Ich setzte mich in Bewegung: Schritt für Schritt kam ich der Tafel näher. Doch nach einigen Metern hörte ich sehr schnelle Schritte. Ich bremste abrupt, gerade noch rechtzeitig, denn ein rotes T-Shirt und braune Haare rasten an meinem Gesicht vorbei. Erleichtert atmete ich durch. Ich hatte jedoch keine Zeit zu verlieren, setzte meinen Weg unbeirrt fort, einen Schritt nach dem anderen. Endlich kam ich ohne einen weiteren Vorfall bei der Tafel an.

Gegenstand Nummer eins war erreicht. Für einen Moment genoss ich meinen Triumph, aber das Spiel war noch nicht vorbei. Seit zwei Monaten schaffte ich pro Pause mindestens zwei Ziele. Also drehte ich mich langsam um, immer auf der Suche nach einer neuen Herausforderung. Als ich den Sandkasten entdeckte, fixierte ich ihn wieder mit den Scheuklappen am Gesicht und trabte los.

Plötzlich traf mich ein schmerzhafter Schlag. Ich verlor das Gleichgewicht und konnte mich gerade noch auf den Beinen halten. Kaum hatte ich die Hände von den Augen genommen, sah ich Sascha. Er war in meiner Klasse und verpasste niemals eine Gelegenheit, mich zu schikanieren. Jetzt standen kleine Schweißperlen auf seiner Stirn, denn er gehörte zu der Fußballclique. Auf seine Anweisung hin ließen die Jungs mich nicht mitspielen.

»Türke, bist du dumm?«, fauchte er mich an. »Guck, wohin du läufst!« Er fing an zu lachen, als hätte er einen Witz gemacht.

»Ich komme Iran.«

»Das heißt: ›Ich komme *aus dem* Iran‹, Türke.«

Ich antwortete nicht, denn er würde sich ja doch nur weiter über mein schlechtes Deutsch lustig machen. Als ich ihm den Rücken zuwandte und weggehen wollte, packte er mich fest am Arm: »Ich rede mit dir!«

Mit aller Kraft zog ich meinen Arm zurück und lief davon. Zum Glück ertönte in diesem Moment die Klingel und ich tauchte in den Tumult der ins Schulgebäude strömenden Schüler unter.

In der Klasse angekommen, hatte unsere Lehrerin bereits das große Geodreieck auf das Pult gelegt. Mir fiel ein, dass wir jetzt Mathe hatten. Ich freute mich riesig: Mathematik hatte schon im Iran zu meinen Lieblingsfächern gehört und hier war es das einzige Fach, in dem ich gut war. Zwar verstand ich nicht alles, was gesagt wurde, aber die Rechenaufgaben konnte ich immer lösen.

Wir behandelten gerade Bruchrechnung und die Lehrerin begann den Unterricht mit einigen Übungen, die sie an die Tafel schrieb. Schon nach wenigen Minuten hatte ich alles gelöst, während die meisten meiner Mitschüler noch tief im Zahlendschungel versunken waren. Michael saß neben mir und sah mich fragend an. Er war nicht besonders gut in Mathe und ich verstand, was er wollte. Also schob ich mein Heft etwas in seine Richtung. Er lächelte mich an und gab ein kurzes »Danke« zurück.

Die restliche Stunde verflog im Nu. Als die Klingel ertönte, trödelte ich absichtlich herum. Wir hatten Schulschluss und ich wusste, was mich auf dem Heimweg erwartete. Jeden Tag fuhr ich mit dem Bus nach Hause und zu meinem Pech nahm Sascha dieselbe Linie und stieg sogar an derselben Haltestelle aus.

Heute setzte ich mich ganz nach vorn in die Nähe des Fahrers, weil Sascha und sein Freund immer die letzte Reihe für sich beanspruchten. Was konnte ich bloß tun?

Schon oft hatte ich in Betracht gezogen, meine Lehrerin um Hilfe zu bitten. Aber jedes Mal, wenn ich vor ihr stand, verlor ich den Mut und bekam keinen Ton heraus. Außerdem befürchtete ich, dass mich Sascha danach noch mehr schikanieren würde.

Als der Bus schließlich anhielt, sprang ich schnell heraus. Doch schon nach wenigen Schritten war Saschas Stimme zu hören: »Hey, du! Läufst du vor mir weg?«

Ich wusste, dass er mich meinte, und blieb stehen. Meine Brust hob und senkte sich heftig bei jedem Atemzug. Dann drehte ich mich – zu meiner eigenen Überraschung – langsam um.

»Lass mich in Ruhe!«

»Und wenn nicht? Was willst du machen?«

Ich wusste nicht, was ich antworten sollte, also wiederholte ich es nochmal: »Lass mich in Ruhe!«

Sascha hob ruckartig seine Hand und ich sah, dass er ein Trinkpäckchen in den Fingern hielt. Aber es war schon zu spät. Er drückte fest zu und der Inhalt spritzte mir ins Gesicht.

In diesem Moment war es, als ob mein Körper ganz allein die Antwort auf all die Fragen gab, die ich mir zuvor im Bus gestellt hatte. Mit aller Kraft versetzte ich Sascha einen wuchtigen Stoß. Er taumelte einige Schritte nach hinten, stolperte und landete verdutzt auf dem Boden. Ich war verblüfft über meine Stärke, denn Sascha war etwas größer als ich. Er blieb sitzen und stierte mich an. Sein Blick verriet, dass er genauso überrascht war wie ich.

Ich klaubte meinen restlichen Mut zusammen und wiederholte diesmal laut und bestimmt: »Lass. Mich. In. Ruhe!« Dann drehte ich mich um und machte mich auf den Heimweg.

Es kam mir vor, als schwebte ich über dem Boden.

Meine Beine trugen mich mit großen Schritten nach Hause, beflügelt von dem Bild, wie Sascha hilflos auf dem Boden lag. Es war berauschend! Mich befeuerte außerdem der Gedanke, dass unsere Klassenlehrerin bald Empfehlungen für uns aussprechen würde, denn die vierte Klasse war fast vorbei. Ich würde auf eine neue Schule kommen; welche das sein würde, war mir egal, Hauptsache weg von meinem Peiniger.

Langsam beruhigten sich meine Schritte. Jetzt, wo mein Puls sich gelegt hatte, wurde mir klar, dass ich Sascha morgen wieder begegnen würde. Ich hatte ihn geschubst und er würde das nicht so schnell vergessen. Wie sollte ich mich morgen wehren? Sollte ich Masoud, Mojtaba und Madar davon erzählen? Mir fiel ein, wie sich Mojtaba einmal im Iran mit einem anderen Jungen gerauft hatte und mit einer blutigen Nase nach Hause gekommen war. Madar war richtig wütend auf ihn gewesen. Mit schlurfenden Schritten kam ich daheim an. Doch anstatt hineinzugehen, begab ich mich auf den Hof und setzte mich auf die verrostete Schaukel in der Ecke. Einige Minuten lang starrte ich auf den fahlen Boden. Ich vermisste unser Zuhause im Iran und meine Freunde. Früher hatte ich mich in der Schule niemals so einsam gefühlt.

Plötzlich rollte ein Tennisball vor meine Füße. Floppy, der riesige Hund vom Hausmeister, bäumte sich mit offenem Mund und heraushängender Zunge vor mir auf. Für einen Moment wurde ich fast panisch, weil ich glaubte, er wollte mich beißen. Doch dann schubste Floppy den Ball mit seiner Nase noch ein Stückchen näher. Ich blickte in seine großen Augen, die verspielt, aber trotzdem ganz gelassen zurückschauten. Komischerweise wurde mir dadurch leichter ums Herz. Wenn ich es geschafft hatte, mich gegen Sascha zu wehren, dann brauchte ich auch jetzt keine Angst zu haben. Ich hob den Ball auf, woraufhin Floppy freudig mit dem Schwanz wedelte. Ich holte weit aus und warf den Ball über den Hof. Bevor ich es gemerkt hatte, war Floppy losgesprintet. Der Ball hatte noch nicht den Boden berührt, da sprang er hoch und packte ihn. Mit der Beute im Mund machte er kehrt und rannte gradewegs zu mir. Er ließ den Ball vor meine Füße fallen und hüpfte auf und ab, als könnte er es kaum abwarten, wieder loszurasen.

4

Ein Spiel mit dem Feuer

Masoud Die Hitze der Flammen wärmte mein Gesicht. Ich fuhr mit der Hand über meine Wangen. Sie waren glühend heiß. Auf einer Bank lehnte ich mich ein wenig zurück und beobachtete Milad und Mojtaba, die sich auf der anderen Seite der Feuerstelle hingehockt hatten und mit Stöcken spielten. Sie sahen aus wie Magier, die es vermochten, Flammen zum Tanzen zu bringen. Mit ihren glühenden Zauberstäben zeichneten sie Figuren in den Himmel, die augenblicklich zu den Sternen hin verrauchten.

Das erinnerte mich an unsere Abende in Schahmirzad. Als ich das letzte Mal vor einem Feuer stand, waren wir im Landhaus unserer Großeltern zu Besuch. Vor uns hatten baumhohe Flammen gelodert, die das Abfallholz der gestutzten Obstbäume in Asche verwandelten.

Etwas weiter weg am Esstisch war ein Mädchen, zu dem ich immer wieder hinüberschielte. Sie hieß Carina und stand mit ihren Eltern vor den reichlich mitgebrachten Salaten, Broten und Massen an Grillfleisch. Madar hatte sich zu ihnen gesellt und nippte an einem Sektglas. Es war neu, dass unsere Mutter Alkohol trank. Im Iran war das streng verboten. Schon vorher hatte sie mich überrascht, als sie Carinas Vater mit einem Kuss auf die Wange begrüßte. Bislang hatte ich noch nie gesehen, wie sie einen fremden Mann küsste. Aber Madar schien das gar nicht zu stören.

Seitdem unsere Sozialarbeiterin und mittlerweile Freundin, Christa, sie mit zur Flüchtlingshilfe genommen hatte und Madar sich dort einbrachte, hatte sie viele Bekanntschaften gemacht. So wie an diesem Abend, an dem Carinas Eltern eine Feier zum Jahrestag der Gründung der Flüchtlingshilfe veranstalteten und dazu alle Mitglieder und ihre Familien eingeladen hatten.

Obwohl ich die meisten nur vom Sehen kannte, fühlte ich mich hier wohl. Ihre Warmherzigkeit erinnerte mich an unsere Familie im Iran. Sie waren hilfsbereit und unterstützten uns, wo sie konnten. Auch heute hatte uns Carinas Vater bei der Begrüßung mit einer tollen Nachricht überrascht: Er hatte irgendwo einen alten Fernseher aufgetrieben, den er morgen vorbeibringen würde.

Was für ein Zufall, dachte ich mir, dass ich ausgerechnet mit seiner Tochter zusammen die fünfte Klasse besuchte. Vorher hatte ich sie nur ein paar Mal bei Veranstaltungen von der Flüchtlingshilfe gesehen. Aber jetzt fuhren wir sogar gemeinsam mit dem Fahrrad zum Unterricht. Das verdankte ich allein Madar und Christa.

Nach einem knappen Jahr Hauptschule waren Mojtaba und ich auf die Realschule gekommen. Dieser Wechsel war jedoch keineswegs so leicht gewesen, wie wir es uns gedacht hatten. Weder unser alter Lehrer noch der Schuldirektor hatten sich über unsere Absicht sonderlich begeistert gezeigt, denn sie waren der festen Überzeugung, dass wir es nach dieser kurzen Zeit in Deutschland nicht schaffen würden. Nur dank Madars und Christas Hartnäckigkeit gelang es, diese Mauer der Skepsis zu durchbrechen: Unsere Mutter übernahm mit ihrer Unterschrift die Verantwortung für den Wechsel. Christa vertraute uns blind und überzeugte die neue Schule von unseren Fähigkeiten. Bei Milad lief es nicht viel anders. Nach der Empfehlung seiner Grundschullehrerin sollte er das Gymnasium besuchen, doch auch er traf dort auf überraschte Gesichter und erneut musste sich Christa für ihn starkmachen.

Madar legte zwar schon immer großen Wert auf unsere Bildung. Aber ich hatte das Gefühl, dass es für sie in Deutschland noch wichtiger geworden war. Sie betonte immer wieder, dass wir in dieser Gesellschaft nur einen Platz finden könnten, wenn wir in der Schule gut seien. Auf unsere Unzufriedenheit in der Auffangklasse hatte sie schnell reagiert und sich von Christa und ihren Bekannten beraten lassen. Als sie schließlich erfahren hatte, dass es für uns am besten sei, die Schule so bald wie möglich zu wechseln, war sie von ihrem Entschluss nicht mehr abzubringen.

So kam der Schulwechsel und veränderte vieles: Ich besuchte nun eine normale Klasse und erhielt denselben Unterricht wie alle anderen Schüler. Und obwohl ich freiwillig anstatt in die Siebte in die Fünfte ging, erwies sich der Einstieg als sehr schwierig. Anfangs konnte ich weder den Lehrern noch meinen Mitschülern folgen und ging jeden Mittag mit einem dröhnenden Kopf nach Hause.

Doch die grundlegendste Veränderung war, dass Mojtaba und ich getrennte Klassen besuchten. Zum ersten Mal in meinem Leben war ich alleine – ohne Mojtaba. Nie zuvor hatte ich so viele Stunden ohne ihn verbracht. Seit unserer Geburt wuchsen wir gemeinsam auf: Wir besuchten zusammen den Kindergarten, die Vorschule, gingen dann in dieselbe Grundschulklasse, hatten dieselben Freunde und spielten dieselben Spiele. Nun verbrachte ich den halben Tag ohne ihn. Wir hatten unterschiedliche Lehrer, unterschiedliche Mitschüler, unterschiedliche Hausaufgaben und bald auch unterschiedliche Freunde.

Jeden Morgen, wenn ich mich von ihm verabschiedete, kam es mir vor, als würde ich einem Teil von mir Lebewohl sagen. Im Unterricht fühlte ich mich unvollständig. Als wäre ich aus dem Haus gegangen und hätte dort etwas sehr Wichtiges vergessen. Ich fragte mich, wie *er* sich wohl dabei fühlte.

Es gab aber auch Vorteile: Ich konnte viel Zeit mit Carina verbringen. Sie war die erste Person, mit der ich mich angefreundet hatte. Im Unterricht saß sie mir gegenüber. Immer, wenn unsere Augen sich trafen, lächelte sie mich an. Anfangs wusste ich nicht recht, wie ich darauf reagieren sollte. Manchmal ignorierte ich sie einfach. Vor den übrigen Mitschülern schämte ich mich für mein schlechtes Deutsch, aber in ihrem Fall verunsicherte mich noch etwas ganz anderes: Nie zuvor hatte ich wirklich mit einem Mädchen zu tun gehabt. Wenn ich neben ihr stand, wusste ich nicht, worüber sie gerne redete oder was sie gerne unternahm. Bislang waren all meine Freunde Jungs gewesen. Wenn wir uns getroffen hatten, spielten wir entweder Fußball oder Verstecken. Mit Carina war das anders, mit ihr konnte ich so etwas irgendwie nicht machen.

Im Unterricht schrieben wir uns Briefe. Ihre Freundin war dafür zuständig, die Nachrichten weiterzuleiten. In meinem ersten Brief brachte ich ganze drei Zeilen voller haarsträubender Fehler zusammen: »Hallo Carina. Ich finde dich schön. Du bist ser net zu mir. Ich mag dich fiel!« Doch das störte sie anscheinend nicht, denn in einem ihrer Zettelchen stand, dass auch sie mich sehr gerne mochte. Heute Abend hatte sie mich zur Begrüßung sogar umarmt.

Plötzlich platzte im Feuer etwas lautstark auf, und

ein Funke stieg hoch zu den Sternen. Carina stand immer noch vor dem Buffet und belud jetzt ihren Teller mit Speisen. Leicht nach vorne gebeugt, überdeckten die blonden glatten Haare ihr Gesicht. Jede kleinste Bewegung wirbelte den goldenen Vorhang beiseite und ließ ihre Schönheit durchschimmern. Nachdem sie fertig war, drehte sie sich um und kam geradewegs auf mich zu. Ohne etwas zu sagen setzte sie sich auf die Bank. Vor Freude und Anspannung zuckte mein Körper unmerklich zusammen. Ich war wie elektrisiert. Sie hingegen aß wortlos von ihrem Teller. Irgendwie musste ich das Schweigen brechen. Also raffte ich all meinen Mut zusammen und wandte mich ihr zu: »Kann ich bitte einen Wurst haben?«

Sie fing an zu lächeln und sagte knapp: »Das heißt *eine* Wurst.«

Verschämt blickte ich zurück ins Feuer.

Milad »Hey ihr zwei!« Madar stand plötzlich neben mir. »Kommt tanzen!«

»Keine Lust!«, erwiderte ich. Mojtaba, der links von mir saß, schien auch nicht in Stimmung zu sein und schüttelte nur den Kopf. Madar zuckte kurz die Achseln und ging wieder zu der eigenartig tanzenden Menge zurück. Für einen kurzen Moment konnte ich mir ein Grinsen nicht verkneifen, weil ich mir die Masse als Wackelpudding vorstellte, der hin und her wabbelte.

»Mojtaba, was glaubst du, wann Pedar kommt?«

»Ich weiß es nicht.«

»Denkst du, er wird es hierher schaffen?«

»Bestimmt. Mach dir keine Sorgen.«

Ich schaute wieder ins Feuer und meine Gedanken wanderten zum seltsamen Brief Pedars.

Heute Mittag war ich – wie so oft – mit einem Stück Fleisch, das ich vom Essen zur Seite gelegt hatte, zum Hausmeister gelaufen. Floppy kannte unser Ritual gut und sprang mich direkt an, um sich augenblicklich den Leckerbissen zu schnappen. Ich streichelte seinen Hals, während er genüsslich kaute. Andreas, der Hausmeister, schüttelte schmunzelnd seinen Kopf. »Du verwöhnst ihn. Das ist nicht gut.«

»Er mag Fleisch.«

»Ich mag auch Fleisch«, antwortete er lächelnd. »Soll ich dir heute wieder bei deinen Hausaufgaben helfen?«

»Heute nicht. Kein Deutsch heute.«

»Hast du den Aufsatz, den wir gestern zusammen geschrieben haben, vorgelesen?«

»Ähm. Ich … Nein. Hatte Angst. Aber abgegeben.« Ich schämte mich, weil Andreas sich so viel Mühe gegeben hatte.

»Macht doch nichts! Nächstes Mal vielleicht«, sagte er aufmunternd. »Ich habe etwas für euch.« Er hielt mir einen Umschlag hin, der mit persischen Buchstaben beschriftet war. Ich erkannte die Handschrift sofort.

»Pedar!« Noch bevor Andreas reagieren konnte, packte ich den Brief und rannte blitzschnell zurück zu unserer Wohnung. Alle saßen entspannt am Mittagstisch.

»Pedar hat uns einen Brief geschrieben!« Meine Brüder sprangen sofort auf. Nur Madar blieb sitzen. Ich öffnete den Umschlag und fing an zu lesen, doch ich konnte seine Handschrift schwer entziffern und stotterte herum.

»Gib schon her!«, sagte Masoud ungeduldig und riss mir den Zettel aus der Hand. Er fing an laut vorzulesen:

Ein Pedar und sein Sohn sitzen im Bus nebeneinander. Der Sohn kratzt sich ununterbrochen an der Mütze.

»Asisam, wieso kratzt du die ganze Zeit deine Mütze?«

»Tschikar konam, mein Kopf juckt.«

»Na dann nimm doch die Mütze ab!«

»Pedar, wenn dein Popo juckt, ziehst du ja auch nicht die Hose runter.«

»Hä?« Ich wusste nicht, ob ich lachen sollte. »Ein Witz?«

Masoud und Mojtaba waren genauso ratlos. Mit einem Lächeln nahm Madar den Zettel und sagte geheimnisvoll: »Da steckt mehr drin.«

Bevor ich nachfragen konnte, was sie damit meinte, war sie in die Küche verschwunden. Kurz danach kam sie mit einer brennenden Kerze zurück. Sie stellte die Kerze auf den Tisch und hielt den Zettel über die Flamme. Für einen Moment wollte ich zupacken, weil ich dachte, dass er Feuer fangen würde. Doch Madar bewegte den Brief hin und her, sodass die Hitze an keiner Stelle zu stark wurde. Und wie durch Magie wurde langsam eine dunkle Schrift sichtbar, die sich zwischen den ursprünglichen Textzeilen versteckt hatte.

»Das wurde mit Zitronensaft geschrieben. Das ist unsere Geheimschrift. Man weiß nie, wie oft der Brief auf dem Weg hierher geöffnet wird.«

Dieser coole Trick machte mich noch neugieriger auf das, was Madar nun vorlas:

Salam Asisanam,
wie geht es euch? Die Dinge hier laufen nicht so, wie ich es mir wünsche. Ich konnte meine Flucht noch nicht organisieren.
Neda – die Helferin von der Flugblattaktion – ist immer noch nicht auf freiem Fuß und die Pasdaran verweigern jede Auskunft. Hoffentlich lebt sie noch. Ich bin froh, dass ihr in Sicherheit seid.
Mibusametun – Ich küsse euch.

Als Madar zum Ende kam, konnte ich meine Enttäuschung nicht verbergen. »Das war's?«

»Kein Wort darüber, wann er kommt«, fügte Mojtaba missmutig hinzu.

»Er wird schon bald einen Weg finden, hierherzukommen«, antwortete Madar wenig überzeugend.

Der Brief machte mich traurig. Insgeheim hatte ich mir in den letzten Monaten Hoffnungen gemacht, dass Pedar hier vielleicht mehr Zeit mit uns verbringen könnte. Im Iran hatte er in der Woche von morgens bis spät in die Nacht gearbeitet, sodass er nie wusste, wie es uns in der Schule ging. Hier würde bestimmt alles besser. Da war ich mir sicher.

Doch nun wussten wir noch nicht einmal, wann er überhaupt bei uns sein könnte.

Mojtaba Ich blickte herunter auf den Stock in meiner Hand. Wut ließ meine Finger kribbeln und ich packte noch fester zu. Ruckartig hob ich die Hand und rammte die glühende Spitze des Stockes in den Boden. Das pulsierende Glimmen verschwand unter der Erde und Rauch schlängelte sich Richtung Himmel.

Wieso verhielt sich Masoud bloß so? Er machte sich lächerlich. Wie ein unterwürfiges Haustier starrte er Carina an, statt hier bei Milad und mir zu sitzen. Dass Madar viel Zeit mit Carinas Eltern verbrachte, verstand ich ja. Sie waren nett und versuchten uns zu helfen. Aber Carina ... Ich ertrug es nicht mehr und warf den Stock ins knisternde Feuer.

»Milad, kommst du mit? Ich muss mir die Beine vertreten.«

»Nicht jetzt«, antwortete er ohne mich anzusehen.

Seine Augen fixierten einen Ast, dessen Spitze er in die züngelnden Flammen hielt, damit sie sich entzündete.

»Hör doch endlich mit dem Kinderkram auf! Ich wollte mit dir reden!«

Er schaute mich verwundert an. »Über was denn?«

Über Masoud, lag mir auf der Zunge, doch ich zögerte. Schließlich hauchte ich nur: »Ach, nichts. Ist nicht so wichtig«, und wandte mich schnell von ihm ab. Es hatte keinen Sinn, mit ihm zu reden. Was ich zu sagen hatte, musste Masoud selbst hören. Früher gab es auch keine Geheimnisse zwischen uns, wir waren wie offene Bücher füreinander; wieso sollte es jetzt anders sein?

Während ich diese Frage innerlich wiederholte, ging ich zu Masoud herüber. Carina wollte ich absichtlich keine Beachtung schenken, weshalb ich ihn auf Persisch ansprach: »*Miyay Piaderawi?*« – Kommst du mit spazieren?

Er überlegte kurz, dann nickte er zustimmend und stand auf. Alles richtig gemacht, lobte ich mich. Freude stieg in mir auf und ich schlang meinen Arm um Masouds Hals. Ich wollte schon loslaufen, doch er hielt dagegen, drehte sich zu Carina und nahm ihre Hand. Sie sollte mitkommen.

Die beiden gingen voran und mit widerwilligen Schritten zuckelte ich hinterher – allerdings mit zwei Metern Abstand. Es war eine sternlose Nacht, deren Dunkelheit nur vom Licht der Laternen durchbrochen wurde. Ich wünschte mir einen Stromausfall herbei, wie er alle paar Monate ganz Ekbatan überzogen und in eine schwarze Maske gehüllt hatte. Dann müsste ich nicht mehr den Anblick der beiden vor mir ertragen, nicht mehr zusehen, wie sie Schulter an Schulter über die Straße schlenderten.

In mir tobten wüste Fragen: Mochte Masoud mich

etwa nicht mehr, seitdem wir getrennte Klassen besuchten? Warum fuhr er morgens lieber mit ihr zur Schule als mit mir? Hatte ich etwas Falsches getan? Wenn ja, wieso sagte er es mir nicht? Ich wollte ihm gestehen, dass ich ihn vermisste. Und ich konnte mir nicht vorstellen, dass ich ihm nicht auch fehlte. Aber *sie* war ja noch da. Sie, sie, sie. Sie war schuld! Sie hatte sich zwischen uns geschoben! Sie hatte ihn verhext! Ich wäre am liebsten losgelaufen, hätte Masouds Hand gepackt und wäre mit ihm in die Dunkelheit verschwunden. Aber ... ich tat nichts. Schritt für Schritt folgte ich ihnen in der Hoffnung, dass mein beredtes Schweigen all diese Fragen in Masouds Ohr flüstern würde, ihm erzählen würde, was mir auf der Seele lastete.

Wir erreichten ein dicht bewachsenes Kornfeld. Die ordentlich aneinandergereihten Ähren bildeten eine Decke, durch die der sanfte Wind kleine Wellen rollte. Carina zog an Masouds Hand und zerrte ihn in das Feld. Ich befürchtete, sie würden gleich darin verschwinden und rief: »*Mano tanha misari!*« – Du lässt mich allein!

»Komm doch mit«, antwortete Masoud knapp.

»*Faramusch kon!*« – Vergiss es! Und schon wurde er nach unten gezogen.

Unentschlossen trat ich von einem Fuß auf den anderen. Sollte ich einfach weggehen? Vielleicht würde sich Masoud doch für mich entscheiden und zurückkommen. Ich würde noch ein wenig warten, nahm ich mir vor, doch im selben Augenblick hörte ich Carinas Kichern, das wie eine feine Nadel in mein Fleisch stach. Wie verrückt rannte ich los. Ich lief und lief ohne ein Ziel. Gedanken wirbelten durch meinen Kopf und trieben mich an wie eine Horde bissiger Hunde. Ich raste an dunklen Häusern vorbei, bog in eine unbebaute Seitengasse ab und erreichte den Waldrand. Ohne anzuhalten schlug ich die Richtung eines finsteren Trampelpfads ein. Zwischen Bäumen und Sträuchern hörte ich mein hastiges Stampfen. Plötzlich stolperte ich über eine hervorstehende Wurzel und fiel der Länge nach hin. Keuchend rappelte ich mich auf und setzte mich auf den feuchten Boden. Ein stechender Schmerz durchzuckte mein aufgeschürftes Knie. Doch das interessierte mich nicht. Masouds Verhalten verletzte mich viel mehr. Ich fühlte mich verraten. Wie konnte er sich nur mit Carina abgeben? Sie war erst zehn, zwei Jahre jünger als wir, und lebte in ihrer makellosen Welt – wie all die anderen aus unseren Klassen. Keiner von ihnen verstand auch nur ein einziges unserer Probleme. Ich würde niemals vergessen, wie sie am ersten Schultag auf mein Gesicht gezeigt und gelacht hatten. Zunächst hatte ich keine Ahnung, warum sie das taten, doch dann wurde mir schnell bewusst, dass sie über meinen Schnurrbart aus dünnem Flaum spotteten. In der großen Pause malten sich einige Jungs die Oberlippen an und liefen mir kichernd hinterher. Masoud war bei mir gewesen – wie konnte er das vergessen? Und es gab noch mehr, woran er sich erinnern müsste. Im Sportunterricht glotzten sie meine behaarten Beine an und ahmten Affenschreie nach. Seitdem trug ich nur noch lange Sporthosen, auch wenn ich darin total schwitzte. Keines der Blagen hatte die geringste Ahnung, was wir durchmachen mussten. Sie hatten ja ihre Familien, ihre Freunde und ein perfektes Zuhause. Wir hatten nur uns selbst. Nicht einmal unser Vater war da. Am liebsten hätte ich seinen Brief von heute mitgenommen und der gesamten Klasse laut vorgelesen, aber sie würden ihn ja sowieso nicht verstehen. Sie verstanden gar nichts, nichts von unserem Leben.

Am nächsten Morgen klopfte es an unserer Wohnungstür. Ich machte auf und Carinas Eltern grüßten mich. Zu zweit trugen sie einen klobigen Fernseher, der zwar älter, dafür aber um einiges größer war als unser Gerät im Iran. Ich war aufgeregt und freute mich auf die ersten Bilder, die über die Scheibe flimmern würden – nicht so sehr, weil ich das Fernsehprogramm vermisste, sondern vor allem, um in der Schule mitreden zu können.

Wir gingen ins Wohnzimmer und stellten den Kasten auf zwei Holzstühle, die wir aneinandergerückt hatten. Alle umzingelten das Gerät und wandten den Blick nicht davon ab, als könnte das Ungetüm jeden Moment davonlaufen. Auf einmal hörte ich hinter mir eine Stimme, die mich erstarren ließ. Carina. Niemand hatte mir gesagt, dass sie mitkommen würde. Ich drehte mich nicht um und tat so, als hätte ich nichts gehört. Masoud jedoch sprang auf und lief zu ihr. Plötzlich fühlte ich mich erneut ganz allein am Kornfeld stehen, wütend und einsam. Mein aufgeschürftes Knie begann zu zwicken und ich wäre am liebsten wieder losgerannt, aber dieses Mal saß ich in der Falle. Ich konnte nicht weg, denn Carinas Eltern mochte ich und sie würden es bestimmt falsch verstehen. Mir blieb also nichts anderes übrig, als zu hoffen, dass sie von sich aus schnell wieder verschwanden.

Doch als hätten sich alle gegen mich verschworen, fragte Madar, ob sie nicht zum Tee bleiben wollten. Ich und diese Blondine an einem Tisch – ich hätte ganz bestimmt keinen Schluck herunterbekommen. Ihre Eltern warfen sich Blicke zu und nickten verstohlen. Ich wähnte schon mein Schicksal besiegelt, da funkte Carina dazwischen: Aus dem Augenwinkel konnte ich beobachten, wie sie hastig am Ärmel ihres Vaters zupfte und ihn dazu bewegte, ihr in die Küche zu folgen. Dann stellte sie sich auf die Fußspitzen und flüsterte ihm etwas zu – doch sie sagte es so laut, dass ich es problemlos verstand: »Ich will nicht bleiben. Es ist so dunkel hier – vor allem diese hässlichen Tapeten!« Im selben Moment sah ich, wie Masouds Gesicht zu einer ausdruckslosen Maske erstarrte. Natürlich hatte er es auch gehört, schließlich stand er noch näher bei ihr als ich.

Es kam, wie Carina es sich gewünscht hatte. Sie verabschiedeten sich, die Wohnungstür fiel zu und der Schlag hallte durch das Schweigen, das sich zwischen uns breitgemacht hatte. Eigentlich sollte ich mich über ihren schnellen Abgang freuen, aber Masouds aufgelöste Miene bedrückte mich. Sie erinnerte mich an früher: Vor vielen Jahren war Masoud zum ersten und letzten Mal von Pedar geohrfeigt worden. Er hatte in der Wohnung Fußball gespielt und eine Fensterscheibe zerschossen. Pedar schlug uns nie, aber an dem Tag war er schon ziemlich frustriert von der Arbeit gekommen und verlor die Geduld, als das Glas klirrend zerbarst. Die Ohrfeige hatte Masoud gelähmt. Damals hatte ich ihn an die Hand genommen und wir versteckten uns unter unserem Bett. Während ich dort tröstend seinen Kopf streichelte, waren ihm stille Tränen über die Wangen gekullert.

Heute, viele Jahre später und an einem völlig anderen Ort, sah ich wieder jenes Gesicht vor mir. Ich musste etwas tun. Ihm zeigen, wie sehr ich ihn mochte. Also sauste ich zum Kleiderschrank im Schlafzimmer, holte einen kleinen Leinenbeutel heraus, in dem ich mein gespartes Geld aufbewahrte, und leerte ihn auf das Bett. Ich zählte zweiundzwanzig Mark. Zu wenig. Hätte ich doch fleißiger Vokabeln gelernt. Dann rannte ich zu Milad, der täglich eine ganze Mark für die neu erlernten Wörter bekommen hatte. Aber er wollte mir nichts leihen, bevor ich ihm nicht von meinem Plan erzählte. Verschwörerisch weihte ich ihn ein und nahm ihm das Versprechen ab, kein Wort zu verraten.

Ich sprang auf mein Fahrrad und raste in die Stadt. Die Rückfahrt gestaltete sich schleppend, denn mein Gepäckträger war voll bepackt. Endlich wieder in der Wohnung angekommen, lud ich schweißgebadet meine gewichtige Fracht vor den überraschten Gesichtern von Madar, Milad und, ganz besonders, Masoud ab: einen Eimer weißer Wandfarbe sowie dazu passende Pinsel und Farbrollen. Alle wussten, was zu tun war.

Kurz darauf sahen wir aus wie eine Kinderhorde, die vier Wände zur freien Verfügung hatte und sich darauf austoben konnte: Unsere Pinsel vollführten Schwünge in der Luft, die Rollen wirbelten über die Wand, die Farbe spritzte und versah uns mit wilden Sprenkeln und Tupfen. Wir hatten zwar kein fröhliches Orange, kein lebendiges Grün, wir pinselten keine ulkigen Figuren an die Wand – und dennoch war es die schönste Malstunde meines Lebens.

Am Ende lächelte uns das Wohnzimmer in einem strahlenden Weiß an. Alle sahen zufrieden aus. Masoud legte seinen Arm um meine Schultern und zog mich an sich. Es war wie eine Erlösung.

Masoud Ich starrte auf die Wand, die wir vor einigen Wochen gestrichen hatten. Wie sehr hatten wir uns ins Zeug gelegt, um das Zimmer heller und freundlicher zu machen. Damit es mir nicht peinlich sein müsste – damit Carina sich bei mir wohlfühlte. Doch alles umsonst. Das zwischen ihr und mir war endgültig vorbei.

Wenige Tage nach unserem kleinen Zerwürfnis hatten mich Carinas Eltern zum Mittagessen eingeladen. Es gab

Kartoffelauflauf – und eine Überraschung zum Nachtisch. Etwas, wovon ich niemals geträumt hatte: Sie fragten mich, ob ich mit ihnen nach Südfrankreich in den Urlaub fahren mochte. Für sämtliche Kosten würden sie aufkommen. Ich traute meinen eigenen Ohren nicht. Ich? Carina? Südfrankreich? Urlaub? Das klang unglaublich. Ich hätte am liebsten sofort zugesagt, doch zuerst wollte ich den anderen von dieser tollen Nachricht erzählen und Madar um Erlaubnis bitten. Sie würde sicherlich nichts dagegen haben.

Um keine Zeit zu verlieren, schnappte ich mir gleich mein Fahrrad und strampelte so schnell ich konnte nach Hause. Keuchend kam ich an, riss die Tür auf und rannte ins Wohnzimmer. Aber irgendetwas stimmte nicht: Milad, Mojtaba und Madar saßen stumm da. Auf dem Esstisch lag ein dicker Brief, der sehr offiziell aussah. Ein erster Blick auf den Briefkopf verriet sofort, worum es ging. Wir hatten endlich eine Antwort vom Bundesamt erhalten, das darüber entschied, ob wir in Deutschland bleiben durften. Noch schnaufend von der Fahrradfahrt, beugte ich mich vorsichtig über den Brief und versuchte herauszufinden, was drinstand. Ich hatte immer noch große Probleme mit meinem Deutsch, aber eines verstand ich sehr gut: »ASYLANTRAG ABGELEHNT.«

Diese eine Zeile löste in mir eine panische Angst aus. Mussten wir nun Deutschland verlassen? Und: Warum hatten sie uns abgelehnt? Ich schaute Madar erwartungsvoll an, doch ihr leerer Blick erschütterte mich noch mehr. Das Einzige, das sie herausbrachte, war, dass sie Christa Bescheid gegeben habe und sie bald hierherkomme. Ich konnte nicht so lange warten. Noch vor einer Minute hatte ich mich auf den Urlaub mit Carina gefreut, jetzt wusste ich nicht einmal, ob wir hierbleiben durften.

Ich schnappte mir das Wörterbuch aus dem Schlafzimmer und machte mich ans Übersetzen. Der Brief war in einer völlig unverständlichen Sprache verfasst und hatte zig Seiten. Ich begann mit dem Fettgedruckten. »... aufgefordert ... Deutschland ... 1 Monat ... verlassen ... in den Iran ... abgeschoben ...«

Den Sinn der Wörter begriff ich zwar, aber ich wollte sie einfach nicht wahrhaben. Wir konnten doch nicht zurück. Sie würden Madar ins Gefängnis stecken und uns jahrelang voneinander trennen. In diesem Augenblick klopfte es an unserer Tür. Christa war da! Madar hastete zu ihr und umarmte sie so fest, als wollte sie sie nie wieder loslassen. Ich rief ungeduldig »1 Monat ... abgelehnt ... nur 1 Monat ...«. Doch Christa ließ sich nicht aus der Ruhe bringen. Sie setzte sich an den Esstisch und las den Brief. Einige Zeit verging, bis sie uns wieder anschaute. In bedächtigem Ton sagte sie: »Keine Sorge, ich kenne einen Anwalt, der euch bestimmt helfen kann.«

Sie fuhr uns sofort zu ihm. Er hieß Wolfgang Stern, war schlank, groß und wirkte sehr besonnen. Nachdem er den Brief überflogen hatte, beruhigte er uns und erklärte, dass es fast allen Asylbewerbern so ergehe. Es sei üblich, dass das Bundesamt den Asylantrag ablehne. Er könne aber beim Verwaltungsgericht Münster einen Widerspruch einlegen. Wir müssten Deutschland bis zur Entscheidung des Gerichts nicht verlassen. Allerdings werde es wahrscheinlich mehrere Jahre dauern, bis ein Richter unseren Fall behandle.

Seine Worte wirkten Wunder und erleichtert lehnte ich mich zurück. Wir konnten also vorerst aufatmen. Und ich würde Carina wiedersehen.

Der freundliche Herr Stern schlug Madar vor, sein Honorar in Raten zu zahlen, und sie nahm das Angebot dankend an. Denn ohne Aufenthaltsgenehmigung durfte sie nicht arbeiten, und wir mussten ab jetzt von den knapp zweitausend Mark staatlicher Unterstützung, die wir zu viert monatlich für Nahrungsmittel, Kleidung, Körperpflege und Stromverbrauch erhielten, noch etwas sparen. Doch in diesem Augenblick war mir das egal. Das würde schon irgendwie klappen. Für mich war es jetzt viel wichtiger, zu wissen, ob ich mit Carina mitfahren durfte. Erwartungsvoll fragte ich Herrn Stern und wünschte, dass er mir auch in dieser Sache Hoffnung machen konnte. Aber sein Kopfschütteln verriet alles. Er sagte, dass es unmöglich sei, eine Genehmigung für einen Auslandsaufenthalt zu bekommen. Man ließe mich nicht wieder ins Land hinein, wenn ich unerlaubt die Grenze überqueren würde. Wie sollte ich das Carina sagen?

Je länger ich auf die weiße Wand stierte, desto mehr glaubte ich, sie glotzte zurück. Am liebsten hätte ich sie mit roter Farbe übermalt, um ja nicht mehr daran erinnert zu werden, wie viel wir wegen Carina alles auf uns genommen hatten. Frustriert wandte ich mich ab. Auf dem Tisch lag die Papierblume, die ich für sie als Willkommensgeschenk gebastelt hatte. Ich griff danach und schleuderte sie gegen die Wand. Zerknittert purzelte sie herunter und blieb genauso ramponiert liegen, wie ich mich gerade fühlte.

Die Wohnungstür wurde aufgeschlossen und Madar kam mit Einkaufstüten in der Hand herein.

»Masoud, was ist denn los?«, fragte sie besorgt, noch ohne überhaupt die Einkäufe abzustellen.

»Nichts«, brummte ich und senkte meinen Kopf. Ich vermied es, ihr in die Augen zu schauen.

»Wieso bist du dann jetzt schon zu Hause? Die dritte Schulstunde hat doch gerade erst angefangen.«

»Ich hatte keine Lust mehr.«

»Ist irgendetwas passiert?« Madar kam näher und setzte die Tüten auf dem Esstisch ab. Sie stand direkt vor mir, und am liebsten hätte ich sie sofort umarmt, doch irgendetwas hinderte mich daran. Ich schwieg weiterhin und schaute auf den Boden. »Und wie war es denn, Carina wiederzusehen?«

Als ich ihren Namen hörte, gab etwas in mir nach. Ich umschlang Madar fest und drückte mein Gesicht gegen ihre sanfte Brust.

»Ach, das ist es also«, sagte sie mit einem leichten Seufzer. »Was hat sie denn Schlimmes gemacht?«

Zögerlich fing ich an zu erzählen: »Ich bin heute in der ersten großen Pause auf dem Schulhof zu ihr gegangen. Ich hatte das Gefühl, sie wollte mir aus dem Weg gehen. Dann hat sie mir auch den Grund dafür verraten: Im Urlaub hat sie einen Jungen kennengelernt, mit dem sie jetzt zusammen ist.« Ich vergrub mein Gesicht noch tiefer in Madars Brust.

»*Bemiram Elahi!*«, flüsterte sie mir ins Ohr und streichelte mein Haar. Einige stille Sekunden vergingen. »Hast du das für Carina gebastelt?«, fragte sie mich. Ihr Arm zeigte auf die zerknitterte Papierblume, die auf dem Boden lag.

»Ja, aber sie wollte sie nicht«, flüsterte ich.

Madar setzte einen leichten Schritt zurück, und während ihre Hände auf meinen Schultern ruhten, schaute sie mich fest an. Dann sprach sie sehr ernst zu mir. Es war der gleiche Ton wie in dem Moment, als sie uns erzählt hatte, dass wir den Iran verlassen müssten: »*Asisam*, sei nicht so traurig. Auch wenn du enttäuscht bist, ist es gut, dass du schon jetzt Erfahrungen mit Mädchen sammelst. Euer Vater war mein erster Freund. Um mit ihm zusammen sein zu dürfen, musste ich ihn heiraten. Das geht im Iran nicht anders. Ich habe mich durch die Ehe ein Leben lang gebunden. Glaub mir: Das ist nicht besser!«

5

Pedar kommt und muss wieder gehen

Mojtaba Zweieinhalb Jahre war es jetzt her, dass wir unsere Heimat verlassen hatten. Und seitdem war sie immer weiter aus unserem Alltag verschwunden. Nur heute kehrte plötzlich alles wieder zurück: Der Iran stand direkt vor mir in Form eines reich gedeckten Tisches, von dem ich meine gierigen Blicke keine Sekunde abwenden wollte. Er hatte sich in ein buntes Mosaik aus Leckereien verwandelt: Datteln, Feigen, ein nougatähnliches Gebäck namens *Gaz*, getrocknete Aprikosen und Maulbeeren – wie gerne war ich in Schahmirzad auf die Maulbeerbäume geklettert und hatte sie fast kahl gepflückt –, außerdem Baklava, eine gelbe Süßigkeit namens *Sohan*, karamellisierter Sesam und ein Berg mundgerecht geschnittener Wassermelone. Eigentlich lief mir schon beim Anblick jeder dieser Köstlichkeiten das Wasser im Mund zusammen, aber trotzdem fasste ich nichts davon an, denn es gab auch meinen vergötterten *Adschil*. *Adschil* ist eine Mischung aus getrockneten Nüssen, grünen Rosinen, Pistazien und gerösteten Kürbis- und Wassermelonenkernen. Im Iran hatte ich diese Delikatesse nur ein einziges Mal im Jahr in die Hände bekommen: zu *Nouruz*, dem persischen Neujahrs- und Frühlingsfest. Seit unserer Flucht nach Deutschland war sogar das ausgefallen. Aber jetzt konnte ich alles nachholen, denn vor mir auf dem Tisch stand eine große Schüssel voller *Adschil*. Am liebsten hätte ich sie auf den Schoß genommen und daraus gemümmelt, doch sie wurde von strengen Augen bewacht. Eine Oma mit runzligem und mürrischem Gesicht verfolgte jede meiner Bewegungen. Das war typisch! Solche Leckerbissen wurden immer von alten Menschen behütet – als wäre das der natürliche Gang des Lebens. Selbst aßen sie nichts, aber gönnten es auch nicht den anderen – zumindest nicht denjenigen, die in ihren Augen noch Kinder waren. Schon beim ersten Mal, als ich glücklich in die Schüssel gegriffen hatte, war ich von ihr brummig ermahnt worden: »*Biadabi-e!*« – Lass erst die Erwachsenen essen! Ich hatte ihr zugenickt und mich artig auf meinen Stuhl gesetzt. Aber das war bloß eine raffinierte Täuschung. Das jahrelange Ringen um die Schüssel hatte mich die Schwachstelle aller iranischen Omas gelehrt: ihre Blase. Und weil sie außerdem notorische Teetrinker waren, musste ich nur geduldig warten, bis ich mir die Hosentaschen vollstopfen konnte.

Heute kam mir dieses Spielchen sehr gelegen, denn so verging die Zeit schneller. In mir breitete sich eine unkontrollierbare Vorfreude aus. Mit jeder Minute, die ich am Tisch saß, wurde meine Aufregung größer und ließ sich auch mit Nüssen und Früchten nicht beschwichtigen. Zweieinhalb lange Jahre hatte ich darauf gewartet und gleich war es so weit – unsere Familie würde wieder komplett sein. Pedar hatte es endlich nach Deutschland geschafft. Er hatte einen Schlepper gefunden, der ihn zu uns bringen konnte.

Zu diesem Anlass veranstaltete Scholeh eine Feier bei sich zu Hause in Hannover. Sie wollte uns damit eine Freude machen, genau wie damals, als sie uns nach unserer Ankunft in Deutschland abgeholt und schließlich sogar nach Münster gefahren hatte. Milad, Masoud und ich saßen in ihrem Wohnzimmer und stopften uns die Bäuche voll, Madar redete mit den anderen Gästen. Scholeh hatte mehr als zwanzig eingeladen.

Es war ein besonderer Tag. Wir waren weit weg vom Asylbewerberheim, von Problemen in der Schule und von der Sorge, ob wir die monatliche Rate für unseren Anwalt zusammenbekamen. Inmitten dieser Leute, versunken im lauten Stimmengewirr und berauscht von der Sehnsucht, Pedar wiederzusehen, fühlte ich mich sonderbar. Fast wie ein normaler Mensch.

Dabei lag der Beweis dafür, dass es nicht so war, in Madars Handtasche: die Genehmigung von der Ausländerbehörde, dass wir ausnahmsweise nach Hannover fahren durften. Zur Normalität der Asylbewerber, und damit auch zu unserer, gehörte nämlich die sogenannte Residenzpflicht. Sie verbot, dass wir das Münsterland ohne Erlaubnis verließen. Wie eine gläserne Mauer sperrte sie uns ein. Wenn sich meine Mitschüler am Wochenende in Osnabrück, das nur zwanzig Kilometer von Lengerich entfernt lag, für einen Kinobesuch oder zum Einkaufen verabredeten, blieb ich zurück. Am Anfang musste ich jedes Mal erklären, warum ich nicht mitgehen durfte. Mittlerweile fragte mich schon niemand mehr. Mit dem Schrieb in Madars Tasche hatten wir die Erlaubnis erhalten, unseren Vater wiederzusehen. Aber das hätte ich auch ohne einen Behördenstempel getan. Was würde Pedar denken, wenn er mit der Flucht sein Leben aufs Spiel setzte, wir uns aber von einer lächerlichen Genehmigung abschrecken ließen? Außerdem waren wir auch illegal nach Deutschland geflohen. Madar fuhr ohnehin alle zwei bis drei Wochen unerlaubt nach Hannover. Sie engagierte sich mit Scholeh und vielen anderen der heutigen Gäste in exilpolitischen Organisationen. Durch Vorträge, eine oppositionelle Zeitschrift, die sie zusammen herausgaben, und Demonstrationen versuchten sie, die Menschen hier über die Missstände im Iran zu informieren.

Ich hatte mich oft gefragt, warum Madar aus den Problemen von damals nicht gelernt hatte und sich wieder in Gefahr brachte. Jedes Mal, wenn ich sie bat, mich mitzunehmen, lehnte sie ab. Es sei zu riskant, ohne Erlaubnis zu verreisen. Sie beharrte darauf, dass ich mich lieber auf die Schule konzentrieren sollte. Ich glaubte ihr zwar, aber konnte trotzdem nicht verstehen, was sie dazu motivierte. Eines Tages, als wir zusammen in unserer gedrungenen Küche das Geschirr abspülten, hatte ich sie endlich danach gefragt. Ihre Reaktion war mir gut in Erinnerung geblieben: Sie ließ den Teller in ihrer Hand zurück ins schaumige Wasser sinken und starrte sekundenlang ins Leere. Es war, als wäre sie weit weg und nur ihr Körper hier am Spülbecken geblieben. Eine Weile dauerte es noch, dann kam sie langsam zurück – wie eine Pflanze, die erwacht, nachdem das winterliche Eis auf ihren Blättern zerronnen ist. Madar sah mir in die Augen und sagte: »Seitdem ich ungefähr so alt war wie du jetzt, habe ich viel erleiden müssen. Wegen des Schahs und der *Mollas* war ich gezwungen, von vielen Menschen, die ich liebte, Abschied zu nehmen. Und weil ich mich dagegen wehren wollte, mussten wir nach Deutschland fliehen. Aber jetzt ist es anders. Jetzt kann ich endlich meine Meinung sagen, ohne mich und euch in Lebensgefahr zu bringen. Ich will nicht schweigen. Das bin ich meiner Vergangenheit schuldig, aber vor allem meinen Eltern, meinen Geschwistern, meinen Freunden, die weiterhin im Iran kämpfen, und eurem Vater!«

Als Madar einige Tage später aus Hannover wiederkam und eine Kassette bei sich hatte, musste ich an ihre

Worte denken. Sie hatte Radiobeiträge über die Menschenrechtssituation der Frauen im Iran aufgenommen, insgesamt fünf Sendungen. Ich hörte sie mir alle an, denn etwas in Madars Stimme faszinierte mich. Sie sprach nicht wie Moderatoren, die humorvoll unterhalten wollen, oder wie solche, die völlig teilnahmslos über tödliche Unfälle berichten. Nein, Madars Worte kamen aus ihrem Herzen. Sie fühlten sich echt an.

Plötzlich wurde ich aus meinen Gedanken gerissen, denn auf der Feier wurde es noch lauter, als es ohnehin schon war. Mir fiel es nicht schwer, den Grund dafür ausfindig zu machen: Jemand hatte eine Flasche hervorgeholt, um die sich eine aufgedrehte Gruppe von Frauen und Männern versammelte. Sie hielten kleine Gläschen in den Händen und füllten sie mit dem kastanienbraunen Flascheninhalt. Als kurz darauf die Gläser klirrend aneinanderstießen und mit einem abrupten Zug ausgeleert wurden, war ich mir sicher: Sie tranken Schnaps. Die Schnapsgläser klirrten erneut und die Gruppe schmetterte gemeinsam einen Trinkspruch: »*Be Salamati-e Rischderasa!*« – Hoch leben die Langbärtigen! Dann gossen sie die Flüssigkeit hinunter und brachen in lautes Gelächter aus. Bis jetzt hatte mich der Abend an Feiern im Iran erinnert, aber das – die Gläser, das Klirren und der Schnaps – passte nicht dazu. Milad, Masoud und ich grübelten über den Sinn ihres Toasts und beschlossen, dass sie die *Mollas* gemeint haben mussten. Sie verspotteten damit das strenge Alkoholverbot, das die »Langbärtigen« über das ganze Land verhängt hatten.

Das geräuschvolle Schauspiel wiederholte sich noch einige Male. Ich, der lange die Versuche der *Mollas*, mir die Existenz Gottes einzureden, hatte über mich ergehen lassen müssen, amüsierte mich über jeden weiteren Spruch, bis ich meine Brüder rufen hörte: »Pedar!« Er war da!

Wie aus dem Nichts war er im Türrahmen aufgetaucht und lächelte über das ganze Gesicht. Ich blinzelte einige Male, um zu testen, ob ich es mir nur einbildete, aber Pedar verschwand nicht. Als er mit ausgebreiteten Armen zu uns kam, mich fest umarmte, meine Wangen mit stürmischen Küssen bedeckte und sein rauer Stoppelbart auf meiner Haut kratzte, gab es keinen Zweifel mehr: Pedar war wirklich bei uns! Ich erwiderte seine Umarmung, klammerte mich fest an ihn und spürte, wie Freude meinen Körper durchströmte. Vor Aufregung beschleunigte sich mein Atem und ich drückte mich noch fester an ihn. Er streichelte meinen Rücken und flüsterte unentwegt mit tränenerstickter Stimme: »*Ressidam!*« – Ich bin da!

Es verging eine gefühlte Ewigkeit, bis ich mich wieder beruhigte. Ich atmete tief ein. Pedar roch ungewohnt. Ich nahm meinen Kopf von seinem Brustkorb und schaute ihm ins Gesicht. Er war zwar dürrer als in meiner Erinnerung und sein Haar war grau meliert, aber seine dunklen Augen hatten sich nicht verändert. Sie schauten mich noch genauso an wie früher, als er mich freitagmorgens zum gemeinsamen Frühstück geweckt hatte. Es war schön und gleichzeitig merkwürdig, ihn nach so langer Zeit wiederzusehen. Ich hätte gerne etwas gesagt und rang um passende Worte, aber es fiel mir nichts ein. Deshalb war ich erleichtert, als Madar ins Wohnzimmer kam und das Essen ankündigte.

Auf jeder iranischen Feier war dies das Signal, das ein lebhaftes Treiben auslöste. Als hätten die Gäste diesen Moment Tausende Male durchgespielt, nahm jeder seine Aufgabe wahr: Einige breiteten auf dem Boden eine lange Tischdecke aus – das nannte man *Sofreh*. Andere bedeckten sie mit Besteck und Geschirr. Die Gläser wurden mit Getränken gefüllt, aber natürlich bildeten die Essensträger den Höhepunkt: Sie servierten safrangelben Reis in großen Schalen, dann verschiedene Soßen mit Hähnchen und Lammfleisch und schließlich das, wonach alle Iraner verrückt waren: *Tahdig*, eine leckere Reiskruste, die mich allein mit ihrem Duft betörte.

Wir nahmen an der *Sofreh* Platz, genau wie früher: Pedar links, Madar rechts und wir drei dazwischen. Dann begann das große Essen mit Klappern und Klirren. Es wurde geschmatzt und geredet, und das sehr laut und meistens zur selben Zeit. In meinen Ohren klang es fast, als würden sich die Leute anbrüllen, doch das war eben die Art, wie sich Iraner auf einer Feier unterhielten. Ich sah vor allem meine Lieblingsgerichte und konnte sie gar nicht schnell genug verschlingen, doch Pedar fasste gar nichts an. Er war nur auf uns drei fixiert und schaufelte unsere Teller voll, sobald wir eine Ecke frei gegessen hatten. Dabei fragte er uns nicht, ob wir noch Hunger hatten. Jedes Mal, wenn ich etwas sagen wollte, unterbrach er mich mit den Worten: »*Nusche jan!*« – Lass es dir schmecken! Für die anderen um uns herum entsprach dies dem üblichen *Tarof*, einer höflichen Geste, mit der Iraner beim Essen andere ungebeten mit Nachschub versorgen, um ihre Gastfreundschaft unter Beweis zu stellen. Pedar aber ging es um mehr. Wahrscheinlich war er einfach nur glücklich, uns wiederzusehen, doch ich wurde das Gefühl nicht los, dass noch etwas anderes in ihm rumorte.

Genauso unvermittelt, wie er heute aufgetaucht war, war er vor zweieinhalb Jahren aus unserem Leben gerissen worden. All die Zeit hatte ich nichts von seinem Leben mitbekommen und er hatte eine sehr bedeutende Phase unseres Lebens verpasst: Das Untertauchen bei *Chaleh* Laleh, die Sorge um Madar und die Angst vor den Regierungsmännern, unsere illegale Flucht und dann die unerfreuliche Ankunft in Münster, schließlich das Asylbewerberleben in Lengerich. Wenn ich mich mit dem Mojtaba vor zweieinhalb Jahren verglich, dann kam ich mir mittlerweile fast schon erwachsen vor. Ich wusste nicht, ob es an den vielen Schwierigkeiten lag, die wir hatten durchstehen müssen. Aber wir waren nicht mehr die drei kleinen Jungs von damals, die in ihrer naiven Kinderwelt lebten. Womöglich ahnte unser Vater genau das und fürchtete, uns fremd geworden zu sein.

Nach dem Essen verschwanden er und Madar, weil sie reden wollten. Für alle anderen war Tanzen angesagt. Die Iraner sind völlig verrückt danach. Ich fand es schrecklich. Doch sich davor zu drücken ist so gut wie unmöglich: Es ist nämlich üblich, dass die Tänzer die anderen, die auf Stühlen oder direkt auf dem Boden sitzen und klatschen, mit spielerischen Bewegungen zum Mitmachen animieren. Aber ich ließ mich auch nicht widerstandslos kleinkriegen: Jedes Mal, wenn mich jemand anvisierte und aufforderte, legte ich mir theatralisch die Hand auf den Bauch, atmete schwerfällig aus und tat so, als plagten mich grässliche Bauchschmerzen. Nach dem Festmahl war das auch durchaus glaubwürdig. So eroberte ich mir einige Minuten Ruhe, bis der nächste Angreifer auf mich loswirbelte.

Männer und Frauen hielten ihre Arme in Schulterhöhe und vollführten mit den Händen filigrane Bewegungen, dazu leichte Hüftschwünge und knifflige Schritte. Eigentlich schaute ich der ausgelassenen Truppe gerne zu. Ich wollte nur nicht selbst mitmachen – wahrscheinlich lag es daran, dass ich mir nicht vorstellen konnte, jemals genauso anmutig auszusehen wie die anderen. Ihre komplizierten Bewegungen waren für mich undurchschaubar. Noch schwieriger schien mir das Mienenspiel. Iranische

Tänzer sind nämlich wie versierte Schauspieler. Sie können mit wenigen Gesichtszügen eine Fülle von Gefühlen auszudrücken: Freude, Sinnlichkeit, Anziehung, Ablehnung, Stolz und vor allem Humor.

Vor einigen Jahren, ich musste ungefähr acht gewesen sein, veranstaltete mein Onkel, *Da-i* Ali, eine Tanzfeier. Er taufte den Abend *Wilder Westen*, denn es sollten nur europäische und amerikanische Lieder gespielt werden. Eigentlich hatten die *Mollas* ausländische Musik verboten, aber *Da-i* Ali hatte reihenweise solcher Kassetten in seinem Schrank – vor allem von seiner Lieblingsband *Modern Talking*. Die Feier fand in Mamanis Wohnzimmer statt. Alle Fenster waren verschlossen und die Vorhänge zugezogen, um uns vor den Augen und Ohren der iranischen Sittenwächter zu schützen. So tanzten *Da-i* Ali und seine Freunde im Halbdunkel, und das auf eine für mich völlig befremdliche Art und Weise. Als ich ihm meine Verwirrung gestand, nahm er mich amüsiert zur Seite und riet, ich solle einfach irgendwie Arme und Beine bewegen – die im Westen hätten auch nicht mehr drauf. Mittlerweile war ich der Meinung, dass nicht Arm- und Beinbewegung den großen Unterschied zwischen persischem und westlichem Tanz ausmachten, sondern das gefühlsbetonte Mienenspiel.

Daran fehlte es heute Abend nicht. Ich lehnte mich beobachtend zurück und freute mich darüber, dass ich tatsächlich in Ruhe gelassen wurde. Doch auf einmal gab es einen heftigen Knall. Erschrocken riss ich die Augen auf. Was war das? Es hatte sich wie eine zugeschlagene Tür angehört. Ich schaute herüber zu Milad und Masoud. Kerzengrade saßen sie auf ihren Stühlen und horchten. Dem Knall folgte ein polterndes Brüllen. Dann kam eine Frauenstimme hinzu. Erst klang sie dumpf, dann wurde sie schnell lauter, bis sie sich ebenfalls zu einem anhaltenden Schreien steigerte. Alles hörte sich nach einem Streit zwischen unseren Eltern an. Ich sprang auf und wollte nach ihnen suchen, doch das war nicht mehr nötig: Madar bäumte sich plötzlich im Türrahmen auf. Die tiefen Furchen auf ihrer Stirn bedeuteten nichts Gutes. Die Musik erlosch und alle Augen starrten sie an. Es war totenstill, als hätte ein mächtiger Sog jede Schalwelle verschluckt.

»*Batscheba*, macht euch fertig, wir verschwinden!«, krächzte sie.

Wieso?, wollte ich fragen, doch ich bekam keinen Ton heraus.

Madar schnappte ihre Handtasche, zog sich ihren Pullover über und drängte uns mit strengen Blicken aufzustehen.

In diesem Moment stampfte Pedar eilig ins Wohnzimmer. »Ich lasse nicht zu, dass du unser Leben zerstörst!«, polterte er.

Madar machte unbeirrt weiter und schob uns in Richtung Flur, wo unsere Schuhe standen.

Er folgte brüllend: »Was denkst du dir eigentlich? Das kannst du nicht alleine entscheiden.«

Madar schüttelte nur unaufhörlich den Kopf. Sie sah sehr wütend aus.

»Was ist los?«, fragte ich bettelnd, aber niemand hörte mich.

»Du bist fremdgegangen! Ist es so? Sag es mir! Hast du einen anderen Mann? Hast du mich all die Zeit über betrogen?«

Die Tür ging auf und Madar machte Anstalten rauszugehen. »Wir müssen weg. Euer Vater hat sich nicht mehr unter Kontrolle und blamiert uns vor allen anderen. Er braucht Zeit zum Nachdenken.« Ich hatte meine Schuhe erst halb angezogen, trotzdem packte sie meinen Arm und zog mich mit hinaus. Scholeh, die uns aufhalten wollte, wurde von ihr mit ähnlichen Begründungen abgewimmelt. Ehe ich mich versah, hatten wir vier die Wohnung verlassen. Hinter mir hörte ich Pedar rufen: »Antworte endlich, ist es wegen eines anderen Mannes?«

Und plötzlich schwebte ich, beobachtete alles von oben. Wir liefen davon – schon wieder! Aber diesmal vor Pedar, vor unserem eigenen Vater. Ich sah ihn an der Tür, wie er uns hilflos nachschaute. Er wirkte alt, hatte dunkle Ringe unter den Augen und trug abgewetzte Kleidung. Wir ließen ihn allein, nach zweieinhalb Jahren sehnsüchtigen Wartens. Es zerriss mir das Herz, ich wollte nicht gehen. Genau wie bei unserer Flucht aus dem Iran verlangte Madar etwas, das mir zunächst völlig absurd erschien. Aber bislang hatte sie immer recht gehabt. Ich sah mich weglaufen und trotzdem blieb ein Teil von mir bei Pedar.

Milad Ich drückte meinen Kopf in die weichen Sitze des Zuges und schwieg. Wir waren auf dem Weg von der Feier nach Hause. Während draußen die dunklen Felder still vorbeizogen, tobte es in meinem Innern. Madar und Pedar hatten sich gestritten. Gut, das war nicht das erste Mal. Auch im Iran hatte ich manchmal gehört, wie sie sich in der Küche anschrieen, wenn wir Kinder schon im Bett lagen. Doch da hatten sie wenigstens immer versucht, es uns gegenüber zu verheimlichen. War einer von uns aufgestanden, um nachzusehen, hatten sie gesagt, es sei nichts, und wir sollten wieder schlafen gehen. Aber heute war es anders und das machte mir Angst.

»*Batscheba*, bitte verzeiht mir, was vorhin passiert ist. Ich weiß, dass ihr euch auf diesen Tag gefreut hattet.«

»Du doch auch, Madar! Oder nicht?«, fragte Mojtaba fast flehend.

»Ich freue mich für euch, dass euer Vater hier ist.«

»Wieso musstest du dich gerade heute mit ihm streiten? Er schien den ganzen Abend überglücklich, endlich bei uns zu sein.«

»Ich hatte nicht vor, euch diesen fröhlichen Tag kaputtzumachen. Ich hielt es aber für das Beste, dass euer Vater so früh wie möglich weiß, dass es nicht wie im Iran weitergehen kann.«

Für mich war unser Leben im Iran eine schöne Zeit mit Menschen, die ich liebte: Nicht nur mit Madar, Pedar und meinen Brüdern, sondern auch mit Onkeln, Tanten, Mamani und Babai, mit denen ich so gerne lachte. Seit wir in Deutschland waren, hatte ich immer gehofft, dass es auch hier irgendwann wieder so sein würde – wenn nur Pedar kam und wir endlich wieder eine Familie waren.

»*Batscheba*, im Iran war ich in eine Ehe gezwungen worden, die ich nicht wollte«, setzte Madar an. »Pedar und ich ... wir waren nicht dafür bestimmt, zusammen zu sein.«

Ich blieb stumm. Eine böse Vorahnung kroch in mir hoch, die ich nicht auszusprechen wagte. Masoud war weniger zögerlich: »Madar, werdet ihr euch scheiden lassen?«

Ihre Antwort war kaum lauter als ein Flüstern: »Ja. Es tut mir leid.«

»Das glaube ich nicht!«, fuhr Mojtaba hoch. »Es ist doch Pedar?!« Er schrie fast, warf sich in den Zugsitz und wandte sich wutentbrannt von ihr ab.

Ich selbst war zu keiner Regung fähig. Als müssten Madars Worte sich erst einmal mühselig von meinen Ohren zu meinem Gehirn vorkämpfen, stierte ich sie regungslos an. Meine ganze Kindheit hatte ich mit meinen Eltern verbracht und selbst wenn Pedar nicht da war, wusste ich, dass er bald wiederkommen würde. Sollte ich ihn jetzt nie wieder sehen?

Traurig und gleichzeitig liebevoll schaute Madar zu Mojtaba. Sie legte zart eine Hand auf seine Haare, doch er schüttelte sie ab. Sie zuckte kurz zusammen. Dann atmete sie tief durch. »Ich will nicht, dass sich irgendetwas zwischen euch und Pedar ändert. Er bleibt euer Vater. Aber ich kann nicht mehr mit ihm zusammen sein. Diese Jahre in Deutschland haben mir in vielem die Augen geöffnet. Ich habe Bedürfnisse wiederentdeckt, die ich früher unterdrückt und beinahe vergessen hatte – weil es mit Pedar keinen Platz für sie gab.«

»Ich verstehe nicht, was du meinst. Wir waren doch glücklich im Iran, oder nicht?«, sprach Masoud wieder meine Gedanken aus.

»Das stimmt nicht ganz. Aber wie hätte ich euch damals meinen Kummer zeigen sollen, wenn ich doch wusste, dass es keinen Ausweg daraus gab? Ihr wart klein und habt vieles nicht mitbekommen. Ich habe euren Vater geheiratet, ohne zu wissen, worauf ich mich einließ. Pedar und ich kannten uns nur flüchtig.« Sie redete nun schneller und lauter, als wäre endlich der Moment gekommen, all die Dinge auszusprechen, die seit einer Ewigkeit in ihr schlummerten. »Nach unserer Heirat lebten wir immer mehr aneinander vorbei. Es herrschte keine Zuneigung und Zärtlichkeit zwischen uns. Es gab Tage, an denen ich ihn, bevor er zur Arbeit ging, anflehte, er solle mir am Abend eine einzige Blume mitbringen. Ich wollte nur spüren, dass ich ihm etwas bedeutete. Als er heimkam, schaute ich in seine Hände – und sie waren leer. Wie sehr wünschte ich mir, dass er einmal *Ich liebe dich* sagen würde.« Ihr liefen Tränen über das Gesicht.

Mojtaba schaute sie an. Dann holte er ein Taschentuch aus seiner Hosentasche und gab es ihr.

Sie wischte sich die Augen trocken und fuhr fort: »Ich hatte so viele Pläne für unser Leben. Eines Tages schlug ich ihm zum Beispiel vor, dass wir alle fünf eine Musikgruppe gründen könnten. Ich wollte, dass wir zusammen Spaß hatten. Unsere Familie sollte ein Ort der Freude und des Glücks sein. Doch er sagte nur, ich hätte komische Ideen und ging weg. Ihm war es am liebsten, in Ruhe gelassen zu werden. Dass ich dabei unglücklich war, schien er nicht zu bemerken. Wir waren wie zwei miteinander verheiratete Leichen.«

»Schon kurz nach unserer Hochzeit stellte ich fest, dass die Ehe ein Fehler war. Doch es war bereits zu spät. Ihr, *Asisanam*, wart da schon auf der Welt, und es gab keinen Weg für mich, aus dieser Bindung herauszukommen, ohne euch zu verlieren. Wisst ihr noch, als ich damals eine Woche verreist war? Ihr wart sechs und acht Jahre alt. In Wirklichkeit war ich zu euren Großeltern gegangen – mit dem festen Vorhaben, dieser Beziehung ein Ende zu setzen. Aber ich brachte es nicht über mich. Die grausamen Gesetze hielten mich davon ab. Hätte ich mich tatsächlich scheiden lassen, wäre das alleinige Sorgerecht an euren Vater gegangen. Er hätte eine neue Frau geheiratet und diese Fremde wäre eure Mutter geworden. Dieser Gedanke war für mich unvorstellbar. Und außerdem wäre ich eine *Biewe* geworden: Eine ›verbrauchte Frau‹, die von der Gesellschaft geächtet wird. Also kehrte ich zu Pedar zurück und setzte die Maske der Zufriedenheit wieder auf.«

Ich war völlig durcheinander. Madars Erzählungen gaben mir das Gefühl, als wären unser Leben im Iran und alle meine Erinnerungen daran unecht gewesen: Als hätte jemand im Fotoalbum alle Bilder durch neue ersetzt oder im Schattentheater plötzlich das Licht angemacht.

»Aber wieso hast du uns denn nichts gesagt?«, fragte ich. »Zumindest als wir dann in Deutschland waren?«

Madar schaute mich jetzt direkt an: »Ich weiß, dass deine Brüder und du Pedar lieb habt. Hätte er vorher von meiner Entscheidung erfahren, wäre er vielleicht in ein anderes Land als Deutschland geflüchtet. Dann hätte ich euch euren Vater genommen. Und das hätte ich mir niemals verziehen.

Drei Wochen später waren Masoud, Mojtaba und ich mit unseren Hausaufgaben beschäftigt, als es plötzlich klopfte.

»Ich mach schon auf«, sagte ich und trabte zur Tür. Als ich sie öffnete, stockte mir der Atem. Vor mir stand Pedar und lächelte. In der Hand hielt er einen großen Blumenstrauß.

»*Salam*, *Pessar jan* – mein Sohn.«

»*Salam*«, grüßte ich zurück, doch sonst brachte ich kein weiteres Wort über die Lippen.

»Darf ich reinkommen?«

»Ehm, klar! Komm rein.« Ich lief in Richtung Wohnzimmer und rief: »Guckt mal, wer hier ist!« Als er den Raum betrat, sprangen Masoud und Mojtaba überrascht hoch, grüßten ihn dann aber herzlich.

»Ist Madar zu Hause?«

»Nein, sie ist mit einer Freundin für ein paar Stunden weg«, antwortete Masoud.

»Setz dich doch!«, sagte Mojtaba.

Für eine Weile sprach niemand. Wir hatten uns seit dem Vorfall in Hannover nicht mehr gesehen. Und alles, was wir in den letzten Wochen von ihm mitbekommen hatten, waren Telefonate, bei denen sich unsere Eltern heftig gestritten hatten. Außerdem merkte ich, dass Madars Worte eine unsichtbare Mauer zwischen Pedar und mir gezogen hatten. Hatte er eine Ahnung, wie unglücklich er sie gemacht hatte? Ich spürte, wie sich etwas – vielleicht Wut – in mir regte und wollte ihn ausfragen, doch dann sah ich sein Gesicht, das uns anlächelte – und schwieg.

Pedar hatte sich herausgeputzt. Während er bei Scholeh mit einem Stoppelbart aufgetaucht war, strahlte heute sein glatt rasiertes Gesicht. Außerdem trug er eine braune Stoffhose mit einem karierten Hemd, was für ihn sehr ungewöhnlich war. Sein Blick wanderte missbilligend durch die Wohnung und blieb an dem alten Sofa haften, auf dem er saß. »Hier wohnt ihr also? Es ist …«

»Du hättest sehen müssen, wie es am Anfang hier ausgesehen hat. Ich habe von meinem eigenen Geld Farbe gekauft und wir haben das Wohnzimmer neu gestrichen«, erzählte Mojtaba stolz.

»Gut gemacht, mein großer Junge.« Und an alle gerichtet, fragte er: »Erzählt mir, wie ist es euch ergangen?«

»Ich bin jetzt in der sechsten Klasse des Gymnasiums«, berichtete ich grinsend. »Das ist die beste Schule.«

»Als ich dich, Milad *jan*, im Iran das letzte Mal sah, warst du noch einen Kopf kleiner. Du bist bald so groß wie deine Brüder.«

»Ich traue mich jetzt auch, Hunde anzufassen. Der Hund von unserem Hausmeister – Floppy – liebt es, wenn ich mit ihm Ballfangen spiele.«

»Hunde sind nicht gut, mein Sohn. Sie sind dreckig.«

Ich wagte es nicht, Pedar zu widersprechen.

Dann holte Masoud unser Fotoalbum. Christa hatte uns dreien, als wir auf die Realschule beziehungsweise das Gymnasium gewechselt waren, eine Kamera geschenkt, und besonders Masoud liebte es, bei allen Gelegenheiten Fotos zu machen.

Pedar blätterte sich Seite um Seite durch unser neues Leben. Da waren Bilder von unserem ersten Tag auf der neuen Schule; davon, wie Christa Madar in die Arme nimmt und auch eins, auf dem Mojtaba bei unserer Streichaktion von oben bis unten mit Farbe bespritzt ist. Dann tauchte ein Foto von der Feier bei der Flüchtlingshilfe auf. Darauf sah man Madar, wie sie Carinas Vater zur Begrüßung küsste. Pedars Augen waren wie eingefroren, er konnte nicht aufhören, auf das Bild zu starren.

Ich versuchte ihn abzulenken: »Pedar, sieh mal hier, wie ich grille. Ich habe mich um Fleisch für fünfzig Besucher gekümmert.« Er schien mich kaum wahrzunehmen. Als dann auf der nächsten Seite Madar auftauchte, wie sie an einem Weinglas nippte, rastete er aus. »Ich kann nicht glauben, was ich hier sehe. Auch wenn wir nicht mehr im Iran sind, sollten wir Anstand bewahren. Eure Mutter scheint das seit der Flucht vergessen zu haben. Mojtaba, du bist der Älteste von euch dreien, und wenn ich nicht da bin, dann bist du der Mann des Hauses. Du musst auf Madar achten. Wenn sie etwas Falsches tut, musst du sie ermahnen. Und auch ihr beide, Masoud und Milad, solltet auf euren großen Bruder hören.«

Mojtaba schien sichtlich verwirrt über die ihm zugesprochene Aufgabe. Auch Masoud und ich wussten nicht, was wir antworten sollten. Also schwiegen wir alle.

»Pedar, hast du eigentlich Hunger?«, versuchte Masoud die angespannte Stille zu beenden.

»Ja. Ich habe seit heute Morgen nichts gegessen.«

Schnell standen wir auf, huschten zum Kühlschrank und brachten Brot, Butter, Käse und Marmelade. Dann aßen wir zusammen und die harschen Worte unseres Vaters verblassten. Wir erzählten ihm über die schwierige Zeit im Münsteraner Auffanglager und wie unser Antrag abgelehnt wurde.

»Wie kann es sein, dass sie euch nicht glauben?«, fragte er misstrauisch. »Madar muss unkonzentriert gewesen sein und hat die Vorfälle bestimmt nicht richtig berichtet.«

»Unser Anwalt sagt, dass fast alle bei der ersten Anhörung abgelehnt würden. Außerdem war unser Übersetzer ein Dari sprechender Afghane«, verteidigte Masoud unsere Mutter.

Nachdem wir das Essen abgeräumt hatten, stürmte Mojtaba begeistert zum Fernseher. »Pedar, Pedar, meine Lieblingsserie kommt jetzt. Die musst du dir unbedingt anschauen, die ist super!«

Wir setzten uns zusammen auf das Sofa – Pedar in unserer Mitte – und warteten auf den Anfang der Serie *Xena, die Kriegerprinzessin.* Ich musste lächeln, denn ich erinnerte mich, wie wir auch im Iran am Wochenende zusammen mit Pedar Zeichentrickfilme oder Spielfilme, etwa über den Krieg zwischen dem Iran und dem Irak, angeschaut hatten. Fast fühlte es sich an wie früher.

Die Serie begann jedes Mal mit einer Zusammenfassung der vorherigen Folgen. Es wurde gekämpft, gestritten und gejubelt. Zum Schluss des Vorspanns küssten sich die Hauptfiguren innig.

»Seit einer Woche warte ich auf diese Folge«, sagte Mojtaba und lehnte sich gespannt nach vorn. »Es ist gerade total spannend.«

Plötzlich war der Fernseher aus. Erschrocken blickten wir uns um und sahen, wie Pedar die Fernbedienung in Händen hielt.

»Was soll das?«, fuhr Mojtaba auf.

»Madar lässt euch so etwas schauen? Es ist eine unanständige Sendung.«

Mojtaba sprang aufgebracht von seinem Platz hoch.

Doch bevor er weiter protestieren konnte, hörten wir, wie die Haustür aufgeschlossen wurde.

Mir blieb das Herz stehen. Ich lief schnell zur Tür und sah, wie Madar eine Einkaufstüte auf dem freien Arm balancierte.

»Ist etwas passiert?«, fragte sie besorgt, als ich ihr entgegeneilte.

Erst zögerte ich, doch sie würde es ja sowieso gleich erfahren. »Pedar ist hier.«

Wortlos ließ Madar die Tüte fallen und stürmte ins Wohnzimmer. »Was machst du hier?«

Pedar stand dort bereits mit dem Blumenstrauß in der Hand. »Ich bin gekommen, damit wir uns wieder vertragen. Wir sind eine Familie und wir sollten zusammen sein.«

»Ich habe dir meine Entscheidung schon mehrmals erklärt. Und daran wird sich nichts ändern.«

»Das kannst du nicht machen! Sei vernünftig. Denk an unser Leben im Iran. Unsere Kinder. Wieso willst du alles wegwerfen?«

»Du kannst die drei weiterhin sehen. Aber unsere Ehe ist vorbei.«

»Denkst du, ich weiß nicht, weshalb du mich verlässt? Ich habe gerade Fotos gesehen, wie du einen anderen Mann geküsst hast. Wer ist dieser Bastard, der unser Leben raubt?« Pedar schrie seinen letzten Satz.

»Was?«, fragte Madar völlig verdutzt.

»Jetzt tu doch nicht so. Auf dieser Party hast du Alkohol getrunken und diesen Mann geküsst. Und für so etwas zerstörst du unsere Familie. Was für eine Mutter bist du eigentlich?«

Nun schrie auch Madar: »Du hast schon damals im Iran nicht verstanden, was unser Problem war. Und du tust es auch jetzt nicht. In unserer Ehe gab es keinen

Funken Liebe! Und *das* willst du fortsetzen? Diese sogenannte Ehe.« Die letzten Worte spuckte Madar verächtlich raus.

Mojtaba ging verzweifelt dazwischen. »Madar, Pedar, bitte hört auf«, flehte er sie an.

Doch sie nahmen ihn nicht wahr.

»Du hast so viele Jahre meines Lebens zerstört. Du warst mir kein Mann. Und du warst unseren Kindern kein Vater.«

»Frau, was redest du da? Sei still, sei endlich still!«

Ich hielt das nicht aus. Am liebsten hätte ich mir die Ohren zugehalten und wäre weggerannt.

»Du gehst jetzt oder ich werde die Polizei rufen!«

»Was? Wie kannst du so etwas sagen?«

Madar nahm den Telefonhörer in die Hand. Da packte Pedar sie fest am Arm.

»Du zerstörst alles!«, fauchte er.

Madar versuchte sich aus seinem Griff zu befreien. Mojtaba zog an Pedar, während ihm Tränen in den Augen standen. Masoud probierte ebenfalls die beiden zu trennen. Als Madar sich endlich befreit hatte, lief sie direkt zum Sofatisch und packte Pedars Tasche und den Blumenstrauß. Ohne ihn eines weiteren Blickes zu würdigen, rannte sie zur Haustür und warf alles nach draußen. »Du wirst jetzt gehen. Tu es, wenn dir etwas an unseren Kindern liegt.«

Ich hielt das nicht mehr aus. Ich wollte nur noch, dass unser Vater verschwand. Sie sollten sich nicht mehr streiten. Ich sah, wie Pedar durch die Haustür trat und hörte mich dabei nur noch flüstern: »Pedar, geh! Bitte, geh!«

Masoud Es war, als wäre Milad zu Eis erstarrt. Stundenlang kauerte er am Fenster und starrte wortlos auf den Hof. In seinem Blick spiegelte sich Angst, die in Panik umschlug, sobald ein Auto vorfuhr. Der Gedanke, er könnte von uns fortgerissen werden, hatte vollständig von ihm Besitz ergriffen. Wir versuchten ihn zu beruhigen, ihm zu versichern, dass es bestimmt niemals so weit kommen würde. Aber versprechen konnten wir es nicht.

Kaum eine Woche nachdem Pedar mit dem Blumenstrauß in der Tür gestanden hatte, reichte Madar beim Amtsgericht Tecklenburg die Scheidung ein. Sie wollte ihre neu gewonnene Freiheit nicht wieder aufgeben. Und das, war sie sich sicher, ging nur ohne ihn. Unser Vater tat uns dabei zwar leid: Zweieinhalb Jahre lang hatte er sich nach uns gesehnt, eine gefährliche Flucht auf sich genommen und war nun genau wie wir am Anfang völlig fremd in Deutschland. Aber trotzdem wollten wir auf keinen Fall mit ihm zusammenleben, aus Angst vor endlosen Streitereien, wie wir sie schon bei den letzten Begegnungen ertragen mussten. Es hatte so lange gedauert, bis wir vier mit unserer neuen Heimat Frieden geschlossen hatten. Und den wollten wir um jeden Preis bewahren.

Pedar sah das natürlich völlig anders. Er wehrte sich gegen die Scheidung und verlangte, dass das iranische Recht anzuwenden sei – sie beide seien schließlich Iraner. Deshalb sollten sich die deutschen Gerichte aus der Sache heraushalten. Was zunächst einmal nach einem unbeholfenen und verzweifelten Versuch aussah, eine Trennung abzuwenden, entpuppte sich als verheerender Albtraum. Das Amtsgericht stimmte nämlich Pedar teilweise zu und bestätigte das Unglaubliche: dass das iranische Recht für diesen Fall tatsächlich gelte. Der Grund dafür sei ein völkerrechtliches Niederlassungsabkommen zwischen dem

Deutschen Reich und dem Kaiserreich Persien aus dem Jahr 1929, das noch immer privatrechtliche Belange zwischen iranischen Staatsbürgern in Deutschland regle. Das bedeute, dass auf Familienangelegenheiten das Recht der Islamischen Republik Iran angewandt werden müsse.

Im Iran hatte unsere Mutter gegen ein patriarchalisches Regime gekämpft, das Frauen Männern rigide unterordnet. Sie führte einen Kampf mit einem übermächtigen Gegner, den sie letztendlich in ihrer Heimat nicht gewinnen konnte. So war ihr keine andere Wahl geblieben, als vor dem repressiven System – und ihrer eigenen Vergangenheit – davonzulaufen. Doch nun holten beide sie wieder ein.

Nach iranischem Recht war es für sie unmöglich, sich von Pedar zu trennen. Die Ehescheidung unterliegt der religiösen Gerichtsbarkeit, den sogenannten Scharia-Gerichten. Die Scharia, das islamische Recht, beruht auf drei Säulen: dem Koran, der Sunna – den überlieferten Aussprüchen und Verhaltensregeln des Propheten Mohammad – und dem *Fiqh*, der offiziellen islamischen Rechtsschule. Diese Rechtsauffassung gestattet dem Mann, sich jederzeit und ohne Grund von seiner Frau scheiden zu lassen. Der Frau aber erlaubt sie den *Talaq* – die Scheidung – nur, wenn der Mann deutlich gegen den Ehevertrag verstößt. Oder wenn einer der folgenden Gründe vorliegt: das Verschollensein, das Verlassen der Familie, Unterhaltsverweigerung, Drogen- oder Alkoholabhängigkeit, Verurteilung zu einer Haftstrafe, andauernde Beleidigungen und das Schlagen der Ehefrau, Impotenz, Geistes- oder schwere körperliche Krankheit sowie die Heirat einer zweiten Frau ohne Zustimmung der ersten. Nur unter diesen Voraussetzungen stand es also Madar zu, die Ehe aufzulösen – ein aussichtsloses Unterfangen.

Als Pedar noch dazu versuchte, das Sorgerecht für Milad zu erhalten, fühlten auch wir Brüder uns angegriffen. Milad war noch keine fünfzehn Jahre alt und nach iranischem Gesetz minderjährig. Bei einer Scheidung hätte Pedar einen Anspruch darauf, ihn zu sich zu holen.

Unsere ganze Hoffnung lag nun wieder auf unserem Anwalt, Herrn Stern. Er musste die Gerichte davon überzeugen, dass wir nicht aus unserer früheren Heimat geflohen waren, um hier denselben üblen Gesetzen ausgeliefert zu sein. Und er tat alles in seiner Macht Stehende: Er rief gegen die Entscheidung die nächsthöhere gerichtliche Instanz an und argumentierte, dass wir als anerkannte Asylsuchende die Rechtsstellung von Flüchtlingen im Sinne der Genfer Flüchtlingskonvention besäßen. Deshalb gälten für uns die deutschen Gesetze. Außerdem widerspreche das iranische Recht der im Grundgesetz verankerten Gleichstellung der Geschlechter.

Bevor es allerdings zu einer endgültigen Entscheidung kam, hatten die Sorgen um seine Zukunft Milad schon vollends in ihren Bann gezogen. Er starrte aus dem Fenster, als erwartete er jeden Moment die unausweichliche Ankunft schlechter Nachrichten. Er hatte bereits früher eine ähnliche Erfahrung gemacht: Kurz nach seiner Geburt hatte Madar ihn widerwillig in die Obhut *Chaleh* Maryams gegeben, weil sie mit drei Kleinkindern völlig überfordert war. Erst als er eines Tages Madar nicht mehr als seine eigene Mutter erkannt hatte, hielt sie es nicht mehr aus und holte ihn trotz aller Schwierigkeiten zurück.

Auch ich konnte mir einfach nichts anderes vorstellen, als dass Milad bei uns blieb. Erst jetzt wurde mir bewusst, wie wichtig er für mich war. All die Jahre hindurch hatte ich Mojtaba als meinen engsten Gefährten angesehen. Nun aber erkannte ich, dass auch Milad unentbehrlich zu meinem Leben gehörte. Verblasste Bilder aus unserer gemeinsamen Zeit gewannen wieder an Schärfe: das Fußballspielen in Ekbatan, das Buddeln in Schahmirzad und die *Tschar-tscharche*. Gerade Milads Andersartigkeit innerhalb unseres Dreiergespanns machte ihn so besonders.

Ich redete mir ein, dass Herr Stern das Gericht schon überzeugen würde, und wollte auch Milad irgendwie aufmuntern, aber selbst der verspielte Hund Floppy, jede Menge blöder Witze und noch mehr Süßigkeiten hatten ihn nicht aus der Reserve locken können. Da fiel mir etwas ein: Jedes Mal, wenn Madar im Iran eine Videokassette von Marzieh, einer der berühmtesten iranischen Sängerinnen, abspielte, stellte sich Milad neben dem Fernseher auf und begann den Violinisten nachzuahmen. Er hob die Arme und schwang seinen unsichtbaren Bogen voller Inbrunst über die imaginäre Geige, während er den Kopf heftig hin und her bewegte. Schon als kleiner Junge wollte er eines Tages hinter Marzieh stehen und der Violine wunderbare Melodien entlocken. Ich war mir sicher, dass eine Geige Milad glücklich machen würde. Aber wo sollte ich bloß eine Geige auftreiben? Ich besaß kaum Geld. Selbst wenn ich Madar und Mojtaba um all ihre Ersparnisse bitten würde, wäre es noch lange nicht genug. Ich schnappte mir meine Jacke und rannte raus. Mit meinem Fahrrad klapperte ich alle Orte in der Stadt ab, an denen ich glaubte, an eine günstige Geige heranzukommen. Die Kleiderkammer, die alles Mögliche für Asylbewerber anbot, die Musikschule und die Regionalzeitung, in der Hoffnung auf die richtige Anzeige. Doch vergebens. Als ich mein Fahrrad unverrichteter Dinge über den Hof schob, sah ich Milad wieder am Fenster. Es war kaum auszuhalten, mit anschauen zu müssen, wie mein Bruder vom Kummer innerlich aufgefressen wurde. Eine letzte Chance blieb noch: Christa. Ich ging zur öffentlichen Telefonzelle im Asylbewerberheim –

wir durften daheim kein eigenes besitzen –, wählte ihre Nummer und erzählte ihr von meinem erfolglosen Plan. Sie versprach zu helfen.

Nicht einmal zwei Stunden waren vergangen, da hörte ich ein Klopfen. Als ich die Wohnungstür aufschloss, stand Christa lächelnd vor mir – mit einem Kasten in der Hand, den sie mir entgegenstreckte. Ich öffnete ihn und sah darin eine wunderschöne dunkelbraune Geige mit filigranen Verzierungen. »Das war mal meine«, sagte Christa und lächelte. »Als Kind habe ich ein paar Jahre gespielt. Aber ich habe die Lust verloren und jetzt verstaubt sie nur im Keller.« Fassungslos sprang ich auf und ab, jubelte und umarmte sie. Dann nahm ich die Geige vorsichtig in die Hand und begann, den Bogen über die Saiten zu ziehen. Sie vibrierten und es quietschte fürchterlich. Aber darum ging es nicht. Ich schaute in Richtung Fenster und tatsächlich – Milad wandte sich uns zu, und seit einer gefühlten Ewigkeit sah ich zum ersten Mal wieder ein zaghaftes Lächeln in seinem Gesicht. »Für dich«, flüsterte ich und erwiderte sein Lächeln. Er kam herüber und nahm sein Instrument in die Hand. Das Eis war gebrochen.

Die Geige, so schien es, gab nicht nur Milad das Lachen zurück, sie brachte uns allen Glück: Bald darauf ließ sich das Gericht von der Argumentation unseres Anwalts überzeugen und traf eine Entscheidung. Madar wurde von Pedar geschieden und Milad durfte bei uns bleiben.

6

Das Ti-MMM

Mojtaba »Beruhige dich«, flüsterte ich mir zu. »Beruhige dich. Alles wird gut!« Meine Lippen schienen wie ausgetrocknet. Das Schlagen meines Herzens fühlte ich am Kehlkopf. Auf der anderen Seite des schwarzen Vorhangs wurde laut und wild geredet. Ich versuchte auszumachen, wie viele Menschen wohl gekommen waren. Dreißig? Vierzig? Vielleicht sogar fünfzig? Meine Augen suchten nach der Bierflasche, die ich zur Beruhigung leeren wollte, bevor es ernst wurde, aber ich konnte sie inmitten der Kabel und Kisten nicht finden. Stattdessen blieb mein Blick bei den Jungs hängen: Masoud spielte aufgeregt am Lautstärkeregler seiner E-Gitarre, Milad spannte nochmal den Bogen seiner Geige und Timo zupfte unablässig an der dicken Saite der Bassgitarre. Wären wir alle nicht dermaßen aufgeregt gewesen, hätten wir richtig gut ausgesehen. Milads dunkelbraune Haare passten zu seinem glänzenden Instrument, Masouds schulterlange Locken ringelten sich um seinen Kopf und hüpften hin und her, wenn er ihn bewegte. Und Timo mit seiner schneeweißen Haut und den hellblauen Augen strahlte förmlich, wenn er zwischen uns dreien stand. Doch darum ging es hier nicht. Heute war schließlich unser allererster Auftritt und es galt nur, ohne größere Patzer durchzukommen.

Dann knackten die Lautsprecher mehrere Male und ein verzerrtes und pfeifendes »Test, Test. Eins, zwei« dröhnte heraus. Die Menge schrie auf.

»Verdammt, Dario! Dreh das Mikro leiser!«, zischte ich durch die zusammengebissenen Zähne.

»Hallo Leute!«, erklang wieder Darios Stimme. Dieses Mal ohne alle Ohren zu betäuben. »Verzeiht dem Mikrofon, es hat 'nen schlechten Tag.« Viele lachten auf. Der Witzbold machte sich gar nicht so schlecht auf der Bühne.

»Schön, dass ihr alle dabei seid. Wir hatten nicht mit so vielen gerechnet. Aber ich komme lieber zum Punkt, bevor das Piepen wieder anfängt: Heute Abend trauen sie sich endlich aus dem dunklen Proberaum auf die Bühne. Hier ist ›Das Ti-MMM‹. Viel Spaß zusammen!«

Die Zuschauer klatschten anhaltend, sie wollten uns wohl wirklich auf der Bühne sehen. Würden bloß meine Hände aufhören zu flattern! Mein Kopf glühte, aber meine Finger fühlten sich kalt und steif an. Ich brauchte sie doch jetzt mehr denn je. *Lasst mich jetzt bloß nicht im Stich*, flehte ich sie an und kam mir dabei selbst lächerlich vor. Es gab eigentlich überhaupt keinen Grund, nervös zu sein. Ich war schon mit viel Schlimmerem fertig geworden. Damals, als wir vor fünf Jahren mit einem Schlepper am Teheraner Flughafen gestanden hatten, während iranische Grenzbeamte unsere gefälschten Pässe kontrollierten. Ein elfjähriger Knirps, der ich war. Heute, mit sechzehn, sollte ich mich doch erst recht unter Kontrolle haben. Außerdem ging es hier nicht um irgendwelche Anträge und Sachbearbeiter, es ging nicht um meinen ersten Deutschaufsatz, als ich noch kaum ein Wort dieser Sprache beherrscht hatte, nein, ich musste nur ein paar Lieder zupfen. Und ich kannte jeden Takt in- und auswendig. Das sollte doch ein Kinderspiel werden!

Mit einem energischen Schritt trat ich durch den Schlitz im Vorhang. Die anderen folgten mir.

Ungefähr vierundzwanzig Stunden zuvor, an einem warmen Donnerstagabend, klapperten gegen Mitternacht zwei Einkaufswagen über eine unbefahrene Kreuzung. Der eine war beladen mit einem Monitor, einem Computer und allerhand Zubehör; in dem anderen saß Milad. Masoud und Dario schoben ihn mit einem Affenzahn durch die Gegend und er jauchzte wie ein verrückter Schiffskapitän im tosenden Sturm. Timo und ich sausten mit dem zweiten Wagen hinterher. Wir lachten und tollten herum wie Kinder, wie in unserem früheren Leben mit unserem Freund Farroch. Wie vor einer Ewigkeit. Endlich, nach fünf langen Jahren in Deutschland, hatten wir echte Freunde gefunden: Dario und Timo. Sie waren Brüder in unserem Alter und wohnten nicht weit von uns entfernt. Fast jeden Nachmittag unternahmen wir gemeinsam etwas.

Heute hatten wir uns zum Computerspielen bei den beiden zu Hause getroffen. Hatten die letzten vier Stunden mit aufgerissenen Augen und rasendem Puls vor unseren Monitoren gekauert und uns in einen flimmernden Rausch geklickt. Ohne Probleme hätten wir die Nacht durchgemacht, aber morgen stand Schule an. So mussten wir schweren Herzens unsere Rechner herunterfahren. Und da wir kein Auto besaßen, hatten wir alles in Einkaufswagen vom benachbarten Supermarkt gepackt und rollten nun zurück zu unserer Wohnung.

Dario und Timo gehörten zu den wenigen Menschen, die ich mit nach Hause nahm, ohne mich dabei zu schämen. Denn es verschlug ihnen nicht die Sprache, dass wir drei in einem Zimmer schliefen, und sie setzten sich auf unsere alten Möbel, ohne sich so unwohl zu fühlen, als säßen sie auf einem Zahnarztstuhl. Sie waren einfach da, wir hockten zusammen, plauderten und blödelten herum.

Masoud und ich hatten Timo im Fußballverein kennengelernt. Er spielte bei SC Preußen Lengerich als Libero und wir trafen ihn zweimal pro Woche beim Training. Er war etwas kleiner als wir, dafür aber flink und wendig. Alle gegnerischen Stürmer machten einen großen Bogen um ihn. Wie ein regelrechter Fan bewunderte ich seine Ballkünste und war ganz aus dem Häuschen, als Masoud und ich beim ersten Ligaspiel die Außenverteidigerpositionen neben ihm besetzen durften. Zu dritt errichteten wir geradezu ein Bollwerk gegen die feindlichen Angriffe. Von da an nannte uns Timo »Die Zerstörer«.

Milad und Dario gingen in dieselbe Klasse, und ziemlich schnell merkten sie, dass sie eine gemeinsame Leidenschaft teilten: Computer. Bald brachte Milad dicke Wälzer mit nach Hause, die merkwürdige Titel wie *C++* oder *Basic* trugen. Er lerne Programmieren, erklärte er uns. Die Bücher habe er sich von einem großen, dunkelblonden Jungen ausgeliehen, der genauso lange an einer Platine herumschrauben könne wie er. Die beiden trafen sich, tüftelten an unserem alten Rechner herum und ließen ihn lustige Geräusche von sich geben. Aber niemand ahnte, dass Dario und Timo Brüder waren. Erst als sie eines Tages gemeinsam vor unserer Tür standen und wie Honigkuchenpferde grinsten, wurde uns der Riesenzufall bewusst.

So wuchsen wir immer mehr zusammen. Nicht nur durch Sport und Computer. Wir entdeckten auch die Musik für uns. Milad spielte bereits seit einiger Zeit Geige und sein Enthusiasmus steckte uns an. Wir durchstöberten Musikzeitschriften und Zeitungsannoncen nach gebrauchten Instrumenten, die wir bezahlen konnten. Masoud und ich entschieden uns für E-Gitarren, Timo griff zur Bassgitarre und sein Bruder zu einem Keyboard. Mit unseren neuen Lieblingen saßen wir regelmäßig zusammen und klimperten herum. Nur Dario verlor schnell die Lust an den Tasten. Trotzdem ließ er sich das Proben nicht entgehen und war von da an unser persönlicher Musikkritiker. Auch er war es, der die grandiose Idee für einen Bandnamen hatte. Er kürzte unsere vier Vornamen auf ihre Anfangsbuchstaben und nannte uns »Das Ti-MMM«.

Die Einkaufswagen ratterten weiter und wir erreichten die Straße, die zu unserer Wohnung führte. Vom vielen Rennen schnauften wir heftig.

»Jungs, das nenn ich einen super Abend«, keuchte Timo und gab mir einen Klaps auf den Rücken.

»Obwohl du nur verloren hast?«, stichelte ich.

Bevor er sich verteidigen konnte, half ihm Milad: »Mojtaba, tu nicht so! Du warst nicht viel besser.« Sein süffisantes Lächeln, als er das sagte, war berechtigt. Beim Computerspielen konnte niemand ihm das Wasser reichen.

»Ja, ja. Erst die Kämpfe am PC und danach das Wortgefecht. Es reicht, ihr Kampfhähne!«, sagte Masoud in einem belehrenden Tonfall. Er tat gern so, als wäre er abgeklärter – allerdings nur solange, bis er selbst am PC saß und völlig berauscht zockte.

»Und was machen wir als Nächstes?«, fragte Dario. »Vielleicht mal was ganz anderes?«

Alle überlegten.

»Unsere Eltern waren letztes Wochenende da oben in Schweden und Finnland. Was die erzählen, haut einen echt um.« Timos Augen leuchteten auf. »Ich hätte da Lust drauf!«, fuhr er fort, aber dann hielt er plötzlich inne. Er senkte den Blick, als wäre ihm etwas eingefallen. Mit leiser Stimme sagte er dann: »Ähm, das erzähl ich natürlich für später, wenn ihr eure Aufenthaltspapiere habt. Dann packen wir in den Ferien das Nötigste ein und hauen ab. Was meint ihr?«

»Habt ihr eigentlich was von eurem Anwalt gehört? Wie hieß er nochmal?«, hakte Dario rasch nach.

»Herr Stern. Unser Stern am Himmel. Hoho«, antwortete ich schmunzelnd.

»Beschissene Residenzpflicht!«, fauchte Masoud. »Wir dürfen ja nicht einmal nach Bremen. Stockholm und Helsinki sind wie andere Planeten. Aber es dauert nicht mehr lange. Meint zumindest Herr Stern. Nach vier Jahren kämen die meisten dran. Mitte '97 wurde unser Asylantrag abgelehnt, jetzt haben wir 2001. Könnte also dieses Jahr noch so weit sein.« Dann plusterte er seinen Brustkorb auf, streckte die Arme etwas auseinander und begann mit der vorgeschobenen Unterlippe betont ironisch zu reden: »Dann werden wir gemessenen Schritts zu den Pforten des Jüngsten Verwaltungsgerichts nach Münster schreiten.«

Lauthals prustete ich los. Niemand konnte Sterns kehlige Stimme besser imitieren als Masoud.

»Wie lächerlich das alles ist. Ihr lebt doch schon hier, wieso lassen die euch nicht in Ruhe?«, stellte Timo eher fest, als dass er fragte. »Und dann heißt es, die Ausländer wollen sich nicht integrieren. Man pflastert euch den Weg mit Tausenden von Problemen und verlangt, dass ihr trotzdem klarkommt. Das ist wie ein schlechter Film. Aber das sehen ja die Deppen nicht, die so was sagen. Und wenn man glaubt, blöder geht's nicht, kommen die hirnlosen Glatzen. Letzte Woche haben sie wieder unsere Schulwand vollgeschmiert: ›Ausländer raus‹ und ›Deutschland den Deutschen‹.«

Es wurde still. Das Klappern der Wagen schien auf einmal ohrenbetäubend.

»Was machen wir jetzt morgen?« Dario versuchte abzulenken. »Wollen wir wieder PC zocken? Ich sorge auch für massenweise Chips und Süßkram!«

»Morgen geht nicht, da proben wir doch«, antwortete Milad. »Willst du nicht mitkommen? Wir haben ein paar neue Lieder, die du noch nicht gehört hast. ›Das Ti-MMM‹ wird immer besser! Und morgen sind doch eure Eltern wieder unterwegs. Wir können in eurer Garage mal richtig aufdrehen. Komm schon!« Milad versetzte Dario einen leichten Schubs.

Er guckte skeptisch und fragte: »Wie viele Lieder habt ihr jetzt zusammen?«

»Fünf haben wir richtig gut drauf und drei sind wackelig«, antwortete Milad. »Wenn wir die auch noch gut hinkriegen und bald endlich einen Schlagzeuger finden, dann sind wir reif für den ersten Auftritt.« Ein Grinsen breitete sich in seinem Gesicht aus.

Timo musterte uns drei von oben bis unten. »Dann können wir uns endlich als richtige Rocker bezeichnen. Eure zerlumpten Klamotten passen ja schon perfekt dazu.«

»Du Vollidiot!«, mokierte ich mich künstlich, sprang ihm hinterher und nahm ihn in den Schwitzkasten. »Los, entschuldige dich!« Timo krümmte sich vor Lachen. »Ich kann auch fester! Na mach schon, Schwätzer!« Ich ließ ihn los und zerzauste seinen blonden Haarschopf.

Milad, Masoud und Dario wieherten über das Schauspiel, das sich ihnen bot. Timo setzte noch einen drauf: »Masoud, du lässt dir deinen Schnurrbart wieder wachsen, so wie auf diesen Fotos aus der fünften und sechsten Klasse. Der Schnurrbart, die langen Locken, deine rote Gitarre – das ist perfekt: Carlos Santana höchstpersönlich. Und bei unserem ersten Gig spielen wir dann als Zugabe ›Oh, Maria, Maria‹.«

»Jungs, ich habe eine richtig bekloppte Idee«, schaltete

ich mich ein. »Wieso …«, ich machte eine Pause, um meinen Gedankengang noch abzuschließen.

»Sag schon!«

»Ja, ja. Warte doch!« Ich kniff mir mit Daumen und Zeigefinger ins Kinn. »Wieso machen wir nicht einfach aus der Probe morgen ein Konzert?«

»Aber …«

»Moment! Bevor jemand widerspricht, lasst mich zu Ende reden: Ihr habt doch selbst gesagt, dass eure Eltern verreisen. Wir hätten also eure Doppelgarage, wo bestimmt fünfzig Leute reinpassen. Mit den paar Liedern, die schon richtig gut laufen, kriegen wir dreißig Minuten zusammen. Und klar, ohne Schlagzeuger geht's nicht richtig ab, aber egal, das ist jetzt unsere Chance. Außerdem gibt's nach dem Auftritt noch eine Party. Wir müssen nur irgendwoher eine Anlage besorgen. Das klappt schon. Und jetzt sagt bloß, ihr seid nicht dabei.«

Ich holte tief Luft und fixierte Masoud, nur ihn. Er war schließlich der Kritischste unter uns. Wenn er keinen Haken finden und zustimmen sollte, dann würden die andern ganz bestimmt nicht widersprechen. Es verging eine Weile, ehe er die Stille durchbrach: »Mojtaba, wenn ich in zwanzig, dreißig Jahren ein Gesicht voller Sorgenfalten habe, dann kannst du sicher sein, dass ich die meisten dir und deinen Ideen verdanke!« Er machte eine Pause, senkte den Blick und rieb sich mit den Händen übers Gesicht. Als er wieder aufsah, trug er ein dünnes Lächeln. »Aber dieses Mal, dieses eine Mal, muss ich zugeben, dass du doch zu etwas zu gebrauchen bist.«

Vor Freude packte ich Masoud und gab ihm einen dicken Schmatz auf die Backe.

»Jungs, Jungs, Jungs!«, unterbrach uns Timo. »Wir sind doch nicht im Iran! Knutschen könnt ihr gleich zu Hause. Lasst uns doch bei der Sache bleiben. Was haltet ihr davon, wenn Dario und ich das Bier und die anderen Getränke spendieren?«

»Nein, Timo«, antwortete Milad. »Wir teilen alles.«

»So ein Quatsch!«, verteidigte Dario seinen Bruder. »Ich krieg ja schon alleine mehr Taschengeld als ihr drei zusammen. Also kaufen *wir* die Getränke. Keine Widerrede!«

»Und lasst uns doch beim Jugendzentrum nachfragen, ob die uns nicht eine Musikanlage leihen können«, schlug Masoud vor.

»Jungs, das wird was!«, sagte ich so aufgeregt, dass meine Stimme zitterte.

»Wir haben doch morgen die ersten beiden Stunden frei, oder?«, wollte Milad von Dario wissen.

Der nickte.

Milad fuhr fort: »Und wir müssen irgendwie für den Auftritt Werbung machen. Wieso setzen wir beide uns nicht in den Freistunden hin und machen was Schönes? Entwürfe für ein Plakat und für Flyer.«

»Dann gebt ihr mir in der ersten großen Pause die Sachen auf CD«, ergänzte Masoud den Plan. »Ich druck sie schon in der Schule aus. Überlasst das mir. In der zweiten großen Pause treffen wir uns und verteilen die Flyer an jeden, der uns über den Weg läuft.«

»Ja!«, schrie ich aufgeregt bis in die Haarspitzen. »Alle sollen mitkriegen, was morgen Abend los sein wird: ›Das Ti-MMM‹ rockt!«

Milad Am nächsten Morgen saßen Dario und ich zusammen und suchten nach einer Idee für die Flyer und Plakate.

»Hey Chef, schieß los: Wie machen wir es?«, fragte Dario grinsend.

»Wieso bin ich auf einmal der Chef?«

»Wir sind bei euch im Arbeitszimmer. Also bist du der Chef.«

Da hatte er recht. Wir saßen in einem Arbeitszimmer, das tatsächlich zu unserer neuen Wohnung gehörte. Im vergangenen Jahr waren wir umgezogen. Eigentlich war sie eine kleine Holzbaracke, eine von vieren am Rand eines großen Parkplatzes. In allen waren Asylbewerber untergebracht. Als uns das Sozialamt damals dieses Fertighaus anbot, versuchten uns Freunde aus der Flüchtlingshilfe vom Umzug abzubringen, weil die Wohnungen einen sehr schlechten Ruf hatten. Trotzdem entschieden wir uns dafür. Zu meiner großen Freude: Denn jetzt besaßen wir knapp sechzig Quadratmeter, aufgeteilt auf vier Räume. So viel Platz hatten wir seit unserer Flucht aus dem Iran nicht mehr gehabt. Madar bekam ihr eigenes Zimmer und ein anderes wurde zu unserem Wohnzimmer. Wir überlegten lange, wie wir die zwei übrigen aufteilen sollten. Zwei Schlafzimmer? Aber wer schläft bei wem? Schließlich versuchten wir, die Sache so fair wie möglich zu lösen, und erklärten eines zum gemeinsamen Schlafzimmer und das andere zum Arbeitszimmer.

In die neuen Räume zogen auch neue Möbel ein. Die Wohnzimmereinrichtung bestand aus einem Sofa, einem Tisch, ein paar Stühlen und einer kleinen Vitrine, die wir aus einem Gebrauchtwarenladen bekommen konnten. Außerdem spendierte uns die Schule drei ausrangierte Holztische und Stühle, mit denen wir das Arbeitszimmer bestücken konnten. Jeden Monat ging Madar zum Flohmarkt, um günstig weitere Kleinigkeiten zu ergattern – etwa Geschirr für die Küche oder Blumenvasen, die sie dann auf einen Bruchteil des verlangten Preises herunterhandelte. Fast taten mir die Verkäufer leid, die es mit Madars Hartnäckigkeit aufnehmen mussten. Wenn sie nach Hause kam, präsentierte sie uns stolz ihre Trophäen, für die sie meist nur eine Mark oder fünfzig Pfennig bezahlt hatte. So machten wir die Wohnung Stück für Stück gemütlicher und ich fühlte mich dort inzwischen richtig wohl.

Tatsächlich blieben wir aber von den angekündigten Nachteilen der Wohnung nicht verschont. Manchmal tauchten unbekannte Deutsche auf, die unsere Baracken mit misstrauischen Blicken absuchten. Eines Tages ging Madar neugierig zu einer jungen Frau und fragte, was los sei. Widerwillig gab sie zu, dass ihr Fahrrad geklaut worden sei und sie gehofft habe, es bei uns zu finden.

Ein anderes Mal – es war warm und wir grillten vor unserer Haustür – kam das Kind einer Familie, die mit ihrem Hund über den Parkplatz lief, neugierig zu uns herüber. Als die Eltern das bemerkten, rannten sie ihm schnell hinterher und zerrten es am Arm zurück. Dabei schauten sie uns besorgt an, als wären wir Aussätzige, die den Kleinen mit einer schlimmen Krankheit infizieren könnten. Ich tat zwar so, als würde mich das nicht groß kümmern, und sagte mir nur, was für dumme Leute das doch seien. Aber in Wirklichkeit schmerzte es mich sehr.

Und dann waren da noch unsere eigenen Nachbarn, die ein Problem mit uns hatten. Jede dieser vier Baracken war eigentlich für zwei Familien bestimmt, sodass normalerweise ungefähr acht Personen darin lebten. Weil wir aber eine für uns allein bekommen hatten, waren sie überzeugt, dass wir Spione des Sozialamts wären. Und sie behandelten uns auch dementsprechend.

»Also, Dario, ich habe eine Idee für den Flyer. Masoud hat doch letztens bei der Probe Unmengen an Fotos geschossen. Damit lässt sich sicherlich was machen.«

»Wenn du meinst, Chef«, antwortete er wieder grinsend.

»Das wird bestimmt gut!«

»Hast du die Fotos überhaupt hier?«, fragte Dario.

Ich nickte und streichelte zärtlich den großen grauen Kasten neben dem Schreibtisch. »Klar, alles hier drin. Auf diesem Prachtstück von Computer.«

»Du redest doch nicht von dieser Schnecke, die längst ins Museum gehört, oder?«

Dario machte sich gerne über unseren Computer lustig, weil er uralt war. Doch ich war stolz auf ihn. Seitdem ihn uns ein Mitglied der Flüchtlingshilfe geschenkt hatte, entdeckte ich mit ihm meine größte Leidenschaft: das Programmieren. Ich fing mit kleinen blinkenden Kästchen an, doch bald entwickelte ich einfache Computerspiele oder andere nützliche Dinge wie einen Vokabeltrainer für die Schule. Ich konnte mich nach Herzenslust austoben und in der Arbeit versinken. Wenn es mir mal schlecht ging, etwa weil wir gerade Probleme mit der Ausländerbehörde hatten, dann brauchte ich mich nur an den Rechner zu setzen und meinen Gedanken freien Lauf zu lassen. Eigentlich war es ähnlich wie der Bau der *Tschartscharche* im Iran. Ich war dann ganz bei mir. Nur ich und mein denkender Kopf.

Diese Begeisterung für das Programmieren war es auch, die Dario und mich verband. Aus *meinem* Programm wurde *unser* Programm und bald machte alles doppelt so viel Spaß. Wir nahmen sogar an Informatikwettbewerben teil, bei denen wir uns zum Teil monatelang die Zähne an einem Problem ausbissen. In der Schule verbrachten Dario und ich alle Pausen zusammen und diskutierten dann über die aktuelle Aufgabe. Andere, die dabeistanden, hielten es meistens nicht lange aus und verschwanden wieder mit einem genervten »Mann, ihr Nerds!«. Aber das war mir egal. Ich hatte einen Freund, mit dem ich einfach ich selbst sein konnte.

»Bei *dem* Flyer muss das Konzert ein Riesenerfolg werden!«, witzelte Dario. Wir waren mit unserer Arbeit fertig und betrachteten das Ergebnis auf dem Bildschirm.

Wir hatten auf einem Foto von Metallica, das wir aus dem Internet gezogen hatten, die Bandmitglieder ersetzt. So standen nun Masoud, Mojtaba, Timo und ich auf einer gewaltigen Bühne.

»Sieht täuschend echt aus«, sagte ich und drückte die Tastenkombination, um das Dokument auf eine CD zu brennen. »Fünf Stars sind geboren«, schob Dario nach. »Von einer Schnecke!«

Masoud Als es klingelte, packte ich mein Heft und mein Federmäppchen in den Rucksack und eilte als Erster aus dem Klassenzimmer. Leichtfüßig hüpfte ich die vielen Treppen hinunter, um schnell vom dritten Stock zur Pausenhalle zu gelangen, wo Milad auf mich wartete – mit einem wichtigen Paket.

Seit etwa drei Jahren besuchten wir alle das Hannah-Arendt-Gymnasium in Lengerich. Drei Sadinams in einer Jahrgangsstufe. Madar hatte wieder die Initiative ergriffen und dafür gesorgt, dass wir nach der sechsten Klasse auf das Gymnasium kamen. Ihre Freunde hatten geraten, auch dieses Mal nicht zu lange mit dem Wechsel von der Realschule zu warten. Milad war schon seit der fünften Klasse hier und hatte sich zum regelrechten Musterschüler entwickelt.

Auf der neuen Schule kamen Mojtaba und ich wieder in unterschiedliche Klassen, aber die Konflikte der alten Tage – als es noch eine Carina gab – waren passé. Wir beide hatten erkannt, dass uns nichts so einfach auseinanderbringen konnte, und gingen mit der Situation um einiges selbstbewusster um. Außerdem unternahmen wir in der restlichen Zeit sehr viel miteinander: Wir spielten zusammen Fußball im Verein, hatten eine Band, gemeinsame Wahlfächer in der Schule und dasselbe Grüppchen während der Pausen. Durch Milads Hilfe erreichten wir auch schneller den Anschluss im Unterricht. Er hatte sich an die höheren Anforderungen auf dem Gymnasium gewöhnt und griff uns vor allem in Mathe und Physik unter die Arme. Für die restlichen Fächer und andere Probleme gab es die große Sadiversammlung bei uns zu Hause.

Auf den Fluren wurde eine Tür nach der anderen aufgerissen. Heraus strömten tobende Schüler, die sich aufführten wie Inhaftierte, die gerade die Freiheit erlangt hatten. Ich schlängelte mich durch die Menschentraube, die sich die Treppe zum Erdgeschoss hinunterwälzte und in der langgezogenen Pausenhalle zerstreute. Am Ende des Geländers entdeckte ich Milad, der suchend nach oben blickte. Als ich ihn endlich erreichte, nahm er mich geheimnisvoll zur Seite, zog eine Papiertüte aus seiner Jackentasche heraus und streckte sie mir entgegen. »Gutes Zeug«, flüsterte er mir mit einem verschmitzten Grinsen ins Ohr.

Ich nahm das Paket an mich, klopfte ihm auf die Schulter und verabschiedete mich: »Gut gemacht, Kumpel. Wir sehen uns in der zweiten großen Pause.« Ich eilte los, um meinen Auftrag zu erfüllen. Nachdem Milad mir die Vorlage der Flugblätter und Plakate zugesteckt hatte, war ich dafür zuständig, die Sachen im Raum der Schülervertretung auszudrucken. Ich war nämlich seit Beginn des Jahres einer von drei Schülersprechern und hatte somit Zugang zu einem Drucker der Schule.

Dass ich mich überhaupt zur Wahl gestellt hatte, hing auch mit unseren Erfahrungen als Flüchtlinge zusammen. Seit wir unsere Wohnung in Teheran verlassen hatten, waren wir nie mehr wirklich in der Lage gewesen, über unser Leben selbst zu bestimmen. Wir waren Gäste, Asylsuchende, Antragsteller. Andere bestimmten über uns, ohne dass sie auch nur wussten, wer wir genau waren und was wir wollten. Oft hatte ich das Gefühl, ich säße in einer dahinrasenden Kutsche, deren Ziel ich nicht kannte und deren Zügel ich nicht lenken durfte. Ich sehnte mich danach, endlich wieder selbst zu entscheiden, mich einzubringen und Dinge zu verändern. Ich glaubte, dass ich als Schulsprecher die Chance dazu bekäme, kandidierte deswegen und wurde tatsächlich gewählt. Eine meiner ersten Amtshandlungen war, bei der Initiative »Schule ohne Rassismus – Schule mit Courage« mitzumachen, die sich mit der Diskriminierung von Ausländern beschäftigte. Endlich hatte ich die Möglichkeit, Leute über die Situation von Asylbewerbern aufzuklären. Endlich konnte ich den Menschen um mich herum erzählen, wie es ist, hier zu sein, aber nicht akzeptiert zu werden. Ein Zuhause zu haben, aber sich nicht heimisch fühlen zu dürfen.

Es war das erste Mal, dass ich mich in einer staatlichen Institution wie ein Mensch – und nicht wie eine Zahl – empfand. Im Gegensatz zur Ausländerbehörde, bei der ich nur ein Aktenzeichen hatte und ein Sachbearbeiter mich bearbeitete, konnte ich hier gleichberechtigt mitdiskutieren und meine Meinung äußern. Dort war ich nur ein Fall mit Paragrafen, hier ein Mensch mit Gefühlen, Bedürfnissen und Verstand. Die Arbeit als Schulsprecher war mir sehr wichtig, aber heute musste sie ausnahmsweise zurücktreten.

Nachdem ich mit dem Ausdrucken der Plakate und Flugblätter fertig war, eilte ich zum Raum, wo für die nächsten zwei Stunden die Versammlung der Schülervertretung stattfinden würde. Ich begrüßte meine Kollegen, die auf mich gewartet hatten. Wir verstanden uns sehr gut und es störte sie nicht, dass ich diesmal mit anderen Dingen beschäftigt war und sie die Leitung der Sitzung alleine übernehmen mussten. Außerdem freuten sie sich genauso wie ich auf das Konzert. Und so, während ich unter dem Lehrerpult mit meiner Schere schnippelte und die DIN-A4-Blätter zu Plakaten verklebte, füllte sich der Physiksaal langsam mit Klassensprechern, die Tagesordnung ging durch die Reihen, ein TOP nach dem anderen kam dran, es wurde heiß diskutiert und Positionen an die Tafel geschrieben.

Den Stapel Reklame in der Hand, traf ich Milad, Mojtaba und Dario in der zweiten großen Pause. Nun sollte die Werbetrommel für »Das Ti-MMM« gerührt werden. Ich verteilte die bunten Papierbögen ringsum und jeder schlug eine andere Himmelsrichtung ein. Milad übernahm den Nord-, Mojtaba den Südschulhof, Dario den West- und ich den Ostflügel. Umgeben von einem ungeheuerlichen Stimmengewirr, bahnte ich mir meinen Weg durch die tobenden Schüler. Die Plakate klebte ich mit Tesa an gläserne Türen, Infotafeln und Säulen. Die Flugblätter legte ich auf den Holztischen aus, wo sie sich mit Doppelkopfkarten vermischten, und drückte sie denen in die Hände, die sich in Grüppchen stehend unterhielten. Wenige Minuten bevor die Pause zu Ende ging, war die Arbeit getan. Sämtliche bunte Zettel waren mir aus der Hand gerissen worden, um die Plakate mit den großen Buchstaben bildeten sich Menschentrauben, und überall konnte man unseren Namen lesen. Ab jetzt wussten alle Bescheid. Mein Bauch kribbelte vor Aufregung.

Nach Schulschluss wartete ich an der Straße auf Timo. Wir mussten für den Auftritt eine Musikanlage besorgen. Ungeduldig hielt ich Ausschau nach ihm und hoffte, dass er sich nicht verspäten würde. Kurze Zeit später sah ich ihn über eine Grünfläche sprinten. Sein Rucksack, den er tief auf dem Rücken trug, hüpfte rhythmisch auf und ab. Er erreichte mich, ließ seine Tasche auf den Boden fallen und umarmte mich zur Begrüßung. »Na, Santana. *Que pasa?*« Hätte mich jemand gefragt, hätte ich Timo mit Sicherheit als meinen engsten Freund vorgestellt. Es waren nicht nur unsere gemeinsamen Interessen, die ihn für mich so kostbar machten. Im Gegensatz zu anderen Altersgenossen fühlte ich mich von ihm verstanden. Er erkundigte sich oft nach unserem Aufenthaltsstatus, hörte aufmerksam zu und sorgte sich. Timo gehörte nicht zu der Sorte, die bloß nickte und ein mitleidiges Stöhnen ausstieß. Seine Bereitschaft, Worten auch Taten folgen zu lassen, gab mir die Gewissheit, dass ich immer auf ihn zählen konnte – egal, was passierte.

Kurze Zeit später traf auch Christa ein. Sie hatte sich bereit erklärt, mit ihrem Wagen beim Transport der schweren Geräte zu helfen. Zu dritt saßen wir nun in ihrem kleinen Auto und fuhren die Hauptstraße entlang zum Jugendzentrum Lengerich. Das JZ war der einzige Ort, wo wir hofften, eine Anlage auftreiben zu können. Denn Mojtaba und ich kannten den Leiter sehr gut. Seit Jahren begleiteten wir das Jugendzeltlager im Sommer als Betreuer. Eine Woche lang schlugen wir mit etwa hundert Kindern am Rand einer umliegenden Ortschaft unsere großen Zelte auf und boten den Kleinen alles an, was ihnen Spaß machte: Spiele, Basteln, Nachtwanderungen und Wasserschlachten.

Wir erreichten endlich das Jugendzentrum Lengerich. Christa parkte auf dem Hof. Timo und ich stiegen aus, übersprangen die wenigen Treppen, öffneten die rote Metalltür und verschwanden ins mehrstöckige Backsteinhaus, an dessen Fassade sich ein riesiger bemalter Baum bis zur Dachspitze reckte. Der Jugendzentrumsleiter war sofort einverstanden und überprüfte, ob das Mischpult und zwei schwere Lautsprecherboxen gebraucht wurden, dann erhielten wir eine schnelle Bedienungsanleitung, trugen uns in einer Liste ein und schon schleppten wir unsere Ausrüstung Richtung Auto.

Mit größter Mühe quetschten wir so viel schwere Technik in den kleinen Kofferraum und auf die Rückbank, dass das Heck fast den Boden berührte. »Na hoffentlich übersteht das mein armes kleines Auto«, witzelte Christa, als wir alle wieder drinnen saßen. Sie zündete, der Motor heulte kurz auf und die Räder setzten sich in Bewegung. Langsam fuhren wir davon.

Milad, Mojtaba und Dario hatten den Auftrag, in unserer Abwesenheit die öde Garage in einen Konzertraum umzugestalten. Aber was ich sah, als wir dort ankamen, übertraf all meine Erwartungen. Sie hatten die Erhöhung, von der die Garage nahtlos zum Keller überging, in eine richtige Bühne verwandelt. Die Wände waren mit schwarzen Müllsäcken verkleidet, die sie auseinandergeschnitten hatten. Und durch einen Vorhang aus Plastik hatten wir sogar einen echten Backstagebereich. Lichterketten säumten den Raum und zusammen mit den ausgerollten Teppichen verliehen sie ihm eine besondere Atmosphäre – fast als wäre er ein gemütliches Wohnzimmer. In eine Ecke hatten sie alte Sofas gestellt, die zum Hineinsacken einluden. Darüber hing ein riesiges Stoffbanner, auf dem mit großen Buchstaben unser Bandname stand – »Das Ti-MMM«. Die verstaubte Garage ähnelte jetzt einem kleinen Club und hatte sogar besondere Gimmicks: Zwei Papiermülltonnen am Rande der Bühne waren als eine Art Basketballkorb für die Bierflaschen gedacht.

Ich schmiss mich in ein weiches Sofa hinein und schloss die Augen. Ein mulmiges Gefühl machte sich in mir breit. Wir alle würden zum ersten Mal auf der Bühne stehen. Was, wenn ich etwas vergaß, mich verspielte oder falsch einsetzte? Ich versuchte, die Düsenjäger in meinem Bauch zu ignorieren. Immer lässig bleiben und sich nichts anmerken lassen, beruhigte ich mich selbst. So machten es schließlich auch die Rocker, die ich selbst als Zuschauer nickend bewundert hatte.

Ich wünschte mir, Madar könnte an diesem Abend dabei sein. Ausgerechnet heute hatte sie Nachtdienst und musste arbeiten. Sie hatte vor einigen Monaten eine Ausbildung zur Krankenschwester begonnen. Damit verwirklichte sie ein Stück ihres größten Jugendtraums: Ärztin zu werden. Im Iran ging dieser Wunsch nicht in Erfüllung, und jetzt war sie der Meinung, dass es dafür zu spät sei. Aber als Krankenschwester schlug sie wenigstens die gleiche Richtung ein.

Der Erlaubnis, überhaupt eine Ausbildung anfangen zu können, war ein langes Ringen mit den Behörden vorausgegangen. Viele hatten diese Idee von vornherein für irrwitzig gehalten: Es sei ausgeschlossen, als Asylbewerber eine Genehmigung für eine Ausbildung zu bekommen. Und das stand tatsächlich auch so in der Antwort der Ausländerbehörde. Sie schrieben, dass Asylbewerbern eine Ausbildung verboten sei, da ihr Verbleib in dem Land ungewiss sei. Ihr Antrag könne abgelehnt werden und sie müssten in ihre Heimat zurück. Eine Ausbildung kostet viel und deshalb will man nicht in jemanden investieren, von dem man später gar keinen Nutzen hätte. Außerdem kann eine Ausbildung den Aufenthalt eines Asylbewerbers verfestigen und bei der Abschiebung – im beschönigenden Behördendeutsch »aufenthaltsbeendende Maßnahmen« genannt – zu unliebsamen Schwierigkeiten führen.

Überhaupt ist es für Asylbewerber in Deutschland schwierig, eine Arbeit aufzunehmen. Es ist nicht damit getan, dass man eine Stelle findet und dort nach einer erfolgreichen Bewerbung eingestellt wird. Asylbewerber haben keine generelle Arbeitserlaubnis, sondern müssen diese bei der Behörde für einen bestimmten Arbeitsplatz beantragen. Sie haben außerdem nur einen sogenannten »nachrangigen Arbeitsmarktzugang«, weshalb die Behörde zuerst überprüft, ob die Stelle nicht mit anderen besetzt werde kann. Wenn ein Asylbewerber tatsächlich einen Job findet, wird die Sache also zuerst von der Arbeitsagentur bearbeitet. Diese fordert dann den potenziellen Arbeitgeber auf, einen »Vermittlungsauftrag« zu machen, und schickt ihm bis zu sechs Wochen lang Arbeitslose mit Vorrecht – zum Beispiel Deutsche, EU-Bürger und Ausländer mit unbeschränkter Arbeitserlaubnis. Nur, wenn der Arbeitgeber gut begründen kann, dass darunter kein geeigneter Bewerber war, somit also »bevorrechtigte« Arbeitnehmer nicht zur Verfügung stehen, gibt die Arbeitsagentur die Zustimmung zu der Arbeitserlaubnis. Am Ende überprüft aber noch die Ausländerbehörde, ob nicht andere Gründe gegen eine Arbeitserlaubnis sprechen – etwa die Weigerung eines Asylbewerbers, sich abschieben zu lassen. Erst nach all diesem Behördenhickhack erlaubt sie dem Ausländer schließlich, die Arbeit aufzunehmen. Und auch das nur zeitlich beschränkt.

Trotz dieser vielen Hindernisse hatte Madar am Ende tatsächlich das Unmögliche möglich gemacht. Nachdem sie eine Erklärung unterschrieben hatte, dass sie ihre Ausbildung abbreche, wenn unser Asylantrag abgelehnt würde, durfte sie die Ausbildung beginnen. Über diese Formalität dachten wir aber nicht nach. Unser Anwalt hatte uns versichert, dass das Gericht bald eine Entscheidung treffe und er guter Dinge sei. Und so besuchte Madar seit Beginn ihrer Ausbildung abwechselnd die Schule, paukte und arbeitete im Lengericher Krankenhaus.

Neulich, als sie müde von der Arbeit zurückgekommen war, fragte ich sie, ob es ihr immer noch gefiel. Ein bettreifes Lächeln ging über ihre Lippen. Sie sagte, es sei sogar noch besser, als sie es sich vorgestellt habe, denn sie fühle sich auch selbständiger, seitdem sie nicht mehr auf das Asylbewerbergeld angewiesen sei. Ich freute mich für Madar. Sie hatte wieder etwas im Leben gefunden, das sie glücklich machte. Und heute Abend würden wir auch ohne ihre Hilfe die Bude rocken!

Mojtaba Als der Applaus verebbte, war es schlagartig still im Raum. Wir standen auf der selbstgezimmerten Bühne und klammerten uns an unsere Instrumente. Unten im Zuschauerraum erblickte ich viele bekannte Gesichter: fast alle aus meiner Klasse, einige aus anderen Jahrgangsstufen, Freunde aus dem Jugendzentrum, Bekannte aus der Flüchtlingshilfe, Nachbarn. Sogar einige Lehrer waren gekommen. Ihre Köpfe folgten jeder meiner Bewegungen, wie Marionetten, deren Fäden ich in der Hand hielt. Sie drehten sich, als ich den Gitarrenkabelstecker in die passende Buchse steckte, oder als ich mich bückte, um unsere Setlist auf dem Boden zu positionieren. Ich schaute herüber zu den Jungs. Milad, Masoud und Timo waren startbereit. Dario, der sich an der Seite hinter dem Mischpult verschanzt hatte, streckte mir euphorisch den nach oben gerichteten Daumen entgegen. Es konnte also losgehen. Ich nahm mein Plektrum in die Hand und schloss die Augen. Kurz blitzte eine Erinnerung in mir auf: Ich sah uns drei als kleine Jungs mit struppigen Haaren und abgewetzten Klamotten. Wir liefen Madar hinterher, die unseren einzigen Koffer trug, und waren darauf bedacht, nah bei ihr zu bleiben. Sofort schüttelte ich mir das Bild aus dem Kopf. Heute Abend fühlte ich mich nicht mehr als der hilflose und ängstliche Flüchtling von damals. Ich öffnete meine Augen, holte tief Luft und zählte leise das erste Lied an: »Eins, zwei, drei. Eins, zwei, drei.«

Sobald die ersten Töne erklangen, lockerten sich meine Hände und der Backstein in meinem Bauch war auf einmal verschwunden. Mit jeder erfolgreich bewältigten Note wurde der Taktschlag meines Fußes sicherer und bald war alles nur noch Farbe und Klang. Unsere Instrumente schienen miteinander zu verschmelzen und zauberten eine psychedelische Melodie hervor. Fast fühlte ich mich wie einer meiner Gitarrenhelden von Metallica. Aber nur fast. Denn dann wendete sich das Blatt.

In den nächsten dreißig Minuten ging einfach alles schief, was schiefgehen konnte. Sogar für einen ersten Auftritt war das zu viel: Schon beim zweiten Lied setzte Masoud falsch ein, und nach einigen quälenden Takten voller schräger Töne mussten wir abbrechen und von vorn beginnen. Die Zuschauer munterten uns zwar mit bestärkendem Applaus auf, aber sie ahnten ja nicht, was sie noch erwartete. Beim dritten Stück rutschte Timos Bassgitarre aus der Öse seines Gurtes und fiel krachend auf den Boden. Timo gab sein Bestes, hockte sich hin, griff nach dem Instrument und spielte weiter, als wäre nichts passiert, doch er brachte nur noch ein furchtbar verstimmtes Grummeln hervor. Auch die nächsten Lieder strotzten nur so vor musikalischen Katastrophen: Eine gerissene Saite an meiner Gitarre, verpatzte Melodien und vor Aufregung in unterschiedlichen Geschwindigkeiten aneinander vorbeileiernde Instrumente: Es war ein komplettes Desaster.

Als die Zuschauer am Ende in Jubel ausbrachen, wusste ich, dass sie sich nur über ihre Erlösung freuen konnten. Am liebsten wäre ich im Erdboden versunken und wagte keinen Blick in Richtung Publikum. Stattdessen wandte ich mich Milad, Masoud und Timo zu. Sie sahen erschöpft aus. Mit gerümpften Nasen und skeptischen Blicken kümmerten sie sich bereits um den Abbau. Milad wischte sich den Schweiß von der Stirn, legte seine Geige in den kleinen Koffer und wollte rasch hinter die Bühne verschwinden, als die ersten Leute aus dem Publikum zu ihm eilten. Es waren seine Klassenkameraden. Sie klopften ihm auf den Rücken und schüttelten ihm die Hand. Langsam hellte sich Milads Miene auf und ein dünnes Lächeln deutete sich in seinem Gesicht an. Andere Zuschauer folgten und nach einer Weile war die Bühne voller Menschen. Wir waren umzingelt von Händen, die uns auf die Schulter klopften und unsere Haare zerzausten. Einige skandierten sogar voller Begeisterung unseren Bandnamen: »Das Ti-MMM! Das Ti-MMM! Das Ti-MMM!« Ich war baff. Das hatten wir nicht verdient, zumindest nicht heute Abend. Aber trotzdem fühlte es sich unglaublich gut an. Und mir wurde bewusst, dass es den Menschen in dieser Garage nicht nur um ein Konzert ging – sie waren wegen uns gekommen. In diesem Moment schwand meine Enttäuschung über den vermasselten Auftritt. Das nächste Mal würden wir besser vorbereitet sein, nahm ich mir vor, ließ mich auf die ausgestreckten Hände meiner Freunde fallen und davontragen.

7

Mit dem Rücken zur Wand

Masoud Er gähnte mich geradezu an, dieser dunkle Flur ohne Bilder an den Wänden und ohne Pflanzen auf den Fensterbrettern. Ich kauerte auf einer schmucklosen Bank vor dem Raum 5 im Saal II des Gerichtsgebäudes in Münster.

Fünf Jahre war es nun her, dass ich als Elfjähriger auf einem Stuhl vor dem Anhörungsraum gehockt und auf Madar gewartet hatte. Alles, was ich damals wusste, war, dass wir uns erst drei Monate in Teheran verstecken mussten, dann mit einem Koffer von einem unbekannten Mann, der sich als unseren Vater ausgab, in dieses Land gebracht wurden und auf keinen Fall mehr zurückgehen durften. Mehr nicht! Doch in den letzten Jahren war einiges geschehen: Aus dem Nichts hatten wir uns mit Mühe ein neues Leben aufgebaut. Wir hatten die deutsche Sprache erlernt, uns von der Hauptschule bis zum Gymnasium hochgearbeitet, spielten Fußball im Verein, hatten eine Band und Freunde fürs Leben gefunden.

Unsere frühere Heimat, von der ich mich mit Tränen verabschieden musste, existierte nur noch in meinem Kopf, als Erinnerung. Sie war Vergangenheit. Die Gegenwart und die Zukunft gehörten unserem neuen Zuhause, und mittlerweile erschien es mir unvorstellbar, in den Iran zurückzukehren. Der Kontakt zu unseren Großeltern hatte nachgelassen, die Verbindung zu Farroch war völlig abgebrochen, und Pedars Ankunft hatte uns gezeigt, dass wir uns zu sehr verändert hatten, um im Iran zurechtzukommen.

Madar trug kein Kopftuch mehr und zeigte ihre schönen dunklen Locken. In unserer Heimat wäre sie dafür eingesperrt worden. Sie hatte sich hier das Schwimmen selbst beigebracht und besuchte mit uns das Freibad – im Iran durfte sie nicht einmal ins Schwimmbad, um uns zuzuschauen. Und Madar wäre nach iranischem Recht immer noch verheiratet.

Nein, unsere Zukunft gehörte hierhin. Und wir hatten viele Pläne: Ich wollte nochmal als Schülersprecher kandidieren, Milad tüftelte an seinem Projekt für den Bundeswettbewerb Informatik, Mojtaba schmiedete ständig neue Vorhaben für unsere Band, und Madar freute sich bereits, nach ihrer Ausbildung als richtige Krankenschwester arbeiten zu können. Außerdem standen wir kurz vor der Oberstufe und träumten davon zu studieren.

Am heutigen Tag sollte der wichtigste Grundstein dieser schönen Zukunft gelegt werden. Das Gericht sollte endlich unser Leben in Deutschland offiziell besiegeln. Auf dieser Holzbank vor dem Verhandlungssaal warteten wir darauf, aufgerufen zu werden. Mittlerweile gehörten zu diesem *Wir* jedoch nicht nur Madar, Milad, Mojtaba und ich: Timo saß Schulter an Schulter neben mir. Seine blonden Haare waren zurechtgekämmt und er trug ordentliche Klamotten. Uns gegenüber hatte Dario Platz genommen, der genau wie sein Bruder die Schule schwänzte. Sie wollten mit uns den Moment erleben, an dem wir endlich unsere Freiheit erlangen würden. Auch Christa begleitete uns. Sie stand neben unserem Anwalt, Herrn Stern, der mit einer Robe bekleidet war.

Timo legte seinen Arm um meinen Hals und zog mich an sich: »Wenn ihr eure Aufenthaltspapiere habt, ziehen wir los. In den Ferien schnappen wir uns Rucksäcke, packen das Notwendigste ein und brechen Richtung Norden auf. Gemeinsam machen wir die Wildnis unsicher. Wird Zeit, dass ihr mal Europas Bären kennenlernt!«

Ich versuchte, mich aus seinem Schwitzkasten zu befreien. Doch es gelang mir nicht. »Versprochen – die Reise machen wir als Erstes«, röchelte ich. »Aber dafür musst du mich atmen lassen.« Timo lockerte seinen Griff und ich entkam. Er lächelte mich kurz an und wir beide setzten uns wieder gerade hin.

Madar stierte die Tür des Gerichtssaals unverwandt an. Die Anspannung war ihr anzumerken. Natürlich waren wir alle aufgeregt, denn die Entscheidung unseres Lebens stand noch aus. Aber wir waren optimistisch. Diesmal unterschied sich vieles von der Anhörung beim Bundesamt vor fünf Jahren. Wir hatten einen erfahrenen Anwalt, der bereits unzähligen Asylbewerbern geholfen hatte. Darüber hinaus hatte uns Herr Stern Mut gemacht: Es sei die Regel, dass uns das Bundesamt damals abgelehnt habe. Nur ungefähr ein Prozent der gesamten Gesuche gehe erfolgreich aus. Aber vor Gericht sehe es anders aus. Und deshalb hatten er und Madar sich sehr gut auf den Gerichtstermin vorbereitet: Sie waren minutiös das Anhörungsprotokoll des Bundesamtes durchgegangen und hatten die Verdrehungen und falschen Übersetzungen des damaligen afghanischen Dolmetschers, der Dari statt Farsi sprach, korrigiert und dem Gericht vorgelegt. Außerdem hatten sie alle Unterlagen über Madars politische Arbeit im Iran und in Deutschland geordnet, kommentiert und ebenfalls ans Gericht weitergereicht. Obendrein würde Madar heute selbst auf Deutsch sprechen und brauchte keinen Übersetzer.

Herr Stern war der festen Überzeugung, dass wir nur als Gewinner den Raum verlassen könnten. Er habe bei anderen Richtern dieser Kammer schon Fälle mit weniger Beweisen durchgebracht und versicherte uns, dass das Gericht angesichts Madars politischer Lebensgeschichte, ihrer umfangreichen oppositionellen Arbeit und der Richtigstellung der Aussagen bei der Anhörung nicht anders könne, als unseren Widerspruch positiv zu bescheiden.

Die Tür des Gerichtssaals öffnete sich. Eine Stimme rief uns hinein.

Der Ort, an dem über unser Leben entschieden werden sollte, war kleiner und schlichter, als ich es mir vorgestellt hatte. Er wirkte wie ein großes Büro der Stadtverwaltung. Am Kopf des Raumes befand sich das Richterpult. Dann folgten links und rechts vom Durchgang zwei langgezogene Tische und dahinter die Sitzplätze für die Zuschauer. Ein korpulenter Richter mit einer Brille, die ihm tief auf die Nase gerutscht war, saß uns mittig gegenüber. Das war also der Halbgott, um dessen Gunst wir buhlen mussten. An seiner Seite hatte eine Frau Platz genommen, die ebenfalls mit einer Robe bekleidet war.

Madar, Milad, Mojtaba und ich setzten uns mit Herrn Stern an einen der Tische. Christa, Timo und Dario ließen sich auf den hinteren Stühlen nieder.

Lächelnd schaute ich den Richter an und versuchte ihn gnädig zu stimmen. Doch während er mit hängenden Mundwinkeln stur geradeaus blickte, nahm er mich überhaupt nicht wahr. Schließlich geriet am Pult etwas in Bewegung. Die Gehilfin erhob sich, räusperte sich kurz und begann zu sprechen. Sie rief offiziell unseren Fall auf, fasste den Streitpunkt zusammen und eröffnete die Verhandlung. Dann rührte sich auch der Richter und wandte sich an uns: »Für mich ist der Fall eindeutig. Aus der Sachlage heraus ergeben sich keine Fragen.«

Es wurde still. Der Allmächtige erstarrte wieder.

War das alles? Sollte dieses knappe Urteil unsere langersehnte Anerkennung sein? Hatten wir es endlich geschafft? Ich wollte mich freuen, aber das Desinteresse des Richters und sein abweisender Ton passten irgendwie nicht. Hatten wir uns alle etwa verschätzt und der juristische Halbgott zog tatsächlich in Erwägung, uns abzulehnen? Aber die Verhandlung hatte gerade erst angefangen. Er musste doch erst einmal überprüfen, ob die Vorwürfe, die das Bundesamt Madar gemacht hatte und weswegen wir damals abgelehnt worden waren, überhaupt stimmten! Er musste doch auf die ganzen Sachen eingehen, die wir eingereicht hatten!

Endlich überwand Herr Stern die Stille, die sich im Saal ausgebreitet hatte. Er stand auf und sagte: »Verehrter Herr Richter, Sie ...« Da wurde er unterbrochen. »Wenn es von Ihrer Seite aus etwas vorzutragen gibt, dann soll sich die Klägerin selbst äußern.« Ohne Widerrede folgte Herr Stern der Anordnung des Richters und setzte sich wieder hin.

Madar erhob sich zaghaft und fragte leise: »Herr Richter, bitte sagen Sie mir, was Sie von mir wissen möchten.«

»Es ist die Aufgabe der Klägerseite, den Prozessstoff zu bestimmen«, antwortete der Allmächtige knapp.

Erst nach mehreren Ansätzen fand Madar die richtigen Worte, um zu beginnen. Sie erklärte, warum wir den Iran verlassen mussten, warum sie hier weiterhin politisch aktiv war, und was alles bei der Anhörung vor dem Bundesamt falsch gelaufen war. Ihre wacklige Stimme hatte sich verwandelt. Sie redete eindringlich auf den Richter ein und versuchte ihm begreiflich zu machen, dass wir nicht zurückkonnten. Regungslos wie ein Stein saß der Richter auf seinem übergroßen Stuhl. Seine Augen waren zwar auf Madar gerichtet, aber er schaute durch sie hindurch.

Nach einer gefühlten Ewigkeit beendete Madar ihren Vortrag. Der Richter erhob sich. Er blickte uns über seine Brille hinweg an. »Das, was Sie hier anführen, bewirkt keine Änderung meiner Entscheidung. Das Urteil lautet: Die Klage wird abgewiesen. Ihr Asylantrag ist somit rechtmäßig abgelehnt. Sie müssen Deutschland in der gesetzten Frist verlassen. Kommen Sie der Ausreisepflicht nicht freiwillig nach, muss eine Zwangsrückführung erfolgen.«

Mojtaba Da war doch etwas! Ich riss meine Augen auf und starrte in die Dunkelheit. Nur ein wenig fahles Mondlicht fiel durch das Fenster über meinem Kopf in unser Schlafzimmer. Die rot schimmernde Uhr neben mir zeigte vier Uhr zwanzig. Da ertönte wieder das seltsame Geräusch. Ich richtete mich auf und horchte konzentriert. Aber abgesehen vom Sausen des Windes hinter der Baracke konnte ich nichts hören. Milad und Masoud schienen seelenruhig zu schlafen. Sie lagen auf dem Etagenbett am Ende des Raums, direkt neben der Tür. Ich legte mich auch wieder hin und schloss die Augen.

Kurz darauf klapperte es laut. Erneut riss ich die Augen auf. Da war etwas, ganz sicher! Es klapperte ein zweites Mal. Die Geräusche kamen von der hölzernen Wohnungstür. Das sind nur die heftigen Windböen, versuchte ich mich zu beruhigen. Doch es wurde noch lauter. Ich setzte mich auf und sah, wie sich Masoud und Milad die Augen rieben. Das Geräusch schwoll zu einem regelrechten Hämmern an. Mein Puls beschleunigte sich. Meine unruhigen Blicke kreuzten Milads und Masouds. Panik ergriff mich. Es war so weit! Sie holten uns! Es klopfte, pochte und hämmerte immer wieder an der Tür. Dann folgte eine letzte heftige Salve von Schlägen, die Tür krachte auf und knallte gegen die Wand.

Schwere Absätze stampften in den Flur. Durch die offene Zimmertür sah ich, wie dort große gesichtslose Gestalten aufragten. Sie waren zu fünft, sechst oder vielleicht auch siebt. Bei ihrem Anblick kroch mir Kälte den Rücken hoch. Dann zuckten einige Taschenlampen auf und schnitten sich wild kreuzende Schneisen aus Licht in die Dunkelheit. Jetzt erkannte ich die Männer: Sie trugen dunkle Mützen, Stiefel, Waffen und dicke Lederjacken, auf denen POLIZEI stand.

»Hiermit wird Ihre Abschiebung eingeleitet«, sagte eine Stimme kalt und klar wie eine Maschine.

Alle meine Muskeln spannten sich an, aber weder ich noch Milad oder Masoud bewegten sich. Dann schrie es aus dem Flur. Es war Madar, die zu uns geeilt war. »Nein! *Na!* Nein!«, schrie sie immer und immer wieder. Ihre qualvollen Rufe stachen mir ins Herz. Sie versuchte in unser Zimmer zu gelangen, aber zwei der Gestalten stellten sich ihr in den Weg. Mit aller Kraft zog Madar an ihren schwarzen Jacken, aber sie rührten sich nicht vom Fleck. Einer von ihnen griff nach ihr und stieß sie zu Boden. Madar lag bäuchlings da, wie ein achtlos weggeworfenes Kleidungsstück. Derselbe Polizist, der sie gestoßen hatte, beugte sich nun zu ihr, packte ihre Handgelenke und fesselte sie mit dicken Kabelbindern hinter dem Rücken.

Ich hörte Milad schluchzen. Er atmete stoßweise und brachte nur wirre Laute hervor. Dann schrie Masoud auf: »Madar! Madar!« Zwei der Männer gingen auf meine Brüder los. Einer packte Milad am Arm und zog ihn aus dem Bett. Sein Schluchzen wurde heftiger, aber er wehrte sich nicht. Der andere warf Masouds Decke zur Seite und forderte ihn auf, herunterzukommen.

»Lasst mich!«, fauchte Madar und wehrte sich dabei mit ihrer ganzen Kraft. »Ich will zu ihnen. Meine Kinder!

Lasst mich los!« In dem Moment rammte der Polizist, der sie auf dem Boden hielt, sein Knie in Madars Nacken. Er holte ein Tuch hervor, beträufelte es mit einer Flüssigkeit und presste es auf ihren Mund. Ihre Schreie wurden dumpfer und kurz darauf verstummten sie. Eine Taschenlampe hatte ihr Gesicht fixiert. Ich sah, wie Madar mich anschaute, wie ihre Augen zitterten. In mir zerbrach etwas. Das alles geschah der Frau, deren Gesicht zu meinen ersten Erinnerungen gehörte, die mir immer wieder gezeigt hatte, was Liebe bedeutete. Ich musste etwas tun, aber ich war gelähmt.

Nun kam eine der schwarzen Gestalten auf mich zu. Er trug dicke Lederhandschuhe. Mit der linken Hand hielt er einen Kabelbinder, mit der rechten wollte er nach mir greifen. Ich kroch auf allen vieren auf dem Bett zurück, weg von ihm, weg von seiner behandschuhten Pranke. Mein Rücken stieß gegen die kalte Wand, weiter konnte ich nicht. Aber der Polizist war fast da, gleich hatte er mich. Der schwarze Handschuh kam mit gespreizten Fingern auf mich zu. Wie eine giftige Spinne, die sich ihrer in die Enge getriebenen Beute näherte. Mit bebender Brust presste ich mich immer wieder gegen die Wand. Ein Schrei kroch meine Kehle empor, aber mir versagte die Stimme. Ich konnte nicht schreien, ich konnte nicht weglaufen, ich konnte Madar nicht helfen.

Plötzlich Schwärze. Für den Bruchteil einer Sekunde wurde es still, dann öffneten sich meine Augen. Heftig schnaufend sah ich mich um. Milad und Masoud schliefen und im Flur war niemand. Es war auch kein Geräusch zu hören. Ich atmete mehrere Male tief durch, bis ich mich etwas beruhigte. Mein T-Shirt war von Schweiß durchtränkt und mir tat der Kopf weh. Ich richtete mich auf, zog die Beine an und drückte die Knie wie einen Schraubstock gegen die stechenden Schläfen.

Seitdem das Gericht unseren Asylantrag abgelehnt hatte, waren mittlerweile eineinhalb Jahre vergangen. Man sagt, die Zeit heile alle Wunden, aber unsere klafften größer und schmerzhafter als je zuvor. In den letzten Monaten hatten meine Albträume zugenommen und ich wachte immer häufiger mit Kopfschmerzen auf. Christa hatte uns vor den Nacht-und-Nebel-Aktionen der Polizei gewarnt, aber was konnten wir schon dagegen tun? Erst vor zwei Monaten hatte ich gehört, wie eine Familie im Schlaf überrascht worden war. Die Mutter war zwar nicht zu Hause gewesen, trotzdem hatte man die Kinder und den Ehemann in ein Flugzeug gesetzt und abgeschoben. Früher hätte ich nicht geglaubt, dass es hier in Deutschland Menschen gab, die das übers Herz brachten. Aber ich hatte mich getäuscht. Solche Überfälle waren real, sie passierten tagtäglich. Und die Furcht davor verfolgte mich jeden Abend in den Schlaf.

Die Uhr zeigte halb acht. Ich stand auf und sah aus dem Fenster. Es dämmerte bereits. Milad und Masoud atmeten noch tief, als ich an ihnen vorbei in den Flur tappte. Die Wohnungstür war verschlossen, nur der Wind blies säuselnd durch den unteren Spalt und kühlte meine Zehen. Ich musste nach Madar schauen. Ihre Tür stand offen, wie jede Nacht in letzter Zeit. Sie sagte zwar nichts, aber ich wusste, dass sie Angst hatte. Vor allem davor, uns drei gefesselt zu sehen, ehe sie einschreiten könnte. Ich blieb auf der Schwelle stehen und lehnte mich gegen den Türrahmen. Sie lag friedlich schlafend in ihrem altmodischen französischen Bett, das gerade so ins Zimmer passte, und hatte sich in eine helle Decke gemummelt. Sie so zu sehen beruhigte mich, aber ich wusste, dass der Schlaf mir etwas vorgaukelte. Die Ruhe hatte Madars Leben schon lange verlassen. Sie war in den letzten eineinhalb Jahren gealtert. Ihr Haar hatte begonnen grau zu werden und die Augen waren in dunklen Höhlen versunken. Als kleiner Junge war mir Madar wie ein Übermensch vorgekommen, dem nichts etwas anhaben könnte. Die tiefen Furchen, die jetzt ihr Gesicht durchzogen, bewiesen aber, dass das ein kindlicher Irrtum gewesen war.

Der Richter des Verwaltungsgerichts hatte uns mit seiner abweisenden Entscheidung zu einem Leben in Angst verurteilt. Mit unserem Anwalt klagten wir gegen dieses Urteil. Gericht für Gericht, Richter für Richter durchliefen wir alle Instanzen: angefangen beim Oberverwaltungsgericht, bis hin zum Bundesverfassungsgericht und schließlich dem Europäischen Gerichtshof für Menschenrechte. Eineinhalb Jahre dauerte das nun schon. Eineinhalb quälende Jahre, die nichts gebracht hatten außer Aktenbergen und hohen Schulden bei unserem Anwalt. Niemand wollte uns Gehör schenken, kein Richter sah, wie es uns erging. Dabei hatte uns Herr Stern ehrlicherweise gestanden, dass die Chance einer Entscheidungsrevision sehr klein sei. Denn niemand setze sich noch einmal mit unserer Geschichte auseinander. Man prüfe nur auf Verfahrensfehler während der Verhandlung beim Verwaltungsgericht. Und einen Verfahrensfehler zu beweisen, so hatte er zugegeben, sei fast unmöglich. Trotzdem nahmen wir diese Tortur auf uns, denn jede Klage brachte einige Monate Abschiebeschutz – einige Monate ohne Gefahr, nachts entführt zu werden. Wir hatten sogar mithilfe von Lehrern und Mitschülern Unterschriften gesammelt. Hunderte von Menschen verlangten schwarz auf weiß, dass wir hierblieben. Aber auch das verpuffte wirkungslos. Es war, als rannten wir die ganze Zeit durch ein Gewirr enger Gassen, auf der Suche nach Rettung. Doch jede Tür, an der wir rüttelten, blieb verschlossen.

Am Anfang hatte ich oft noch wehmütig an die schöne

Zeit gedacht, die wir mit Timo und Dario hatten, an unser Konzert und die täglichen Albereien und Späße. Doch bald fand ich mich damit ab, dass das alles nur ein kleines, fröhliches Zwischenspiel gewesen war. Eine kurze Unterbrechung unseres angsterfüllten und unsicheren Lebens. Es hatte in dem Moment begonnen, als wir vor den *Pasdaran* in einer Teheraner Wohnung untertauchen mussten. Damals war ich jedes Mal zusammengezuckt, wenn das Metalltor aufsprang und ich dahinter die grünen Revolutionswächter befürchtete. Heute quälten mich Träume von schwarzen Gestalten, die unsere Barackentür aufbrachen, um uns in jenes Land zu verschleppen, aus dem wir geflüchtet waren. Manchmal überkam mich die Idee, wieder unterzutauchen. Aber wie ging es danach weiter? Nein, dieses Mal konnten wir nicht fliehen. Dafür waren wir alle zu erschöpft. Außerdem wollten wir nicht wieder alles verlieren.

Heute mussten wir erneut unseren Mut unter Beweis stellen. Die Ausländerbehörde hatte uns zu sich zitiert. Wie immer verrieten sie nicht, worum es sich genau handelte: »Ihre Aufenthaltsangelegenheit«, das war alles an Informationen, die sie uns vorab zubilligten. Aus Erfahrung wusste ich aber, dass solche Termine niemals etwas Gutes bedeuteten.

Mein Blick wanderte zum Fenster in Madars Zimmer. Draußen sah ich die rauen und gefurchten Pappeln, die unsere Baracke umgaben. Es war ein windiger Herbsttag und ihre nur noch schütter belaubten Wipfel zitterten mit jedem Windstoß. Auf einmal fühlte sich der Türrahmen an meiner Schulter kalt und hart an. Ich stieß mich ab und stellte mich aufrecht hin. Ein Schauder überlief meinen Körper und ich merkte, dass er genauso zitterte wie die Bäume draußen.

Das Gebäude der Ausländerbehörde Steinfurt stand da wie ein gewaltiger Fels. Mittlerweile waren Gewitterwolken aufgezogen und färbten den Himmel stahlgrau. Der rauschende Regen hatte uns auf dem Weg hierher durchnässt. Wir meldeten uns am Empfang an, und als wir von zwei Angestellten abgeholt wurden, tröpfelte mir noch Wasser von den Haaren ins Gesicht.

Es war ungewöhnlich, dass sich uns gleich zwei Sachbearbeiter widmeten. Eine dürre, knochige Frau, die wir noch nie gesehen hatten, stellte sich als die Leiterin der Ausländerbehörde vor. Der andere war ein junger, glatt rasierter Mann. Wir folgten ihnen in einen Besprechungsraum, der fast leer war. Seine kahlen, fensterlosen Wände umgaben einen großen rechteckigen Holztisch, der von Stühlen flankiert wurde. Wir vier setzten uns nebeneinander hin und die beiden nahmen auf zwei Stühlen gegenüber Platz. Hinter ihnen stand eine gelbgrüne Zimmerpflanze aus Plastik, die sie mit ihren Stühlen achtlos gegen die Wand drückten.

Früher hatte ich mich noch dazu gezwungen, ein gekünsteltes Lächeln aufzusetzen, hatte mir eingeredet, die Sachbearbeiter dadurch milde stimmen zu können. Mittlerweile schaute ich sie nur mit regloser Miene an. Genauso, wie sie uns anschauten.

Die Frau schob einige Formulare über den Tisch. »Sie müssen das hier unterschreiben.«

»Was ist das?«, fragte Madar.

»Das sind Einwilligungserklärungen. Sie besagen, dass Sie freiwillig in den Iran zurückreisen möchten. Damit werden wir iranische Pässe beantragen, um Sie in Ihre Heimat zurückschicken zu können.«

Madar legte ihre Hand auf die Formulare und rückte sie von uns weg. Es wurde still. Sekunden vergingen, aber niemand sagte etwas. Wir saßen dort vermutlich kaum länger als eine Minute, aber es war bis dahin die längste meines Lebens. Die beiden starrten uns an. Die Luft wurde schwül, beinahe fest. Das Atmen fiel mir schwer.

»Wir unterschreiben niemals!«, sagte Madar ungehalten. Sie sprach mir aus der Seele und der Druck auf meiner Brust nahm etwas ab. »Ich habe das Ihren Kollegen schon tausend Mal erklärt. Wir können nicht zurück in den Iran. Wieso verstehen Sie das nicht? Man wird mich dort verhaften. Sie wissen doch gut über dieses verfluchte Regime Bescheid. In den iranischen Gefängnissen sterben Unzählige. Vielleicht werde ich die Nächste sein. Und wenn nicht, trennen sie mich jahrelang von meinen Kindern. Haben *Sie* Kinder?«

Die beiden reagierten nicht auf die Frage. Sie wollten uns um jeden Preis loswerden und dazu brauchten sie unsere Unterschriften, da der Iran keine Zwangsabschiebungen akzeptiert. Aber wir würden nicht unterschreiben. Wir hatten nicht seit Jahren gekämpft, um jetzt einfach so aufzugeben.

»Haben *Sie* Kinder?«, fragte Madar erneut, nur diesmal viel lauter.

Sie saß direkt neben mir. Ich legte meine Hand auf ihre und drückte sie leicht. »Hören Sie«, schaltete ich mich ein. »Steht es nicht im Gesetz, dass Deutschland bedrohten Menschen Schutz gewährt? Was unsere Mutter sagen will, ist, dass wir nicht verstehen können, warum sie uns dennoch in den Iran schicken wollen. ›Zurück in Ihre Heimat‹, haben Sie vorhin gesagt. Aber unsere Heimat ist jetzt Deutschland. Wir leben schon seit mehr als sieben Jahren hier. Mittlerweile sprechen wir besser Deutsch als unsere Muttersprache. Außerdem sind wir sehr gute Schüler. Ist das nicht genau das, was alle von Ausländern verlangen?«

Ich schaute erwartungsvoll in die Gesichter der beiden, aber sie verzogen keine Miene. Als wäre meine Frage an den kahlen Wänden zerschmettert. Ich hatte zu reden begonnen, weil ich das Gefühl hatte, Madar würde gleich die Kontrolle verlieren. Jetzt stand ich selbst kurz davor. Ich konnte die Stille nicht mehr aushalten und sie machte mich wütend. Diese beiden Menschen hatten sich hinter ihrem Tisch verschanzt. Nur Anweisungen und Formulare überwanden diese hölzerne Mauer. Unsere Argumente, unsere Bitten, unsere Sorgen prallten an ihr ab.

Vor Anspannung ballte ich die Faust. »Hier haben wir unsere einzigen Freunde! Hören sie das? Schon einmal haben wir alle Menschen, die wir kannten und liebten, verloren. Sollen wir ...«

»Wir sind dafür nicht zuständig«, unterbrach mich die dürre Frau mit unveränderter Stimme. »Unsere Aufgabe ist es, aufenthaltsbeendende Maßnahmen zu ergreifen. Sie müssen dieses Land verlassen, und wenn Sie nicht freiwillig ausreisen, zwingen wir Sie dazu.«

Madars Hand, die ich immer noch hielt, begann zu zittern.

»Wir werden Ihnen jeden Grund nehmen, hierbleiben zu wollen. Das bedeutet, dass wir Ihr monatliches Geld auf das Minimum kürzen. Außerdem befristen wir Ihre Duldung auf eine Woche. Sie müssen alle sieben Tage hier vorsprechen und eine Verlängerung beantragen.« Sie machte eine Pause und fixierte unsere Mutter mit den Augen: »Und mit sofortiger Wirkung entziehen wir Ihnen die Erlaubnis, Ihre Ausbildung fortzusetzen.«

Alle Farbe wich aus Madars Gesicht. »Nein! Nein! Das geht nicht! Nein!«, schrie Madar mit bebender Stimme. Sie hatte die Arme geöffnet und ihre Handflächen zeigten nach oben. »Nein! Bitte! Nein!« Ich umarmte sie, versuchte sie mit Worten zu beruhigen, aber es brachte nichts. Die Ausbildung war ihr letzter Halt, das würde sie nicht verkraften.

Madar ballte ihre Finger zu Fäusten und schlug immer wieder auf den Tisch, dann auf ihre eigene Brust und wieder auf den Tisch. Sie schrie. Sie weinte. Meine Brüder riefen mit tränenerstickten Stimmen: »Madar! Madar!« Aber sie reagierte nicht, sie hörte uns nicht einmal. Das Hämmern gegen das Holz, die verzweifelten Rufe, die angsterfüllten Blicke – es war, als wäre ich wieder im Albtraum von heute Morgen.

Ich wünschte mir, dass die zwei Beamten aufstanden, uns packten und brutal zum Schweigen brachten. Dann hätte ich endlich meiner Wut, meiner Verzweiflung freien Lauf lassen können. Ich hätte so lange auf die beiden eingeschlagen, bis ich erschöpft zusammengesackt wäre. Aber sie saßen nur reglos da. Sie sahen unser Leid, hörten uns wimmern, aber ihre Augen waren leer. Ich konnte nicht anders, als zu glauben, dass sie genauso leblos waren wie die Plastikpflanze hinter ihnen.

Madar rutschte vom Stuhl herunter, sank auf den Boden und schaukelte auf Knien vor und zurück. Tränen rannen ihr über das Gesicht und ihre Stimme brach. Sie gab nur noch krächzende Laute von sich. Ich dachte an das Gefühl von heute Morgen: Nein, unsere Mutter war kein Übermensch. Sie war verzweifelt und müde. Ein Mensch, dessen Hoffnung Stück für Stück zerstoßen worden war. Ich hatte sie noch nie so erlebt. Sogar in meinem Albtraum hatte sie mit einem Ziel vor Augen gekämpft. Doch jetzt war kaum noch etwas von ihr da. Es war, als würde sich Madar langsam auflösen.

Wir brachten unsere Mutter nach Hause. Ihre Augen waren geschlossen und ihr Körper hing schlaff vornübergebeugt. Wenn wir sie ansprachen, reagierte sie nicht. Masoud und Mojtaba halfen ihr beim Gehen und sie ließ sich leiten. Es war ein Anblick, den ich kaum ertrug.

Als wir zu Hause ankamen, schleppte sie sich stumm in ihr Zimmer. Auf keinen Fall wollte ich sie in ihrer Verzweiflung allein lassen, aber ich wusste nicht, ob ich Worte finden könnte, die ihr Leid linderten, ob es überhaupt solche Worte gab. »Vielleicht ist es das Beste, wenn sie etwas schläft«, schlug ich vor. Masoud und Mojtaba nickten und wir setzten uns ins Wohnzimmer.

Niemand sprach. Nach einer Weile holte Masoud die zerknitterten Formulare, die wir unterschreiben sollten, aus seiner Hosentasche heraus. Er überflog sie, dann zerriss er sie hastig und warf die Papierfetzen auf den Boden.

Mojtaba stemmte sich vom Stuhl hoch. »Ich bringe Madar Wasser.« Kurze Zeit später kam er mit einem vollen Glas zurück. »Sie hat die Tür abgeschlossen«, sagte er unruhig. »Und antwortet nicht.«

»Es wird ihr bald besser gehen. Lass sie sich ausruhen«, versuchte Masoud ihn zu beruhigen.

»Ich rufe Christa an«, sagte er und griff zum Telefonhörer.

In der Stille, die sich dann wieder breitmachte, merkte ich meine Erschöpfung. Ich lehnte meinen Kopf zurück und schloss die Augen. Aber anstatt zu entspannen, überkamen mich die Bilder von vorhin: Madars Zusammenbruch, ihr schwacher Körper, der von meinen Brüdern gestützt werden musste.

Ich konnte mir nicht vorstellen, wie Madar diesen Schlag überwinden sollte. Manchmal kam es mir vor, als wäre die Ausbildung Madars letzte Hoffnung auf ein besseres Leben. Die Medizin war nicht nur ihr Kindheitstraum, sondern die einzige Chance, unserem alltäglichen Wahnsinn zumindest für ein paar Stunden zu entkommen. Zu Hause wartete nur noch die Angst vor der Abschiebung. Bei jeder Mahlzeit, bei jedem Gespräch, bei jedem Telefonat redeten wir darüber. Um dem Thema zu entfliehen, blieb Madar nur die harte Arbeit im Krankenhaus. Die Morgenstunden bei der Ausbildung waren für sie das, was für mich die Schule war: die Flucht in eine andere Welt. Mit Menschen, die von all dem nichts wussten, und wo wir so tun konnten, als wäre alles in Ordnung.

Es klopfte an der Haustür. Ich öffnete wieder die Augen. Wir eilten hin und wie erhofft war Christa da. »Hey, wie geht es euch?«, fragte sie liebevoll.

»Madar geht es nicht gut«, antwortete Mojtaba.

»Ab morgen darf sie nicht mehr zu ihrer Ausbildung«, fügte ich hinzu.

»Ich weiß. Hat mir dein Bruder am Telefon schon erzählt. Wir werden das nicht akzeptieren. Wo ist sie jetzt?«

Wir zeigten in Richtung ihres Schlafzimmers und Christa machte sich auf den Weg.

Kurz nachdem wir die Haustür geschlossen hatten, klopfte es erneut. Vor uns stand ein unbekannter Mann, der sich als Mitarbeiter des Ordnungsamts ausgab. »Ich habe einen Anruf vom Arzt eurer Mutter erhalten. Er hat vor einigen Minuten mit ihr telefoniert und ist sehr besorgt. Ich möchte sie sofort sehen!«

»Was ist denn los?«, frage Masoud verwirrt.

»Bitte führt mich zu ihr. Wir dürfen keine Zeit verlieren.«

Wir liefen zu ihrem Schlafzimmer. Die Tür war noch immer abgeschlossen und Christa stand davor.

»Madar, mach bitte auf!«, rief Mojtaba.

Keine Antwort. Er rannte ins Wohnzimmer und kam mit einem zweiten Schlüssel zurück. Sie waren für alle Zimmer gleich. Er versuchte die Tür zu öffnen, aber ohne Erfolg. Ein anderer Schlüssel steckte von innen im Schloss.

»Madar, sag doch was«, flehte Masoud und klopfte. Wieder nichts.

Mojtaba rüttelte an dem Schlüssel, um den anderen irgendwie herauszubefördern. Er rüttelte noch heftiger. Dann fiel etwas herunter. Er drehte den Schlüssel um und die Tür ging auf.

Madar lag zusammengekauert auf ihrem Bett – wie ein Embryo im Mutterleib. Sie schluchzte. Neben ihr eine Tablettenpackung. Ich stand da und schaute sie an, aber ich war zu keiner Regung fähig. Masoud, Mojtaba und Christa rannten zu ihr, nahmen ihre Hand. Doch mein Körper wollte sich nicht rühren. Alles in mir war plötzlich wie tot. Ich hörte, wie Madar unter Tränen erzählte, dass sie viele Tabletten geschluckt habe. Sie zitterte am ganzen Körper. Masoud drückte sie an sich. Ich drehte mich weg und rutschte an der Wand im Flur herunter. Dann krachte es laut und Mojtaba stampfte brüllend aus dem Zimmer. Von seiner Hand tropfte Blut. Auch Christa eilte hastig in den Flur und wählte eine Nummer auf ihrem Handy. Mein Kopf war leer, die Stimmen um mich klangen dumpf – wie aus einer fernen Welt.

Ich sah zwei Männer in roten Uniformen. Sie fragten mich, wo unsere Mutter sei. Christa zeigte ihnen den Weg. Masoud und Mojtaba halfen Madar in den Flur. Ihre Beine schienen das Körpergewicht kaum tragen zu können. Sie legten sie auf eine Trage. Ich folgte den anderen nach draußen. Sie schoben Madar in einen Krankenwagen. Er fuhr heulend ab. Wir folgten ihm mit Christas Auto und erreichten das städtische Krankenhaus. Es vergingen Stunden. Glaubte ich zumindest. Irgendwann kam ein Arzt und sagte, dass Madar außer Lebensgefahr sei. Meine Brüder umarmten sich und lächelten. Doch ob auch ich erleichtert war, konnte ich kaum sagen. Alles fühlte sich so taub an. Zu Hause war es sehr still. Ich ging in Madars Zimmer – und starrte auf ein Loch in der Wand. Mojtaba hatte es vorhin mit seiner bloßen Faust eingeschlagen.

8

Eintrittskarte ins Leben

Mojtaba Es war die blanke Wut, die mich gepackt und meine Faust gegen die Wand hatte schlagen lassen. Madars tränenüberströmtes Gesicht, die Tablettenschachtel, eine Überdosis Schlafmittel in ihrem Körper – ich meinte zu wissen, wer daran schuld war. »Wir werden Ihnen jeden Grund nehmen, hierbleiben zu wollen«, hatten die Sachbearbeiter der Ausländerbehörde gesagt. Sie wollten uns das Leben so lange zur Hölle machen, bis wir uns bereitwillig abschieben ließen. Als sie Madar die Ausbildung verboten und damit ihre letzte Hoffnung auf eine bessere – eigentlich überhaupt auf eine – Zukunft nahmen, erreichte die Zermürbungstaktik ihren Höhepunkt.

Das Loch in unserer Wand hätte eigentlich in die Wand der Ausländerbehörde gehört. Ich wollte Madar rächen, ihnen die Qualen der letzten Jahre heimzahlen. Aber was hätte es gebracht? Jeder Beamte, jeder Richter, jeder Sachbearbeiter trug nur einen Teil zum Ganzen bei. Keiner von ihnen war unschuldig, aber auch niemand allein verantwortlich für unsere Situation. Auf wen oder was hätte ich einhämmern sollen? Jeder behauptete, »ja nur seine Arbeit« zu tun. Es war die perfekt organisierte Verantwortungslosigkeit.

Ich musste mir etwas eingestehen, auch wenn es

schmerzte: Ich konnte an meiner Wut nicht festhalten. Sie löste sich auf und ihr wildes Toben in meinen Ohren verhallte. Bald schwanden auch die Kratzer und Schürfwunden an meiner Hand. Stattdessen ergriff mich ein Gefühl der Machtlosigkeit. Wir hatten getan, was wir konnten. Jeden einzelnen Tag. Aber alle Wege schienen versperrt, niemand wollte uns noch anhören. Wir blieben zurück – ganz allein. Ich glaube, dass Madar genau das erkannt hatte, als sie die Tabletten nahm.

Madars Suizidversuch jagte uns eine ungeheure Angst ein. Jetzt waren es nicht mehr bloß die schwarzen Gestalten, die uns im Schlaf hätten überrumpeln können. Nun drohte unsere Gemeinschaft auch von innen heraus zu zerbrechen. Wir hatten seit der Flucht vor den *Pasdaran* beinahe jeden Tag zusammen verbracht. Und egal wie bedrohlich und unsicher jeder von ihnen war, es gab immer eine Gewissheit: Wir vier hielten zusammen. Wie eine Brüstung schützte uns der Zusammenhalt davor, aufzugeben und tief zu stürzen. Ich hatte schon vergessen, wie es sich anfühlte, einsam zu sein. Aber was wäre passiert, wenn Madar die Überdosis nicht überlebt hätte?

Später erklärte sie uns, dass sie durchaus wusste, was sie sich selbst und auch uns antat, als sie die Tabletten schluckte. Sie nahm die Konsequenzen in Kauf, weil sie um jeden Preis das Schlimmste verhindern wollte: unsere Abschiebung in den Iran.

Unsere Mutter war weder schwach noch feige und hatte immer genügend Willenskraft besessen, um gegen Probleme anzukämpfen. Auch dieses Mal hatte sie sich wehren wollen – aber womit? Sie verfügte über nichts anderes mehr, als über ihr Leben, ihre physische Existenz. Im Grunde war es schon seit dem ersten Tag in Deutschland so. Mit unserer Anmeldung in Hannover begann man über uns zu entscheiden. Natürlich bedrückte es uns damals, immer der »Ausländer« zu sein. Am Rand der Gesellschaft zu leben, ohne die Sprache der anderen zu verstehen, ohne ausreichende Kenntnisse über ihre Kultur und ohne die finanziellen Möglichkeiten, einen teuren Anwalt zu bezahlen. Aber die Abhängigkeit, das Gefühl, ständig dem Willen anderer zu unterliegen, quälte uns am meisten.

Als Asylbewerber mussten wir für jede Kleinigkeit um Erlaubnis bitten. Sogar ein Arztbesuch war nicht selbstverständlich. Wenn ein Sachbearbeiter unsere Bitte ablehnte, überspielten wir unsere Erbitterung mit einem gekünstelten Lächeln. Denn wir durften ihn nicht verstimmen, wir waren ja auf ihn angewiesen. Wir verhielten uns wie Bettler, die immer wieder ihre Arme austrecken und nach einer Münze flehen, obwohl ihnen in die nackte Hand gespuckt wird.

Und auf einmal passierte es, still und leise, und ohne große Ankündigung: Man erteilte uns die Aufenthaltserlaubnis. Wir hatten sie nicht gewonnen, wir hatten sie nicht erkämpft – sie wurde *erteilt*. Unsere Klagen vor unzähligen Gerichten, unsere Briefe an Behörden und Minister und die Unterschriftenaktion an der Schule hatten nichts gebracht. Die Rettung kam anders: Im Januar 2005 trat ein neues Zuwanderungsgesetz in Kraft. Einer seiner Paragrafen besagte, dass volljährige Kinder eines anerkannten Asylbewerbers ebenfalls die Aufenthaltserlaubnis erhalten sollten. Zu unserem Glück war kurz zuvor Pedars Asylantrag angenommen worden. So entschied der Paragraf, dass wir bleiben durften. Worauf wir schon viele Jahre gewartet hatten, geschah jetzt fast beiläufig, ohne Aufregung und weitere Dramatik.

Madar erging es etwas später ähnlich. Nicht ihr Widerstand gegen das iranische Regime oder ihre lange exilpolitische Arbeit führten zu einer Aufenthaltserlaubnis, sondern Dutzende psychologische Gutachten, die bestätigten, dass eine Rückkehr in den Iran fatale Folgen für ihre geistige Verfassung hätte.

So bekamen wir im Jahr 2005, neun Jahre nachdem wir in Deutschland um Schutz gebeten hatten, die offizielle Erlaubnis, uns ein neues Zuhause aufzubauen. Unsere Freude darüber war anders, als viele es sich wahrscheinlich vorstellten. Sogar anders, als wir selbst erwartet hatten. Es gab kein Jauchzen, kein Ausflippen, keine große Feier – schweigsam standen wir zu viert im Kreis und umarmten uns, nicht fest, aber sehr lange.

Am Ende hielten wir ein Stück Papier in der Hand. Es besagte noch nicht viel, außer dass unser Asylbewerberleben beendet war. Wir wussten, dass die Belastungen der vergangenen Zeit noch lange nachwirken würden, doch endlich war Ruhe eingekehrt. Damit verschwanden viele Verbote und Schikanen, doch an ihre Stelle trat zunächst nur eines: Leere.

Wie Maler vor einer weißen Leinwand blickten wir auf unser neues Leben. Vorsichtig griffen wir zu den Farben.

Masoud Als ich die Augen öffnete, war es wieder da: das Gefühl, das vom Bauch zu den Schultern und bis zum Kopf stieg. Es kribbelte und flirrte in mir wie verrückt. Ich musste Timo und Dario die unglaubliche Nachricht erzählen und sie mit demselben elektrisierenden Gefühl anstecken.

In der Ferne hörte ich Milads Wecker schrillen. Es war mir unbegreiflich, dass er am Tag, an dem wir unsere Abiturzeugnisse bekommen sollten, überhaupt dieses Geklingel brauchte. Im Persischen gibt es ein Sprichwort, das genau auf ihn passt: Wenn auch das Haus im Meer versinkt, du versinkst allein im Schlaf!

Wir teilten mittlerweile nicht mehr zu dritt einen Raum. Nachdem wir alle eine Aufenthaltsgenehmigung hatten, mieteten wir uns eine Wohnung in einem Zweifamilienhaus mit riesigem Garten – in einem normalen Wohngebiet. Ich hatte meine gesamte Jugend in Gemeinschaftsunterkünften, Asylbewerberheimen und Baracken verbracht. Dass ich jetzt hier in meinem eigenen Zimmer mit eigenen Möbeln aufwachte, war für sich genommen schon ein Kribbeln im Magen wert.

Ich stand auf und lief zu Mojtabas Tür. Vorsichtig horchte ich und klopfte dann leise. In letzter Zeit war er in seinem bordeauxrot gestrichenen Zimmer und vor allem im französischen Bett nicht immer allein. Als keine Antwort kam, drückte ich langsam die Klinke herunter und blinzelte durch einen Spalt hinein. Er döste – ohne Damenbesuch. »Zeit zum Aufstehen, du Schlafmütze«, sagte ich zu ihm. »Wir müssen bald los.« Er nickte verschlafen.

Je weiter ich die Treppen aus dem Keller nach oben stieg, umso belebter wurde es. Vom Flur aus hörte ich Mamani, wie sie lautstark in der Küche Geschirr spülte. Währenddessen unterhielt sie sich mit Madar und rief hinüber zum Schlafzimmer: »Hast du schon die Jungs aufgeweckt? Der Tag ist halb vorbei! Wir sind spät dran!« Dabei war es erst acht Uhr morgens. Ich musste lächeln, denn unsere Großmutter hatte sich anscheinend kaum verändert.

Dass sie hier in unserer Wohnung stand, kam mir immer noch unglaublich vor. Im Iran hatte Mamani ganz selbstverständlich zu unserem Leben gehört. Wenn Madar nicht zu Hause war, begaben wir uns in ihre Obhut. Und jeden Mittag nach Schulschluss empfing sie uns mit ihren duftenden Gerichten. Als wir flüchteten, riss das Band zwischen uns vollständig ab. Sie hatte nichts von unserer neuen Geschichte miterlebt: dem Versteck, dem Flug nach Deutschland, den unzähligen Asylbewerberheimen, den Ablehnungen und der Abschiebungsandrohung. Und obwohl der Duft ihrer Gerichte immer noch ein vertrautes Gefühl in mir weckte, war sie mir fremd geworden.

Babai war noch weiter weg. Nicht nur emotional. Er musste an diesem besonderen Tag allein im Iran bleiben. Wir hatten beiden eine Besuchereinladung geschickt, doch die deutsche Botschaft in Teheran erteilte nur Mamani ein Visum. Selten durften alle Mitglieder einer Familie zu Besuch kommen – eine Art Pfand, damit Auslandsgäste auch wirklich in ihre jeweilige Heimat zurückkehren.

Erst jetzt entdeckte mich Madar auf dem Flur. Sie wünschte mir einen guten Morgen – *Sobh becheyr* – und gab mir einen Kuss. Mit einem Zwinkern bat sie mich darum, Mamani einen großen Gefallen zu tun und die anderen aufzuwecken. Die heruntergelassenen Jalousien hatten Milads Zimmer in Dunkelheit getaucht. Er selbst schlief seelenruhig in seinem Bett, als hätte der Wecker vorhin nicht sirenenartig geschrillt. Auf dem Boden befand sich eine Matratze. Darauf lag Pedar. Er war bereits wach und wir grüßten uns. Seine tiefsitzenden Augen, die grau melierten Haare und sein drahtiger Körper, an dem man jeden Knochen unter der Haut erkennen konnte, machten ihn älter, als er tatsächlich war. Ich fragte mich, von welcher Ähnlichkeit die Leute immer sprachen, die sie zwischen ihm und mir zu erkennen glaubten.

Nach der Scheidung unserer Eltern hatten wir ein ganzes Jahr lang keinen Kontakt zu Pedar gehabt. Die Streitigkeiten löschten unsere schönen Erinnerungen an ihn aus. Stattdessen wurde er zur Gefahr für unser neues zerbrechliches Leben. Nur langsam hatten wir uns wieder angenähert. Zunächst telefonierten wir ab und zu. Später beschlossen wir, unseren Vater wiederzusehen und besuchten ihn in Zwickau, in seinem schmalen Zimmer im Asylbewerberheim, das er mit einem anderen Mann teilte. Als er anerkannt wurde und in eine eigene Wohnung zog, blieben wir sogar eine ganze Woche dort. Mittlerweile verbrachte ich wieder gern Zeit mit ihm und konnte besser verstehen, warum er damals so heftig reagiert hatte.

Dass Pedar an diesem Tag hier war und mit uns feiern würde, befremdete mich trotzdem. Zum ersten Mal befanden sich meine Eltern wieder unter demselben Dach. Aber das Verhältnis zwischen ihnen blieb unverändert. Sie sprachen nur äußerst widerwillig miteinander und mieden den anderen größtenteils. Heute mussten sie sich jedoch zusammenreißen.

Nachdem endlich auch der Letzte auf den Beinen war, verwandelte sich unsere Wohnung in einen orientalischen Bazar. Es wuselte, tönte und klapperte in jedem Zimmer. Mojtaba pochte gegen die Badezimmertür, wo Milad die Dusche in ein Dampfbad verwandelt hatte. Madar redete auf mich ein, dass ich zu meinem Hemd und den Jeans wenigstens ein Jackett tragen müsse. Und Mamani kümmerte sich derweil um meine Frisur. Vor dem Spiegel kämmte sie meine Haare mit einer Vehemenz, wie sie nur iranischen Großmüttern eigen ist. »So ein hübscher Junge«, flötete sie dabei. »So gern hätte ich deine Rehaugen.«

Meine Kopfhaut brannte vom ganzen Rumgeziehe, aber ich sagte nichts. Mamani sah überglücklich aus, weshalb ich es ertrug, wieder ein Kind zu sein.

»Jetzt siehst du sehr hübsch aus. Ich werde dir Fotos von den schönsten iranischen Mädchen aus den besten Familien schicken.« Ihr Bauch begann heftig zu wackeln, weil sie lachte – vor Freude, nicht weil es ein Scherz war.

Ich schaute sie verlegen an und schmunzelte. Mamani tat mir leid. Gestern hatte sie uns gefragt, was wir studieren wollten. Dann gab sie uns den Tipp, entweder Ingenieur oder Arzt zu werden, weil solche Berufe im Iran hoch angesehen seien. Ich sagte zu alldem nichts und behielt für mich, dass ich weder eine iranische Katalogbraut haben wollte noch einen persischen Traumberuf brauchte. Ich würde niemals in den Iran zurückkehren. Mein Leben war jetzt hier – und es fing gerade erst an.

Fertig ausstaffiert, standen wir zur Abfahrt bereit. Mamani hatte sich für ihr cremefarbenes Kostüm mit einem dazu passenden Kopftuch entschieden, Madar trug ein schlichtes schwarzes Kleid, Pedar einen alten Anzug mit Krawatte, Milad ein rosa Hemd mit einem schmalen Schlips und Mojtaba und ich jeweils eine Jeans, ein Hemd und ein Jackett.

Es brodelte schon wieder heftig in mir vor Aufregung und ich konnte es nicht mehr erwarten, Timo und Dario zu sehen. Bevor wir allerdings das Haus verließen, winkte Madar uns drei Brüder verschwörerisch zu sich. Sie bat uns, die Augen zu schließen und die Hände auszustrecken. Wir blickten uns fragend an, zuckten die Achseln und ließen uns darauf ein. Dann drückte sie jedem eine kleine Scheibe in die Handfläche. »Vor vielen Jahren wolltet ihr nur ein kleines Rennen mit euren *Tschar-tscharche*, aber daraus wurde ein ernstes Rennen um euer Leben. Trotz aller Hindernisse habt ihr das Ziel erreicht. Ihr seid meine Sieger. Ich bin so stolz auf euch.«

Ich öffnete meine Augen. In meiner Hand lag ein Stück Kindheit. Bilder von drei kleinen Jungen in einer Werkstatt stiegen auf, von iranischer Sommerhitze, einem Rosenbusch, Plakaten. Madar hatte tatsächlich die Holzscheiben von unseren Seifenkisten aufbewahrt. Ich dachte an den Tag, an dem wir das große Rennen veranstalten wollten und stattdessen mit dem Schlepper nach Deutschland flohen. Ich umklammerte die Holzscheibe mit dem geschwungenen »م« – dem persischen Buchstaben »m« – und steckte sie in meine Hosentasche.

»Lasst euch drei niemals auseinanderbringen!«, sagte Madar noch, bevor wir aus der Wohnungstür traten.

Zu sechst quetschten wir uns in unseren alten Mitsubishi Lancer und tuckerten zur Gempthalle, einer umgebauten Fabrik in Lengerich. Vor dem Eingang standen bereits viele meiner Mitschüler mit ihren Eltern in feinster Garderobe. Fast sahen sie verkleidet aus – die Jungen in ihren Anzügen, glattgebügelten weißen Hemden und Krawatten, die Mädchen in ihren langen glänzenden Kleidern und mit Hochsteckfrisuren. Ich versuchte Timo und Dario unter den Anzugträgern auszumachen. Vor der Zeremonie musste ich sie unbedingt sprechen. Jede Ecke lief ich ab: den Rasen um die Halle, das Foyer, den Festsaal mit den weißgrauen Säulen und Glasfronten, die den Raum mit Sonnenlicht fluteten. Ich ging die Stuhlreihen durch, die im Haupttrakt aufgestellt und mit Blumensträußen geschmückt waren. Ich fand sie nirgends.

Nach einer halben Stunde, als ich vor Aufregung fast platzte, kamen Timo und Dario mit ihren Eltern vom Parkplatz herübergeschlendert. Eigentlich sollte Dario, der heute ebenfalls sein Zeugnis bekam, im Mittelpunkt stehen, aber Timo zog alle Blicke auf sich. Er trug einen schwarzen Anzug mit einer knallroten Krawatte, die fast so auffällig war wie seine nagelneuen weißen Turnschuhe.

»Da sind ja meine Einserabiturienten! Wie fühlt ihr euch?«, begrüßte er uns.

»Ich dachte schon, ihr würdet gar nicht mehr auftauchen, und wir müssten alleine feiern«, beschwerte ich mich und klopfte auf meine Uhr. »Es gibt tolle Neuigkeiten!«

Dass wir drei bereits Zusagen von Unis erhalten hatten, wussten die zwei schon. Mojtaba hatte sich auf Empfehlung seiner Lehrerin an der privaten Wirtschaftshochschule »WHU – Otto Beisheim School of Management« beworben, die in einer Burg nahe Koblenz untergebracht war. Sie besaß den Ruf, die beste Wirtschaftsuni Deutschlands zu sein. Ich hatte mich an der »International University Bremen« beworben, um mit Studenten aus mehr als hundert Ländern Politik und Geschichte zu studieren. Die private Universität auf dem Gelände einer alten Kaserne warb mit einem englischsprachigen Studium, kultureller Vielfalt und einer weltoffenen Sichtweise – genau das, wovon ich träumte. Milad wollte Informatik studieren und bemühte sich um einen Platz an der privaten »International University« in Bruchsal unweit von Karlsruhe.

Wir drei nahmen an einer Sprachprüfung teil, verfassten Motivationsschreiben, baten unsere Lehrer um Empfehlungsgutachten und füllten unzählige Formulare aus. Mojtaba durchlief außerdem eine schriftliche Prüfung und darüber hinaus einen mündlichen Eignungstest. Auch Milad musste sich in einem Einzelgespräch einem Dozenten seines Faches stellen. Am Ende waren wir alle da, wo wir hinwollten. Jedenfalls beinahe: Denn die privaten Unis verlangten hohe Gebühren. Viel mehr, als sich eine Krankenschwester und ein Leiharbeiter leisten könnten. Deswegen bewarben wir uns auf Stipendien.

»Als Strafe dafür, dass ihr zu spät gekommen seid, habe ich eine Matheaufgabe für euch.« Ich knuffte Dario in die Seite. »Du bist doch so gut im Kopfrechnen: Was machen 7500 plus 7500 plus 10000 pro Jahr zusammen?«

Er machte ein verwirrtes Gesicht. Aber als er kurz danach zu lächeln begann, hatte er begriffen, worauf ich hinauswollte. »Ihr habt sie tatsächlich bekommen?«

»Kann nicht wahr sein! Ihr seid echt unglaublich!«, japste Timo und umarmte mich stürmisch. »Insgesamt sind das ja 25000 Euro, die ihr pro Jahr nicht zahlen müsst. Wie habt ihr das bloß angestellt?«

»Na ja, wenn man uns nur lässt, haben wir doch was drauf«, antwortete ich mit gespielter Überheblichkeit.

»Ich fasse es einfach nicht: Unsere Ex-Asylbewerber!«, sagte Timo. Wenn ich das richtig sehe, kann ich demnächst zu Milad gehen, wenn ich einen Hacker brauche, Masoud wird mein Draht zum Weltgeschehen und bei unserem zukünftigen Bankier, Mojtaba Sadinam, hole ich mir einen Termin, wenn ich einen Kredit brauche.«

»Bleib mal locker«, versuchte Mojtaba ihn zu bremsen. »Ich studiere nur dort. Zunächst will ich ein paar Dinge verstehen. Was ich danach mache, ist eine andere Sache. Außerdem brauchst du keinen Termin zu machen, weil wir uns sowieso ständig sehen werden. Wir müssen schließlich mindestens alle zwei Wochen proben. Unser Durchbruch als Rockstars steht ja auch noch bevor. Schon vergessen?«

»Hast recht, du Held«, sagte Timo und klopfte Mojtaba auf die Schulter. »Bevor ihr abhaut, hauen wir gemeinsam ab und machen unsere erste Europatour.« Damit meinte er den Bandaustausch mit einem schwedischen Jugendzentrum, der noch vor Unibeginn anstand. Endlich ging unser Traum in Erfüllung und wir konnten zusammen in den Norden reisen. Wir würden eine Woche lang nichts anderes tun als zu proben, mit schwedischen Bands jammen und einige Male auftreten.

Im Festsaal quietschte ein Mikrofon. Die Veranstaltung ging los und wir mussten zu unseren Plätzen. Für die Abiturienten waren die vordersten Stuhlreihen reserviert.

Nach Begrüßungsworten und Glückwünschen von diversen Honoratioren betrat unser Schulleiter das Podest. Er begann eine Rede, die sich zunächst genauso anhörte wie alle davor. Meine Gedanken waren schon wieder im Begriff abzuschweifen, und schon längst bei der Schwedenreise, da schreckte ich plötzlich auf: »Meine lieben Brüder Sadinam«, sagte der Schulleiter durch das Mikrofon. Ich war völlig überrumpelt von der persönlichen Anrede und merkte, wie mir die Hitze ins Gesicht stieg. »Ich freue mich ganz besonders, euch drei vor mir zu sehen. Eure Mitschüler und Lehrer und auch ich haben die Strapazen auf eurem Weg zum Bleiberecht miterlebt. Da, wo wir konnten, haben wir euch unterstützt, und trotzdem standet ihr kurz vor der Abschiebung. Schön, dass es nicht so weit gekommen ist. Hoffentlich empfindet ihr eure Abiturzeugnisse und diesen Tag als eine kleine Belohnung dafür, dass ihr nicht aufgegeben habt.«

Ich fühlte mich, als hätte etwas jede Zelle meines Körpers zum Vibrieren gebracht. Tiefe Freude durchfuhr mich. Mein Blick fiel auf Milad und Mojtaba, auf ihre eröteten Wangen und strahlenden Augen. Ich drehte mich nach hinten und entdeckte einige Reihen hinter uns Madars lächelndes Gesicht. Neben ihr strahlten auch Mamani und Pedar. Doch dort saß noch jemand, der mir glücklich zuwinkte: Es war Christa! Gestern noch hatte sie gesagt, sie müsse arbeiten, aber sie war doch rechtzeitig gekommen. In den letzten Jahren hatte sie unseretwegen oft gelitten. Schön, dass es heute anders war.

Uns alle so zu erleben, bereitete mir Genugtuung. Wie gerne hätte ich den Zombies von der Ausländerbehörde jetzt zugeschrien: »Seht ihr, ihr habt alles probiert, uns unterzukriegen, uns zu schikanieren und kleinzumachen! Aber wir haben es geschafft! Unsere Gemeinschaft war stärker als ihr!«

Jetzt standen uns alle Türen offen. Wir würden durchstarten und zeigen, wozu wir fähig waren. Nach so vielen Jahren der Fremdbestimmung konnten wir endlich unser Leben selbst gestalten. Der Besuch der besten Hochschulen war der erste Schritt dazu.

Kurze Zeit später hörte ich eine heitere Stimme ins Mikrofon rufen: »Und nun: Die Brüder Sadinam.« Wir standen auf, um die Zeugnisse entgegenzunehmen – unsere Eintrittskarten in ein neues Leben.

9

Gestatten: Elite

Mojtaba »Der Rektor ist wütend. Er will dich sprechen.« Das waren die letzten Sätze der beiden Uni-Angestellten, deren Büro ich soeben verlassen hatte. Ihre missmutigen Gesichter gingen mir nicht aus dem Kopf und verfolgten mich, als ich die Wendeltreppe erreichte, die nach oben zum Zimmer des Rektors führte. Sie war aus dunklem, massivem Holz und gesäumt von einem prunkvollen Geländer. Ich hatte sie schon einmal betreten: zur Immatrikulation. Ihre Stufen knackten furchtbar und mein Körper verspannte sich allein bei dem Gedanken daran, wie das Geräusch durch die Gänge dieses düsteren Gebäudes hallen würde. *Auf keinen Fall hochgehen!*, mahnte eine innere Stimme. Es war nicht bloß der Unwille, mir einen Maulkorb anlegen zu lassen, der da zu mir sprach. Ich fürchtete mich schlechthin vor dem Rektor. Er war zwar ein recht kleiner Mann, strahlte aber großen Stolz und eine überwältigende Autorität aus. Vor allem schüchterten mich seine schmalen, durchdringenden Augen ein. »Ihr gehört nun zu den Besten. Einst werdet ihr dieses Land führen.« Mit diesen Worten war er am ersten Uni-Tag meinem Jahrgang entgegengetreten. Jetzt hatte ich es gewagt, diesem Mann öffentlich zu widersprechen.

Eilig verließ ich die »Marienburg«, das spätbarocke

Gebäude, in dem die Verwaltung und das Rektorat untergebracht waren. Ich überquerte den Campus, ohne einen Blick zur Seite zu riskieren. Allein bis gestern war über den E-Mail-Verteiler der Studierenden ein Dutzend Mails eingegangen, die über mich herzogen. Auch sie verlangten, dass ich verstummte. Ich wollte nur noch von hier verschwinden.

Als ich eines der neuen Vorlesungsgebäude passierte, bewegte sich etwas neben mir. Es war mein Spiegelbild, das von der Glasfassade reflektiert wurde. Mein Kopf war zwischen den hochgezogenen Schultern versunken, die Arme wirkten steif und führten direkt zu den schwarzen Hosentaschen, in denen sich meine zu Fäusten geballten Hände versteckten, und meine Schritte überschlugen sich, als würde ich jeden Moment losrennen. Ich kam mir selbst wie ein flüchtender Dieb vor, der von dem strengen Auge des Gebäudes erfasst worden war. Trotzdem bremste ich meinen Schritt und versuchte die Schultern zu entspannen, um nicht gleich jedem aufzufallen.

Nachdem ich den Campus hinter mir gelassen hatte, schlug ich einen anderen Weg ein als sonst. Seit eineinhalb Jahren war ich schon in der kleinen Stadt Vallendar, wo die Uni angesiedelt war, und kannte mittlerweile sämtliche Straßen und Gassen. Ich machte einen großen Bogen um die gepflasterte Einkaufsstraße, die ich normalerweise durchquert hätte. Oft kaufte ich mir dort auf dem Weg nach Hause ein belegtes Brötchen. Dabei ging ich immer zu derselben Bäckerei, wo ich inzwischen mit den Worten »Na, fertig für heute?« begrüßt wurde. Der Verkäufer war ein freundlicher älterer Mann, der schon über sechzig sein musste – ein typischer Vallendarer. Meinem Eindruck nach bestand nämlich die Mehrheit der achttausend Einwohner aus Menschen seines Alters. Ihnen war bewusst, dass junge Leute wie ich nur wegen der Wirtschaftsuni hierherzogen. Und auch ich erkannte mittlerweile schon aus der Entfernung die Studenten und wusste sogar, wo die meisten lebten. Deshalb wählte ich heute einen verwinkelten Weg. Er war nicht der kürzeste, dafür aber fast menschenleer. Unbemerkt erreichte ich schließlich meine Wohnung.

Als die Tür hinter mir zuging, lehnte ich mich mit dem Rücken gegen sie. Ich ließ meinen Kopf nach hinten gleiten, bis er mit einem leisen dumpfen Geräusch das Holz berührte. An den Barthaaren meiner Oberlippe spürte ich die warme Luft, die stoßweise meine Nase verließ. Minuten vergingen, bis das rasche Stakkato meines Atems zur Ruhe kam.

Das war die Einzimmerwohnung, in der ich schon seit Monaten oft bis spät in die Nacht geschuftet hatte. Zum ersten Mal lief ich nicht geradewegs zum Schreibtisch, um meine Lernsachen auszupacken. Ich sah den Raum mit seinen kahlen, weißen Wänden und Dachschrägen. Mein Kleiderschrank war zu hoch, um hier reinzupassen. Deshalb standen in einer Ecke zwei Umzugskartons voll mit gefalteten Klamotten. Neben ihnen auf dem Boden lag meine Matratze. Schlafen und Lernen – das war eigentlich alles, wofür ich diese Wohnung benutzte. Die Gitarre ruhte in ihrem schwarzen Koffer, auf den sich bereits mehrere Staubschichten abgesetzt hatten. Bei meinem Einzug hatte mir die Eigentümerin gesagt, dass vor mir ein anderer Student hier gelebt habe. Sie vermiete nur an Studenten. Bei denen komme das Geld pünktlich aufs Konto und dafür nehme sie es hin, dass alle paar Monate die Mieter wechselten. Schrammen und Kratzer in der Tapete zeugten von den vielen Umzügen.

Ich drückte mich von der Tür weg, ging sechs Schritte und stoppte vor einem Bild an der Wand: Darauf waren Milad, Masoud, Timo, Dario und ich. Wir standen in Badehosen und orangefarbenen Schwimmwesten am

Ufer eines Sees. Außer uns, unseren zwei Kanus, dem klaren Wasser, in dem sich der wolkenlose Himmel spiegelte, und ein paar Nadelbäumen war niemand zu sehen. Ich erinnerte mich gern daran: Nachdem wir das Foto geschossen hatten, paddelten wir über den See, bis wir uns am Ende gegenseitig zum Kentern brachten. Manchmal, wenn ich am Schreibtisch saß, starrte ich minutenlang auf dieses Bild. Ich versank darin so sehr, dass es mir vorkam, als wäre ich immer noch dort, würde neben den anderen auf der grünen Wiese liegen und mich von der Sonne trocknen lassen.

Ich wandte mich ab, ging zum Schreibtisch und griff nach dem Telefonhörer. Jede Taste, auf die ich drückte, gab einen Ton von sich, dann piepte es in der Hörmuschel und jemand ging dran.

»Masoud Sadinam.«

»*Salam Dadasch*. Ich bin's, Mojtaba. *Chubi?*«

»Ja, mir geht's gut. Aber was ist mit dir? Hörst dich ja nicht gerade fröhlich an.«

Ich seufzte. »Nein, um ehrlich zu sein, geht's mir beschissen.«

»Warum denn? Was ist passiert?«

Ich wollte antworten, aber er fügte schnell hinzu: »Sag nicht, dass es was mit dem Buch zu tun hat.«

»Doch, hat es. Die haben alles gelesen. Viele sind sauer.«

»Haben sie was gesagt?«

»Ja. Über den E-Mail-Verteiler des gesamten Jahrgangs kam einiges. Außerdem war ich heute bei der Verwaltung. Die haben nicht lange herumgedruckst. Sie wollen, dass ich mit dem Rektor rede.«

»Was?«, rief Masoud in den Hörer. »Warum das denn? So ein verlogenes Pack! Die wollen dir wohl … – Mojtaba, du bist doch nicht etwa hingegangen, oder?«

»Nein, natürlich nicht. Aber ich weiß nicht, was ich tun soll.«

Masoud zögerte. Dann sagte er etwas, was ich mir eigentlich schon erhofft hatte, als ich seine Nummer wählte: »Komm nach Hause. Ich nehme hier den nächsten Zug und bin in zwei Stunden auch da. Vielleicht weißt du es noch nicht, aber Milad ist über das Wochenende auch bei Madar.«

»Danke!«, antwortete ich.

»Wir kriegen das schon hin«, sagte Masoud, bevor wir auflegten.

Ich ging wieder zu dem Bild an der Wand. An seinem Rahmen klebte etwas: meine rote Scheibe, die mir Madar am Abi-Tag gegeben hatte. Ich zog sie vorsichtig ab und steckte sie in die Hosentasche.

Eine halbe Stunde später saß ich mit einem kleinen Rucksack im Zug und wartete darauf, dass er den Bahnhof von Vallendar verließ. Ich hatte mir ein leeres Abteil gesucht. Regungslos lehnte ich meine Stirn gegen die Fensterscheibe und schaute nach draußen.

Endlich fuhr der Zug ab. Schon kurz darauf befand ich mich in der rheinischen Idylle: Burgen, Schlösser und Festungen wechselten sich ab mit schroffen Felswänden und grünen Weinbergen. Die Strecke schlängelte sich entlang des Rheins durch schattige Bergtäler, und ich erinnerte mich an das erste Mal, als ich für die Aufnahmeprüfung hierher gefahren war. Damals hatte ich noch mit weit aufgerissenen Augen am Fenster gesessen und mich an dieser wunderbaren Landschaft berauscht, die mich an die Sage von der Loreley und das Nibelungenlied aus dem Deutschunterricht denken ließ.

Die Monate um das Abitur herum waren eine glückliche und euphorische Zeit gewesen. Endlich das Bleiberecht, beste Noten in der Oberstufe und schließlich ein Abschlusszeugnis, das mir viel Lob und Anerkennung einbrachte. Alle Türen standen mir offen – dachte ich damals jedenfalls und wollte das Beste daraus machen. Als dann eine Lehrerin auf mich zukam und mir von einer Wirtschaftsuni erzählte, die deutschlandweit als die beste gelte, war ich Feuer und Flamme. Sie heiße »WHU – Otto Beisheim School of Management« und sei genau das Richtige für mich. Bald brachte mich die Lehrerin in Kontakt mit einem Studenten der Uni. Und auch er schwärmte und riet, mich zu bewerben. Es ging alles so schnell. Auf einmal sprachen Menschen davon, dass ich, der grade erst das Asylbewerberleben losgeworden war, zu einer Welt Zutritt finden könnte, die mir völlig unbekannt war, einer Welt, in der das Wort »Elite« kursierte. Diese Vorstellung ergriff mich so sehr, dass auch meine leisen Bedenken und Zweifel erstickt wurden. Ich bewarb mich und wurde zum Auswahlverfahren eingeladen.

Nach bestandenen Fremdsprachentests in Englisch und Spanisch erwartete mich eine fünfstündige schriftliche Prüfung. Sie sollte die »intellektuelle Leistungsfähigkeit« der Bewerber überprüfen. Letztendlich drehte sich alles um das Verständnis von Texten, Diagrammen und Formeln. Von den Hunderten, die sich der Prüfung gestellt hatten, kam nur ein Bruchteil weiter. Ich gehörte dazu. Einige Wochen später erwartete uns ein zweitägiges Assessment-Center. Das bedeutete mehrere Einzelgespräche, eine Gruppendiskussion und ein Referat, das jeder vor seinen Konkurrenten halten musste und das es in der anschließenden Diskussion zu verteidigen galt. Ich wählte das Thema »Anglizismen in der deutschen Sprache«. Am Ende entschieden sieben Prüfer, welche Bewerber sich am besten in Szene gesetzt hatten. Ihre Entscheidung brachte die knapp neunzig Studenten des neuen Bachelor-Jahrgangs hervor. Einer von ihnen war ich.

Die WHU war eine gänzlich privat finanzierte Universität. Deswegen trug sie auch den Zusatz »Otto Beisheim« in ihrem Namen. Otto Beisheim war der größte Förderer der Hochschule. Einst hatte er der Leibstandarte Adolf Hitlers angehört, doch nach dem Krieg gründete Beisheim den Metro-Konzern und stieg damit zu einem der reichsten Männer Deutschlands auf. Neben regelmäßigen Zuwendungen spendete er 1993 der WHU fünfzig Millionen Mark. Er wurde zum Ehrensenator der Hochschule und man verlieh ihm sogar einen Ehrenring. Allerdings deckte seine Spende nicht alle Kosten – und so erhob die WHU hohe Studiengebühren. Jeder Student musste pro Jahr 10000 Euro entrichten. Elite hat ihren Preis.

Der Zug rollte weiter und wir näherten uns Düsseldorf. Einer anderen Stadt am Rhein, die ich damals vor Uni-Beginn besucht hatte – in der Hoffnung, den Preis zahlen zu können. In Düsseldorf befand sich nämlich die Zentrale des Mobilfunkunternehmens Vodafone. In demselben Gebäude war auch die Vodafone-Stiftung angesiedelt, die mich kurz nach dem bestandenen Auswahlverfahren der WHU angeschrieben hatte. Im Rahmen ihres Förderprogramms »Vodafone Chancen«, hieß es im Brief, arbeite die Stiftung mit einer Handvoll privater Universitäten zusammen. Man wolle Studenten mit Migrationshintergrund fördern und lade mich daher zu einem Auswahlgespräch ein. Ohne einen Moment zu zögern, nahm ich die Einladung an, begab mich zum Gespräch, und auch hier schien meine Glückssträhne nicht abreißen zu wollen. Die Vodafone-Stiftung nahm mich als Stipendiaten auf und versprach damit, nicht nur die Studiengebühren zu zahlen, sondern auch für meinen Lebensunterhalt zu sorgen: Ab Semesterbeginn bekam ich monatlich knapp 600 Euro auf mein Konto überwiesen.

Ich nahm also das Studium an der WHU auf und wurde Teil einer exklusiven Welt. Aus mir wurde ein »Elite-Student«, wie es Monate später in der Zeitung stehen sollte. Die Vodafone-Stiftung hatte mir das ermöglicht und ich war ihr dankbar.

Es vergingen Monate. Ich hockte tagein, tagaus in Vorlesungen über Mikroökonomie, VWL, Grundlagen des Marketings oder Managerial Leadership. Ich schrieb eine Klausur nach der anderen und lernte die fremde Welt immer besser kennen. Gleichzeitig wuchs ich zum Liebling der Vodafone-Stiftung heran. Man wählte mich zum Gruppensprecher, ließ mich als Repräsentant der Stipendiaten bei offiziellen Anlässen sprechen und nahm mich mit zu Podiumsdiskussionen über Bildung und Migration. Vor allem aber wurde ich von der Stiftung vorgeschickt, wenn Journalisten mit einem der Stipendiaten reden wollten.

Auf einer Exkursion zum Europäischen Parlament lernte ich so Julia Friedrichs kennen. Sie war extra angereist, um mit den Vodafone-Stipendiaten zu sprechen, und traf uns abends in einem Restaurant. Sie sei Journalistin, erzählte Julia, und recherchiere gerade für ihr neues Buch *Gestatten: Elite*. Da ich ja so unerwartet Teil dieser Elite-Welt geworden war, hörte sich ihr Thema interessant an. Ich bat Julia, mich in Vallendar zu besuchen, um mit ihr in Ruhe zu reden – nicht in einem lauten Restaurant voller Menschen.

Sie kam und stellte mir jede Menge Fragen, die ich alle beantwortete. Ich erklärte, wie ich, der vor ungefähr zehn Jahren als Flüchtling nach Deutschland gekommen war, es an die begehrte Uni geschafft hatte. Ich unterhielt mich mit ihr über das Studium, über die dortige Vorstellung von Elite und – vor allem auch – über meine Kritik daran.

Einige Monate später erschien ihr Buch, und die WHU-Studenten und die Universitätsleitung bekamen meine Aussagen in die Hände. Das war vor drei Tagen.

Im Zug erklang eine Durchsage, die den nächsten Halt ankündigte. Ich nahm meinen Rucksack und begab mich Richtung Tür. Als ich das Quietschen der Bremsen hörte, wusste ich schon, welches Gefühl mich beim Aussteigen erwartete. Dasselbe, das mich in letzter Zeit immer überkam, sobald ich einen Schritt auf den Bahnsteig in Lengerich setzte: Das Gefühl, dass Vallendar, Vodafone und die WHU sehr weit weg wären. Dass die Erfolgsgeschichte »Vom Flüchtling zum Elite-Studenten« nicht meine sei, sondern eine weitere Sage aus dem Rheinland – eine verklärte Wahrheit.

Masoud empfing mich am Gleis mit einer festen Umarmung. Als wir im Auto saßen, sagte er: »Madar ahnt schon was. Sie hat sich sehr gewundert, dass du kommst.«

»Ja, ich weiß«, antwortete ich. »Sie hatte mich vor einer Woche gebeten, sie zu besuchen. Milad sei auch da und wir könnten wieder alle zusammen ein paar Tage verbringen. Ich habe ihr abgesagt, weil ich eigentlich für die Klausuren lernen muss.« Ich schaute rechts aus dem Fenster und hoffte, Masoud würde mich nicht ausfragen – nicht jetzt. Das, was ich zu sagen hatte, wollte ich allen erzählen.

Ohne noch ein Wort zu wechseln, erreichten wir Madars kleine Wohnung. Sie hatte sie sich gesucht, nachdem wir drei ausgezogen waren. Wir klingelten und Milad öffnete uns.

»*Salam Dadaschi!*«, grüßte ich ihn und wir küssten uns auf die Wange.

»Endlich sehen wir uns mal wieder«, sagte Milad in einem ruhigen Tonfall. »Sie wartet schon. Lasst uns rein.«

Madar saß im Wohnzimmer und sprang vom Sofa auf, als sie mich sah. Sie lief mir entgegen, wollte mich küssen, aber dann legte sie ihre Hand auf meine Wange und fragte mit gerunzelter Stirn: »Mojtaba, was ist los? Hast du etwa geweint?«

Nein, hatte ich nicht. Aber jetzt, wo sie mich fragte, war mir sehr danach. Ich umarmte Madar und drückte mein Gesicht an ihre Schulter. Meine Augen fühlten sich feucht an, doch ich riss mich zusammen, hob den Kopf und bat alle, sich hinzusetzen. Milad und Masoud nahmen auf den beiden Sesseln, Madar und ich auf dem Sofa Platz. Wir vier versammelt um den länglichen Couchtisch – das letzte Mal war schon lange her.

»Ich möchte mit euch etwas besprechen.« Meine nächsten Worte versuchte ich sorgfältig abzuwägen, aber ich war mir ja selbst noch nicht sicher. »Ich überlege ... glaube, dass ich die Uni abbrechen werde.«

Direkt neben mir ertönte ein ruckartiges Einatmen. Ich hatte den Blick gesenkt. Ich wusste, dass mich alle erwartungsvoll anstarrten. Ich wusste, dass Madars Gesicht voller Unglaube war – und vielleicht auch Entsetzen. Vor allem befürchtete ich, dass ich ihr in die Augen schauen und dabei mein Vorhaben in den Wind schlagen könnte. Ohne aufzublicken redete ich weiter: »Ihr erinnert euch bestimmt noch an das Buch, für das ich interviewt wurde. Es ist vor einigen Tagen erschienen. Und sorgt jetzt für Ärger.«

»Was ist passiert?«, fragte Madar. Ich wagte es immer noch nicht, sie anzusehen, denn ihre Stimme klang genau so, wie ich mir ihren Gesichtsausdruck vorgestellt hatte.

»Einiges. Unter anderem war ich heute bei der Uni-Verwaltung. Ich wollte über etwas ganz anderes reden, aber sie kamen schnell auf das Buch zu sprechen. Obwohl ›sprechen‹ hier das falsche Wort ist. Sie wollten nicht mit mir reden, sondern schwafelten etwas davon, dass die WHU doch eine große Familie sei. In einer Familie gehe man auch nicht mit seiner Kritik nach außen. *Eine große Familie …* Dann meinte eine von ihnen, dass man ja auch in einem Unternehmen die Probleme erstmal intern bespreche. Aber ich bin doch an einer Hochschule und nicht in einem Unternehmen. Am Ende haben sie mir gesagt, dass der Rektor sauer sei. Ich müsse ihm …«

Madar unterbrach mich, indem sie mit der Hand sanft mein Kinn nach oben drückte und mir direkt in die Augen schaute. »Was hast du denn bloß gesagt?«

Ich wusste nicht, ob sie wütend oder traurig war. »Madar, nur meine Meinung: Warum ich an der Uni nicht glücklich bin. Aber das können die nicht ertragen. Genauso wenig, wie sie in den Vorlesungen kritische Meinungen ertragen können. Das habe ich zum Beispiel gesagt. Glaubst du, sie lassen da unterschiedliche Theorien aufeinanderprallen? *Nein, nein*, wir sind ja auch nicht an einer Universität, und Forschung hat *nichts* mit Kritik zu tun. Unser Stundenplan ist noch schulischer als in der Schule. Jeden Tag mehrere Vorlesungen hintereinander – keine Seminare, in denen diskutiert wird, nur einseitige Vorträge. Und wenn ich dann abends endlich nach Hause komme, bin ich so müde, dass ich mir überhaupt keine eigenen Gedanken mehr machen kann. Wisst ihr, wie man an der WHU das Lernen bezeichnet? – *Burnen*. Wie bei einer CD: Die Daten werden vorgegeben und wir müssen sie am besten eins zu eins in unsere Köpfe brennen.«

»Mojtaba, ich weiß genau, was du meinst«, schaltete sich Milad ein. Für die Unterbrechung war ich ihm dankbar. »Das ist wohl besonders ein Privatuni-Ding, glaube ich. Ich muss mir auch vieles anhören, wofür ich mich null interessiere. Und dann bleibt kaum Zeit für die guten Projekte. Am Ende muss ich ja die Klausuren bestehen.«

»Wenn du vor der Klausurenphase in unsere Bibliothek gehst«, griff ich Milads Stichwort auf, »kriegst du keinen Sitzplatz mehr. Einige hocken da Tag und Nacht. Mit viel Red Bull und Koffeintabletten machen sie sogar Nächte durch. Neulich traf ich mich mit einem Kommilitonen, um zusammen zu lernen. Er hat mir von seinem ›tollen‹ und ›effizienten‹ Schlafrhythmus erzählt: Er schlafe nur noch vier Stunden und lerne schon, wenn es noch dunkel sei. Später am Tag halte er zusätzlich ein Nickerchen. Und weil sein System so wunderbar funktioniert, ist er nach einer halben Stunde vor mir am Tisch eingeschlafen. Aber ich will ihm keinen Vorwurf machen. Die Uni zwingt einen zu solchem Unsinn.«

Masoud schüttelte nur den Kopf. »Ich in Bremen, du in Vallendar, Milad in Bruchsal. Wir sind über halb Deutschland verstreut, aber es kommt mir so vor, als wären wir alle in derselben Uni gelandet. Meine Politikkurse sind oberflächlich und verherrlichend. ›Die Würde des Menschen ist unantastbar‹ – das steht im Grundgesetz. Aber was ist mit uns, die so viele Jahre gedemütigt wurden, bis wir die Lust am Leben verloren hatten? Oder mit den anderen, die wie ein Stück Vieh mitten in der Nacht von Polizisten überfallen und abgeschoben werden? In Vorlesungen über Zeitgeschichte wird nur die Mauer kritisiert, aber niemand erwähnt, dass die Residenzpflicht heute noch sehr vielen Menschen verbietet, sich in diesem Land frei zu bewegen. Und dass wir nicht wählen dürfen, weil wir nach so vielen Jahren immer noch als Ausländer gelten, spricht aller Demokratie hohn.«

»Selbst der Unterricht an der Schule war bei Weitem nicht so oberflächlich«, setzte ich hinzu. »Masoud, weißt du noch, wie wir sogar ein wenig von Karl Marx gelesen haben? Im ersten Semester erwähnte ein Kommilitone nur mal seinen Namen und schon haben ihn alle ausgelacht.

Natürlich wusste ich, dass die WHU eine Wirtschaftsuni ist, aber ich hatte nicht erwartet, dass sie so wenig Raum für Kritik zulässt. Über das Wirtschaftssystem wird kein bisschen nachgedacht. Wir bekommen nur seine Spielregeln eingetrichtert. Damals, als ich in den Zeitschriften las, die WHU sei eine Elite-Uni, dachte ich, die Diskussionen dort befänden sich auf einem sehr hohen Niveau. Ich hoffte, das Studium würde mir helfen, die Welt besser zu verstehen. Aber es gibt gar keine Diskussionen. Wir sollen nur maschinell auswendig lernen.«

»Aber die nennen sich doch Elite. Ist da gar nichts dran?« Endlich sagte auch Madar etwas. Endlich war sie nicht nur geschockt.

»Die Inhalte sind es jedenfalls nicht, die das Elite-Etikett rechtfertigen. Wir lernen ja genau dasselbe wie Studenten an anderen Unis – nur mehr. Ich erinnere mich, dass für eine Vorlesung mal ein externer Dozent eingeladen worden war. Bei einer Sitzung fragte er den vollen Hörsaal, ob jemand den neuesten Sammelband einiger berühmter Wirtschaftswissenschaftler kenne. Ihr hättet seinen offenen Mund sehen müssen, als sich kaum jemand meldete. Wir lesen keine Bücher, wir büffeln PowerPoint-Präsentationen. Und manchmal sind die Klausuren sogar identisch mit denen aus den letzten Jahren. So kann man noch gezielter auswendig lernen.«

»Bei mir ist es genauso«, stimmte Milad zu. »In der Vorlesung wird nicht diskutiert. Zwei oder drei Nächte vor der Klausur laden wir uns dann die Präsentation runter und hämmern sie uns rein. Bei der Prüfung wird alles wieder unverdaut erbrochen. Wir nennen das *Bulimie-Lernen.*«

»Aber es gibt da etwas, worin die WHU sehr gut ist. Sie wirbt damit, dass die Mehrheit ihrer Absolventen schon vor dem Uni-Abschluss einen Arbeitsvertrag habe. Und das stimmt wirklich. Ist aber kein Wunder. Wir müssen in den sechs Semestern zwei Praktika machen. Außerdem sind fast jede Woche Unternehmensvertreter auf dem Campus und machen für sich Werbung. So werden früh Beziehungen geknüpft.«

Masoud vollführte mit den Händen eine Geste, als wäre ihm nun alles klar. »Schnell einen Job finden und möglichst viel verdienen – das ist anscheinend ihr Maßstab, ihre Begründung, warum sie sich Elite nennen. Und damit haben sie ja nicht einmal unrecht. Elite bezeichnet ja nichts anderes als eine Menschengruppe, die in einem bestimmten Bereich besser ist als andere. Also kann es überall dort, wo in der Gesellschaft konkurriert wird, eine Elite geben: Sport, Kultur, Politik und auch in der Bildung. Es gibt ein bestimmtes Ziel und wer dieses am besten erreicht, ist der Sieger – ist Elite. Wenn das Ziel nur noch Job, Geld und Karriere sein sollte, dann ist die WHU auf jeden Fall Elite.«

In diesem Moment fiel mir auf, wie ruhig ich geworden war. Die Angst, die mich vor der Wendeltreppe des Rektors gepackt und mich zum Zittern gebracht hatte, war verschwunden.

»Mojtaba, das alles verstehe ich ja. Aber wieso hast du überhaupt etwas gesagt? Du machst dir damit nur Ärger. Drei Semester noch und du wärst fertig.«

Diesmal hob ich selbst den Kopf und schaute Madar direkt an. »Kannst du dich daran erinnern, wie ich dich mal gefragt habe, warum du so oft nach Hannover gefahren bist? Wieso du trotz aller Schwierigkeiten auch das noch auf dich genommen hast? Wir haben damals so selten die Erlaubnis bekommen, das Münsterland zu verlassen. Nicht einmal das konnte dich davon abhalten.« Madar versuchte etwas zu sagen, aber ich ließ sie nicht zu Wort kommen. »Du hast uns beigebracht, für die eigene Meinung einzutreten. Weißt du, was meine allererste

Pflichtveranstaltung an der WHU war? Ein Führungsseminar beim Militär. Zwei Tage lang waren wir im ›Zentrum Innere Führung‹ in Koblenz und lernten von einem Offizier, was Führung sei. Dass er uns an erster Stelle die Bibel empfahl, war noch verkraftbar, aber dann begann er preußische Generäle wie von Moltke oder von Clausewitz zu zitieren. Du hast selbst einen Krieg erlebt, hast für Demokratie und Freiheit demonstriert. Jetzt sollte ich am Anfang meines Studiums von Kriegsherren lernen, wie ich mit meinen Mitmenschen umgehen soll. Und so etwas erwartet mich an der WHU täglich. Auf dem Campus herrscht eine Denkweise, die perfekt zur Lehrmeinung in den Vorlesungen passt: Wer willensstark sei, könne viel leisten, und wer viel leiste, den erwarte ein schönes Leben. Dass es in Wirklichkeit viel komplizierter ist, haben wir doch selbst erfahren. Wie soll ich das alles ignorieren und meinen Mund halten?« Es tat gut zu reden, es erleichterte, endlich loszuwerden, was ich so viele Monate aushalten musste.

Masoud legte seine Hand auf Madars Oberschenkel. »Mojtaba hat recht. Meine Kommilitonen kommen zwar aus der ganzen Welt, aber sie denken oft genauso. Sie sagen, in Deutschland werde für die Leistungsträger noch zu wenig getan, während die Schwachen durchgefüttert würden. Menschen, denen es schlecht gehe – Arbeitslose, Hauptschüler und so weiter –, seien selbst schuld. Und wenn ich ihnen widersprechen möchte, kommen sie immer mit dem Argument, dass ich selbst doch ein gutes Beispiel dafür sei, wie man es trotz Problemen schaffen könne. Aber das ist platt, so sehr vereinfacht, dass es falsch ist. Allein hätten wir gar nichts geschafft. Unzählige haben uns geholfen. Schon Christa hat für uns unermesslich viel getan! Wie hätten wir uns außerdem in der Schule entwickelt, wenn du, Madar, uns nicht von Anfang an zum Lernen motiviert hättest? Was, wenn uns der Rektor des Gymnasiums nicht eine Chance gegeben hätte? Letztens ist in NRW ein Gesetz in Kraft getreten, das es verbietet, ohne Erlaubnis des Lehrers die Schule zu wechseln. Was, wenn diese Regelung schon zu unserer Zeit existiert hätte? Und vor allem: Wären wir jetzt überhaupt noch in Deutschland, wenn Herr Stern nicht so gut gearbeitet hätte? Wenn das neue Zuwanderungsgesetz später gekommen wäre?«

»Madar, als Julia Friedrichs mich nach einem Interview fragte, sah ich die Chance, für meine Meinung einzutreten. Wer weiß, aber vielleicht helfen meine Aussagen Menschen wie mir, die falsche Vorstellungen von der WHU haben. Vielleicht wird dadurch die Elite-Welt ein wenig entzaubert und so betrachtet, wie sie wirklich ist.« Das, was ich da sagte, klang sehr selbstlos, ja fast schon zu idealistisch. »Wenn ich ehrlich bin, gab es da noch etwas: Ich habe mich damit auch selbst ein wenig besänftigen wollen. Ich wollte meiner Unzufriedenheit Luft machen, mit der Hoffnung, so mein Studium zu Ende bringen zu können. Aber das hat alles noch verschlimmert.«

»Ich versteh das nicht!«, rief Masoud und stand auf, um aufgeregt hin und her zu gehen. »An anderen Unis ist solche Kritik völlig normal. Selbst die WHU-Welt muss doch in den Zeitungen regelmäßig davon gelesen haben, dass Studierende gegen die Studienbedingungen, oft sogar gegen den eigenen Rektor auf die Straße gehen. Sie verfassen Texte, verteilen Flyer, besetzen manchmal Vorlesungsräume, um ihren Forderungen Nachdruck zu verleihen. Und bei dir kommen sie mit so einem Quatsch wie ›Wir sind ein Unternehmen!‹.« Er blieb stehen und fixierte mich mit weit geöffneten Augen. »Und was hast du mir am Telefon gesagt? Die anderen Studenten hätten dich auch fertiggemacht?«

Ich seufzte. »Masoud, setz dich bitte!« Der Gedanke an die E-Mails verunsicherte mich schon genug. »Wir haben einen E-Mail-Verteiler für den gesamten Jahrgang. Da werden Vorlesungsunterlagen rumgeschickt, oder Leute laden zu Partys ein. Alles Mögliche eben. Seit ein paar Tagen ging es aber fast nur noch um das Buch. Einige wenige wollen wirklich diskutieren, aber es sind auch um die fünfzehn E-Mails dabei, die sehr hart sind. Sie hacken nur auf mir herum, gehen gar nicht auf den Inhalt ein. ›Das Tüpfelchen auf einem ohnehin schon beschissenen Tag‹, hat zum Beispiel einer geschrieben. Ein ›literarisches Ejakulat‹, hat ein anderer geantwortet. Ein paar werfen mir sogar ›Selbstinszenierung, Opportunismus und dümmliche Wahrheitsverzerrung‹ vor. Die E-Mails kommen von den Meinungsmachern unseres Jahrgangs. Das Ganze hat sich etwas gelegt, nachdem einer mahnte, nicht weiter über den E-Mail-Verteiler zu schreiben, weil sonst noch etwas ›an Externe‹ gelangen könne.«

»Aber wieso trifft sie das, was du gesagt hast, so hart?«, platzte es aus Madar heraus. Sie klang nicht mehr wütend, nur noch traurig.

»Vielleicht deswegen, weil sie sich mit der WHU völlig identifizieren. Vallendar ist wie ein großes Wohnheim. In fast jeder Straße ist ein WHU-Student untergebracht. Und weil alle viel zu viel lernen müssen, bleibt überhaupt keine Zeit, mal nach Koblenz oder so zu fahren. Alle hocken aufeinander. Die Gespräche drehen sich nur noch um die Uni, die Klausuren oder die Unternehmen, bei denen jemand das nächste Praktikum macht. Es gibt kein anderes Leben außer dem Uni-Leben. Aber, ich glaube, die Leute regen sich vor allem darüber auf, dass ich mit meinen Aussagen den ›WHU-Bonus‹ gefährden könnte. Damit ist gemeint, dass der gute Ruf der Uni auf die Absolventen abfärbt und bei der Praktikums- und vor allem Jobsuche sehr entscheidend ist. Das Studieren an der WHU ist eine Qual, allein schon wegen der Unmenge an Vorlesungen und Klausuren. Die Studenten nehmen das hin, gehen an ihre Grenzen und wollen dafür die lukrativen Jobs. Sie wollen ihre Belohnung. Vielleicht habe ich mit meiner Kritik ja wirklich den ›WHU-Bonus‹ und damit ihre Belohnung gefährdet. Wisst ihr, wie einige Bewertungen über die WHU zustande kommen?«

»Meinst du diese Uni-Rankings in Zeitschriften?«, fragte Milad.

»Ja, genau die. Es ist schon vorgekommen, dass sich der Jahrgangsstufensprecher an uns gewandt hat, um die Befragung im Rahmen einer solchen Beurteilung anzukündigen. Er fügte noch ganz offen hinzu, wir sollen doch im eigenen Interesse beste Bewertungen abgeben. Denn wenn die Uni auf dem ersten Platz stehe, stünden auch wir oben. Meine Aussagen in Julias Buch stellen keine Bestnote dar. In einer der Mails hieß es, ich hätte als ›Insider‹ die kritischen Meinungen über Privatunis bestätigt, und das habe ›politische Auswirkungen‹!«

Wieder schüttelte Masoud den Kopf. »Ja, wahrscheinlich riskierst du mit deinen Aussagen den ›WHU-Bonus‹. Aber ganz bestimmt nicht, weil du die Studenten als schlechte Menschen darstellst. Dir geht es doch um das Ganze. Um die Struktur der Hochschule und um die Zwänge, die auf die Studenten einwirken. Die meisten WHU-Studenten tun wahrscheinlich nichts anderes, als sich an die dortigen Spielregeln zu halten.«

Masoud sprach mir wieder mal aus der Seele. Seitdem wir vor eineinhalb Jahren mit dem Studium angefangen hatten, wohnten wir Hunderte Kilometer voneinander entfernt, aber gedanklich waren wir uns noch genauso nah wie früher. »Ich wollte niemanden als böse darstellen. Mir ist bewusst, dass viele gar nicht anders handeln können. Wenn man das Bachelor- und Masterstudium an der WHU absolvieren möchte, fallen schon 50000 Euro allein an Studiengebühren an. Egal, ob das die Eltern bezahlen oder jemand sich bei einer Bank verschuldet: Der Druck bleibt groß, nach dem Abschluss schnell einen Job mit hohem Gehalt zu finden.«

»*Pessaram*, mein Sohn«, so hatte Madar mich schon lange nicht mehr angesprochen, »versteh mich bitte nicht falsch. Es tut weh, zu erfahren, wie es dir dort geht. Aber ich hatte die Hoffnung, dass dir diese Uni cinc sichere Zukunft beschert.«

Madar hatte uns seit dem ersten Tag in Deutschland versichert, dass wir es in der Zukunft gut haben könnten, wenn wir erfolgreich in der Schule wären. »Ich weiß«, antwortete ich bemüht sanft. »Aber worauf läuft diese Zukunft tatsächlich hinaus? Bei uns treten Dozenten vor den versammelten Jahrgang und behaupten unbekümmert: ›Ihr seid hier, weil ihr reich werden wollt.‹ Und das geeignetste Mittel dafür seien Investmentbanken oder Unternehmensberatungen – das Nonplusultra für WHU-Studenten. Genauso treten diese Unternehmen auch auf. Sie fahren mit dicken Autos über den Campus, bringen junge Leute in teuren Anzügen mit, die für das Unternehmen werben sollen. Sie erzählen, wie viel sie herumkämen, wie wichtig ihre Kunden seien und – vor allem betonen sie – dass man bereits im ersten Jahr achtzig- bis hunderttausend Euro verdiene. Aber weißt du, was sich wirklich dahinter verbirgt? Eine gute Freundin von mir, die früher solche Werbung genauso absurd empfand wie ich, hat sich doch erweichen lassen, und ein Praktikum bei der Investmentbank J.P. Morgan angetreten. Bitter enttäuscht hat sie mir später davon erzählt: von den zermürbenden Arbeitszeiten – siebzig Stunden pro Woche waren völlig normal –, von der unkollegialen Atmosphäre, vom Konkurrenzkampf unter den Kollegen. Aber das sei völlig verständlich, meinte sie dann, die meisten wollten ohnehin nur möglichst reich werden. Sie hat das alles kritisiert, aber ich befürchte, dass sie nach dem Studium trotzdem in so einem Laden versacken wird. Und ich habe Angst davor, mich auch zu verändern. Als ich mich für diese Uni entschied, träumte ich von rosigen Zeiten. Ich hoffte, dass sie mir die Möglichkeit geben würde, ein schöneres Leben mit euch und mit meinen Freunden zu haben. Natürlich hatte ich dabei auch an die finanzielle Sicherheit gedacht. Ich malte mir aus, was wir mit mehr Geld alles machen könnten. Aber das steht mir so nicht bevor. Weder während des Studiums noch danach wird mein Leben so sein, dass ihr darin einen wichtigen Platz haben könnt. Job, Geld und Karriere werden langsam zum Selbstzweck. Das will ich nicht.«

»Und das verstehe ich. Mir ging es auch nie um viel Geld. Ich habe oft gekämpft, aber niemals für Reichtum.« Madars Blick schweifte ab. »Ich erinnere mich noch genau, wie sehr ihr euch auf die Unis gefreut hattet«, murmelte sie in den Raum hinein. Ihre Stimme klang wehmütig – vielleicht bildete ich mir das auch nur ein, weil ich selbst fühlte, wie meine schönen Träume von damals zerrannen.

»Die meisten schwärmen, wenn sie erfahren, dass ich ein WHU-Student bin. Ich hätte es geschafft, sagen sie. Zur sogenannten Elite zu gehören, ist der Traum vieler Menschen – es ist die Vorstellung von einem idealen Lebensweg. Und wer ihn sogar als Ausländer beschreite, heißt es, biete ein Beispiel für perfekte Integration. ›Erfolgreiche Deutsche‹ und ›integrierte Ausländer‹ treffen sich hier also. Aber ich bin damit unglücklich. Und das nicht nur wegen der Ziele an der WHU. Milad sehe ich heute nach zwei Monaten wieder, dich und Masoud habe ich fast genauso lange nicht gesehen. An der WHU erwarten mich demnächst ein halbes Jahr Praktikum in Brüssel und dann direkt weitere sechs Monate Auslandssemester in Uruguay. Für ein langes Jahr müsste ich euch fast gänzlich aus meinem Leben streichen. Mal von Dario und Timo abgesehen, die ich schon seit Ewigkeiten nicht mehr getroffen habe.«

Ich steckte meine rechte Hand in die Hosentasche und griff nach der Scheibe, die ich noch schnell aus der Wohnung mitgenommen hatte. Ich legte sie mit unserem Initial nach oben auf den Couchtisch. »Madar, erinnerst du dich noch, wie du sie uns am Abi-Tag in die Hand gedrückt hast? ›Lasst euch niemals auseinanderbringen!‹ Das hast du uns damals gesagt. Wenn ich an der WHU bleibe, wird aber genau das passieren.«

Madar schwieg. Sie starrte mit unbewegter Miene auf die Scheibe, als würde der Anblick ihre Gedanken auf eine Reise schicken. Eine Reise durch unsere Vergangenheit. Als sie den Blick wieder davon löste und den Kopf hob, sah ich in ihren Augen dieselbe Entschlossenheit, mit der sie die Flucht aus dem Iran angetreten hatte. Madar nahm das Holzstück in die Hand und hielt es mir hin. »Diese rote Scheibe war dabei, als ich für euch entschied, den Iran zu verlassen. Dieses Ding, das deine Kinderschrift trägt, hat miterlebt, wie euer Schicksal für viele Jahre in den Händen der deutschen Behörden lag. Eigentlich habt ihr seit der Kindheit nicht über euer Leben entscheiden dürfen. Jetzt könnte das vorbei sein. Diese Holzscheibe soll Zeuge sein, dass ich dich nicht zwinge, an dieser Uni zu bleiben.«

Ich nahm die Scheibe und strich mit der Hand darüber, als wollte ich eine Staubschicht abwischen. Madar hatte recht. All die Jahre über war mein Leben von anderen bestimmt worden. Und auch als ich einmal die

Chance hatte, eine wichtige Entscheidung selbst zu treffen und mir selbst eine Hochschule auswählen durfte, ließ ich mich von den Umständen blenden. Mit der Immatrikulation an der WHU hatte ich mein Leben wieder aus der Hand gegeben. An einer Uni, die den Anspruch hat, zur Elite zu gehören, die beste unter ihresgleichen zu sein, muss sich jeder umso rigoroser an das vorgegebene Ziel und an die Spielregeln halten. Es gibt dort keinen Platz für abweichende Entscheidungen. Und genau deswegen war ich kurz davor, meine Individualität aufzugeben.

Damals, als Richter, Beamte und Sachbearbeiter uns immer wieder mit Ablehnungen enttäuschten, waren wir gezwungen zu lächeln, uns nichts anmerken zu lassen. Wir waren traurige Schauspieler. Damals hatten wir keine andere Wahl, aber heute konnte ich meinen eigenen Weg einschlagen. Dieses Mal würde ich mir die Chance nicht entgehen lassen. Meine Entscheidung stand fest: Ich würde mein Studium an der WHU abbrechen.

Ich wusste nicht, wie dieser eigene Weg genau aussah, aber eines wusste ich. Er führte mich hin zu den Menschen, die ich liebte: zu meinen Freunden und vor allem zu Milad, Masoud und Madar.

Taschakkor – Dank

Um ihre Privatsphäre zu schützen, tragen alle Menschen, die wir im Buch erwähnen, Pseudonyme. Im Dienste der Erzählung und ihrer Kürze mussten wir in manchen Fällen die Eigenschaften und Handlungen der Personen zusammenfassen oder leicht vereinfachen, ebenso gelegentlich Zeiträume straffen. Der Wahrheitsgehalt unserer Geschichte bleibt davon unberührt. Ansonsten galt uns ein altes iranisches Sprichwort, das auf den großen persischen Dichter Sa'di zurückgeht, stets als Mahnung: *Sei auf der Hut, dass dich die Zunge nicht verderbe. Das Unheil, das die Zung' verschafft, verjähret nicht!*

Dass wir drei überhaupt dieses Buch schreiben konnten, verdanken wir euch allen, die ihr uns geholfen habt. Den besten Beweis dafür, wie unermesslich wichtig ihr für uns wart, haltet ihr gerade in euren Händen. Damit meinen wir nicht nur alle, die direkt an der Entstehung von *Unerwünscht* beteiligt waren. Vor allem gebührt unser Dank jenen Menschen, ohne die wir die Hürden und Widrigkeiten seit unserer Ankunft in Deutschland nicht hätten überwinden können. Mit euch haben wir ein neues Zuhause gefunden; ihr seid aber auch der Grund, warum wir es geschafft haben, überhaupt hierzubleiben und unsere Geschichte zu erzählen.

Nun würde eigentlich eine Liste unzähliger Namen folgen. Doch es sind zu viele, die uns einfallen. Gleichzeitig möchten wir niemanden vergessen, keinen Namen an falscher Stelle, zu früh oder zu spät erwähnen. Deshalb rufen wir laut und dreistimmig *TASCHAKKOR*. Wir sind sicher, dass unser Ruf euch erreichen wird – denn ihr wisst, wer ihr seid.